让经济学回归
真实世界

杨风禄 著

图书在版编目(CIP)数据

让经济学回归真实世界/杨风禄著. —北京:北京大学出版社,2016.8
ISBN 978-7-301-27298-5

Ⅰ. ①让… Ⅱ. ①杨… Ⅲ. ①经济学—基本知识 Ⅳ. ①F0

中国版本图书馆 CIP 数据核字(2016)第 170156 号

书　　　名	让经济学回归真实世界 Rang Jingjixue Huigui Zhenshi Shijie
著作责任者	杨风禄　著
责 任 编 辑	郝小楠
标 准 书 号	ISBN 978-7-301-27298-5
出 版 发 行	北京大学出版社
地　　　址	北京市海淀区成府路 205 号　100871
网　　　址	http://www.pup.cn
电 子 信 箱	em@pup.cn　　　　QQ:552063295
新 浪 微 博	@北京大学出版社　@北京大学出版社经管图书
电　　　话	邮购部 62752015　发行部 62750672　编辑部 62752926
印 刷 者	北京大学印刷厂
经 销 者	新华书店 730 毫米×1020 毫米　16 开本　17.25 印张　326 千字 2016 年 8 月第 1 版　2016 年 8 月第 1 次印刷
定　　　价	45.00 元

未经许可,不得以任何方式复制或抄袭本书之部分或全部内容。
版权所有,侵权必究
举报电话:010-62752024　电子信箱:fd@pup.pku.edu.cn
图书如有印装质量问题,请与出版部联系,电话:010-62756370

谨以此书献给我两位敬爱的导师——南开大学经济学院的朱光华教授、王述英教授。他们曾经给予我的无限关爱已经深深地刻进了我个人成长的历史,成为我前进道路上的不竭动力。我迄今为止取得的点滴进步背后,都始终闪耀着两位师尊殷切期待的目光。千言万语凝成一句:祝师尊健康!

求知是所有人的本性。

——亚里士多德,《形而上学》

理性总是告诫我,凡是不能完全加以确定的东西,凡是能够找到怀疑之处的东西,我都应小心翼翼地避免相信,就像避免相信那些显然虚妄的东西。

——勒内·笛卡尔,《第一哲学沉思录》

一个完全用自己的文化作为准绳来判断其他文化的人,是一个民族中心主义者。这种人不具备研究人类文化的条件和素质,而且很可能连认识和处理他所在的那个社会里的社会问题也会显得无能为力。

——C.恩伯、M.恩伯,《文化的变异》

理性的光明似乎把迷信和蒙昧压制到了精神的最底层。但是在各处,谬误、无知、盲目跟随我们的认识同时进展。

——埃德加·莫兰,《复杂性思想导论》

科学是内在的整体,它被分解为单独的部门不是取决于事物的本质,而是取决于人类认识能力的局限性。实际上存在着由物理到化学、通过生物学和人类学到社会科学的连续的链条,这是一个任何一处都不能被打断的链条。[①]

——普朗克,《世界物理图景的统一性》

---

① 转引自钱学森:"一个科学新领域——开放的复杂巨系统及其方法论",《自然杂志》1990年第1期。

> 世界之丰富多彩,不是一种语言可以尽括的。音乐不能完全归纳在从古典作曲家巴哈到近代作曲家希恩堡的各种风格之中。我们经验的各种不同方面,同样地不能用单一的描述一言而尽。[①]
> ——普里戈金,《时间之箭》

> 科学是人与自然的一种对话,这种对话的结果不可预知。
> ——普里戈金,《确定性的终结》

[①] 转引自彼得·柯文尼、罗杰·海菲尔德:《时间之箭》,湖南科技出版社,1995年,第286页。

写在前面的话：
当理论背离了经验和事实的时候

人说，教育，特别是大学的社科教育的当前状况不能令人满意，信焉。虽然造成这种状况的原因有多种，但是，这个行业执业之人的素养退化，想必是原因之一。我相信，教师这个职业、这个角色，确是需要能够"传道、授业、解惑"的，这正是这个职业得以在社会生活中存续几千年的秘诀。相反，如果这些人传的是玄思冥想之道，授的是虚无缥缈之业，解的是惑上加惑，那么，这个职业的消失也就距离我们不远了。

人说，当前国内外经济学的教育与研究状况也是不能令人满意的，作为一个浸染经济学若干年的人，信焉。经济学应该是"经世济民"之学，如若不然，它就不应该得到人们的尊重。如果说"当一个数学分支不再引起除去其专家以外的任何人的兴趣时，这个分支就快要僵死了，只有把它重新栽入生气勃勃的科学土壤之中才能挽救它"（美国前数学学会主席 H. 韦尔语），那么，经济学也必当如此。而当前一些经济学家将其视为一种业内人士之间的对话，或者把它当作一种纯粹的学术，经济学其实已经演变成了一种仅仅是由少数人的兴趣、志业所驱动的事业。当它与社会、与大众生活不再发生任何关系，经济学的堕落就开始了，经济学僵死的命运也就由此奠定了。

令人遗憾的是，在经济学中，也在其他科学领域中，这种情况似乎越来越严重。在世界的各个角落，"纯"理论的市场已经开始走向凋敝、萎缩，而另一方面，我们也看到，应用学科则焕发出勃勃生机。这当然是社会需要使然，也是受教育者和社会公众主张自己权利的结果。

社会需要和公众的选择就是职业演化的"达尔文"魔咒。恩格斯曾经说过:"社会一旦有技术上的需要,则这种需要会比十所大学更能把科学推向前进。"这确实是一条真理。社会需要才是一门学问、一项技术、一种职业立足的依据,才是一些人"饭碗"的保障。社会和社会大众从来不希望养活一些"自说自话"的人,公众当然不会将经济学家"逐下神坛",但是,他们却会"用脚投票",留经济学家们在角落里"自言自语"。教师也一样,如果他们满足于"以其昏昏,使人昭昭"的现状,"用脚投票"的自动机制将再次启动。所以,"自说自话"的人要为自己阶层的存在找到正当性,并能够获得社会和公众的认同。

我们相信,伊曼努尔·沃勒斯坦在《否思社会科学》中说过的话是正确的。他说:"对19世纪的哲学社会科学理论,我坚信我们需要做的其实只是干脆'否思'。因为在我看来,时至今日,这些旧理论的很多狭隘又具误导性的假说依然深刻影响着我们的思维,而实际上本不该如此。这些曾经被认为是思想解放的假说,今天已经成为我们对社会进行有用的分析的核心理性障碍。"我们不得不承认,许多现有的理论已经严重地背离了经验和事实。迷信和伪科学至今仍然大行其道,一些经济学"名家"对复杂的问题做出轻率的回答,对于怀疑的质问采取回避搪塞的办法应对,对事实视而不见,等等。虽然他们声称使用了科学的方法,但是实际上他们完全背离了科学的本质,迷惑了人们的思想。

经过两百多年的发展,现代经济学的理论大厦已巍然耸立。不仅门类齐全,而且霸气外露;不仅方法复杂,而且推理严密。俨然一幅现代科学的样子。经济学家们也可以在论坛上、在黑板前头头是道地高谈阔论。但是,在遭遇真实经济问题的时候,在突然到来的危机面前,他们却变得或无所适从,或集体失语。我们可以再次发问,经济学是科学吗?甚至应该更进一步地问,现代经济学是在解释人类的行为、谈论人类社会的事情吗?

经济学似乎是在谈论人类的行为——人类的经济活动:生产、交换、福利、效用……但是,从所有的现代经济学描述中,我们只能看到一个假想的"理性人"的行为。无论如何,其中看不到真实的人的影子。

经济学中的人,都是已经掌握了所有必需的知识、具有完全的计算能力的人,是已经熟知了这个社会的风俗、习惯还有法律、规则的人。因此,理性主义者那里的个人成了一个"黑箱",令人不明所以。当然,成为"黑箱"的不只是个人,还有企业,它们只是一些组织化了的"个体",与单独的个人没有任何两样。这样的理论知识虽然看起来是惊人的、恢弘的,却只不过是"工具理性"(经济学实证主义)最粗劣的作品,它依据抽象的"人"或者抽象的"个体"或"人类社会"及其价值,建立了一个封闭的"理论王国",不仅对真实经济活动缺乏说服力和解释力,而且对于人们的经济实践全无用处。在"合乎范式、规范方法"与"贴近现实"之间,"科学的"经济学选择了前者。有许多貌似正确的理论看起来很"科学",有些甚至是不证自明的,但是,它们往往更具有误导性。本书的一个基本观点是:不能够准确地理解人,不能够正确地理解世界,就不能指望有一个科学的经济学。

当理论背离了经验与事实的时候,理论工作者通常有两种不同的做法。常见的做法是寻找实践中的不足。因为在一些人看来,自己的理论是没有问题的,出问题的是实践中那些错误的决策、不合理的政策或者是政策执行中的问题。这是现代经济学中常见的现象,当然,在其他领域里也不同程度地存在。另一种做法则是反思理论、修正思想,这些人一般持有这样的信念,借用一句诗意的话说,即他们相信"理论是灰色的,实践之树长青",他们还相信,理论的看门人是坚强有力的,哪怕他常常保持沉默。在这里,我们所要采取的是后面这种做法。虽然我们并没有批判的偏好,但是,"我们不得不力求对我们最为敬慕的那些理论采取一种高度批判的态度"(波普尔语)。

所有重要的理论进步都是在现实与理论的剧烈冲突中发生的,而新的思想常常是一种包含否定的认识,即认识到某些以前被接受的原理错了。科学的进步要求我们接受新的理论、吸收新的观念。"我坚信,除非我们改变衡量经济表现的方法,否则我们不会改变自身的行动。……一场艰巨的革命等待着我们——我们完全能感觉到。这场革命只有首先是一场我们头脑的革命,一场我们的思维方式、思想倾向和价值观的革命,才能是完全彻底的。"(尼古拉·萨科齐为斯蒂格利茨《我们对生活的误解:为什么GDP增长不等于社会进步》所写序言)。无论如何,我们只有摆脱那些虽然流行,却有严重局限的思想和理论,才有可能继续前进。当然,难以确立的正是这种新的观念、新的思维方式。

本书旨在说明,经济学要成为一种致用之学,要获得观察、说明和解决人类社会经济问题的能力,最终只能通过回到真实的人与社会。当然,这是一个并不轻松的话题。下面的内容就是基于上述认识的一种努力和尝试。虽然我也知道,人类一思考,上帝就发笑。当然发笑的还会有钱钟书先生。"有导师而人性不改善,并不足奇;人性并不能改良而还有人来负训导的责任,那倒是极耐寻味的。反正人是不可教诲的。教训式的文章,于世道人心,虽无实用,总合需要,好比我们生病,就得延医服药,尽管病未必因此治好。假使人类真个学好,无须再领教训,岂不闲煞了这许多人?"

　　细细想来,今天写下这许多文字,何尝不是怕自己"闲煞"?当然,我也心存侥幸:让自己的文字到社会上做一番闯荡,总能遇到个把"知音"的吧?或者,有某一句话启发了某个人,也算不枉挣扎了这许多日夜。毕竟,我理解的人,不像是钱先生的人那样"不可理喻",他们先天承到的是肉身,后天习得的是思想。只是,笔者希望大家不要把手里的文本当作教训式的文章,而是把它看作一个邀约,约你一起为这个叫作经济学的学科做些建设性的事情。

　　另外当然应该告知大家,和其他所有人一样,我的认识也存在偏见和不完整性。而且在这里阐述的内容也必然只是知识领域的九牛一毛,如果你有兴趣去探索,你会发现一个更加广阔的世界。其实,我们每个人都站在十字路口。

　　最后,特别感谢北京大学出版社的郝小楠编辑。她不仅是本书较早的读者之一,而且曾经提出过很专业的建议,更由于她宝贵的支持和鼓励,最终让这些尚不完善的文字见诸公众。需要感谢的还有中国人民大学的贾根良教授,他在百忙之中阅读了全文,不仅对我的工作给予了充分肯定和大力推荐,而且更是提出了非常有益的完善建议。当然,要感谢的还有我身边这些可爱的同事——山东大学经济学院的徐超丽教授、刘国亮教授、胡金焱教授,他们甚至遭受过本书第一稿、第二稿的折磨。

杨风禄

2016 年 5 月

目　　录

第一章　观念和方法何以重要
　　经济学与哲学,无尽的纠缠 ………………………………… 3
　　认知世界活动中的观念及其影响 …………………………… 5
　　改造世界活动中的观念及其影响 …………………………… 23
　　一切坚固的东西都烟消云散了 ……………………………… 35

第二章　近代以来机械论、决定论与线性思维的科学
　　科学是什么 …………………………………………………… 41
　　机械论、决定论与线性思维的统治 ………………………… 48
　　求知的选择性与科学家集体无意识 ………………………… 53
　　积重难返的"分析主义" ……………………………………… 56

第三章　形而上学如何可能
　　形而上学的考古学 …………………………………………… 63
　　休谟:与形而上学为敌的人 ………………………………… 70
　　康德:为捍卫形而上学而生 ………………………………… 79
　　巫术、宗教、科学与数学本是同根 …………………………… 89
　　数学为什么居然奏效 ………………………………………… 100

第四章　系统科学及其经济学启示
　　前奏:系统科学诞生前的思想准备 ………………………… 105
　　系统论的提出和发展 ………………………………………… 107
　　系统及其特性 ………………………………………………… 114
　　时间、过程与系统演化 ……………………………………… 124
　　耗散结构理论与协同学 ……………………………………… 133

第五章　非线性世界与复杂性科学
　　非线性、不确定的世界 ……………………………………… 137

复杂性理论简述 …………………………………… 140
　　有限理性与复杂性社会 …………………………… 147
　　经济学:行为的科学 ……………………………… 150

第六章　线性思维让人类行为顾此失彼
　　线性科学所描述的世界 …………………………… 159
　　自然科学进步的双重影响 ………………………… 161
　　在现代社会科学的盲区里 ………………………… 164

第七章　复杂世界中的非线性经济系统
　　真实世界:一个复杂的、非线性的、不确定的世界 … 173
　　没有不变的决定因素 ……………………………… 174
　　自组织经济的动态演进 …………………………… 176
　　整体性经济的互联互动 …………………………… 179

第八章　现代经济学:传统思维的重灾区 I
　　传统物理学的思维遗产 …………………………… 185
　　经济学初创时期:朴素却先天不利 ………………… 191
　　那些自说自话的"主流经济学家们" ……………… 198
　　新面孔却是旧相识 ………………………………… 205

第九章　现代经济学:传统思维的重灾区 II
　　单向度的"物化"社会 ……………………………… 211
　　形而上的同质性、普遍性 …………………………… 218
　　逻辑中心主义的统治 ……………………………… 222
　　原子论的个人主义方法 …………………………… 225

第十章　经济学的转向与重建
　　理解不确定性 ……………………………………… 231
　　基于复杂系统理论、非线性科学的经济学方法论 … 237
　　希望之光:经济学家族中的少数派 ………………… 245
　　转向之涓涓细流:经济学反主流的潮流 …………… 253

参考文献 ……………………………………………… 261

第一章
观念和方法何以重要

- 经济学与哲学,无尽的纠缠
- 认知世界活动中的观念及其影响
- 改造世界活动中的观念及其影响
- 一切坚固的东西都烟消云散了

讨论世界观、观念似乎不是经济学要做的事。至少，我们看到，正统的经济学教科书、大多数经济学著作都不谈论观念，甚至一些方法论著作也是如此。尤其是20世纪以来，"实证研究"、"价值中性"等说辞广为流行，很多人已经对这样的说法(经济学与观念、价值无涉)信以为真。因此，在经济学的课堂上再说什么世界观、观念、价值判断等，似乎就是一种不合时宜的事。这当然是欺人之谈，事实远非如此。每个人都必然受到时代观念的影响，并很容易不加询问地接受它的主要预设。

经济学与哲学，无尽的纠缠

经济学中，素有"价值无涉"之说，流行至今已逾百年。主流的经济学观念是这样告诉我们的：哲学是哲学家的事，经济学与哲学、观念、价值判断无涉，经济学与哲学(世界观)没有关系。事实真的如此吗？有一句俗话，叫作谎言重复千遍也会成为真理！

在这个开篇里，首先我们要搞清楚的问题是：我们的外部世界是必然的、确定的、连续的、可预测的吗？抑或是相反？在更深的层次上，世界是可知的，还是不可知的？这确实是至关重要的问题，它与我们将要讨论的主题——经济学转向和重建有着最密切的联系。因为在我们看来，现代经济学理论大厦建立在19世纪以来的确定论、还原论和可知论的信念之上。但是它与20世纪中期以来已经被多种科学证实了的新的世界观格格不入。

挥之不去的哲学之魇

一般意义上说，哲学讨论的是人们的世界观。世界观则是人们关于外部世界的基本看法，而这种基本看法无时无刻不在深刻地影响着人们的全部实践活动。在人类的两种基本实践活动——认识世界和改造世界的活动中，当然也包括理论研究在内，哲学、价值观都真实地产生着深刻的影响。

不只是在个体的人那里，即使是从一个国家、一个时代的经济政策的演变中，我们也能够看到观念、思想的影子。任何一个社会、一个时代的思想和行为都是受着一些"思想潮流"左右的。社会行动和经济政策的重要转机总是以思想观念风气的变化为先导。从这个意义上说，一个时代所流行的、所接受的关于世界的本质的基本图景，才是这个时代社会行为、现象和潮流的最深层、最根本的解释因素。

科学研究和理论探索是全部社会行为中的一种。与其他社会行为一样，事实上，我们在建构理论或选择行动的时候，常常会对先入为主的价值或判断习焉不察。我们都很容易受到我们时代的观念的感染，并不加询问地接受它的基本预设。而且基本上，由于各个时代的政治或理论权威总是把大量的时代观念强加给天真无知的心灵，大多数人都是时代观念的俘虏。尽管我们愿意客观地构造我们的理论，但主观性却时时在我们每个人的心中作祟。常常那些流行观念是误导的、有偏的，但始终只有少数清醒的人，他们艰苦地与流行观念进行着不懈的抗争，而且他们的努力常常是以失败而告终。

在经济领域里，过去一百多年里相继出现了三大思想潮流（主流观念），即"自由放任"、"政府干预"、"福利国家"。每个人的行为，每个社会、每个国家、每个民族的行为，都被深深地刻上了时代的烙印。"客观"、"实证"、"价值中性"等只不过是一些可望而不可即的，甚至是有些虚伪的、具有迷惑性的说法。

哲学与物理学、数学的密切接触

马克斯·波恩是大家都熟悉的著名理论物理学家，他为量子力学的诞生做出了巨大贡献。他勇敢地承认，而且一生都保持着对哲学的高度关注。"我确信，理论物理学是真正的哲学，它革新了一些基本概念，例如，关于空间和时间（相对论），关于因果性（量子理论），以及关于实体和物质（原子论）等等，而且它还教给我们新的思想方法（互补性），其适用范围远远超出了物理学。"[①]

在与同时代的物理学家的交流中，波恩体会到的是："关于哲学，每一个现代科学家，特别是每一个理论物理学家，都深刻地意识到自己的工作是同哲学思维错综地交织在一起的，要是对哲学文献没有充分的知识，他的工作就会是无效的。在我自己的一生中，这是一个最主要的思想，我试图向我的学生灌输这种思想，这当然不是为了使他成为一个传统学派的成员，而且要使他们能批判这些学派的体系，从中找出缺点，并且像爱因斯坦教导我们的那样，用新的概念来克服这些缺点。因此，我认为科学家并不是和人文学科的思想割裂的。"在后面谈论"人和原子"时他又说道："真正的科学是富于哲理性的，尤其是物理学，它不仅是走向技术的第一步，而且是通向人类思想的最深层的途径。"[②]

当然不只是波恩，自然科学家们都不掩饰自己的科学研究受到世界观影响的事实。爱因斯坦的"我不相信上帝是掷骰子的"这一名言，最直接地表达了

---

① 马科斯·波恩：《我的一生和我的观点》，李宝恒译，商务印书馆，1979年，第20页。
② 同上书，第26、44页。

他的世界观。M.盖尔曼,1969年因为在关于基本粒子的分类和相互作用方面的贡献,提出"夸克"粒子理论而获得诺贝尔物理学奖,他指出:"人类某些行为的根源,埋在思想的夹层里,很难成为自觉的意识。……换句话说,人类的行动更多地是起因于一种隐藏的动机。"①

另外,大家当然知道,牛顿、彭加勒、怀特海、罗素、维特根斯坦、哥德尔,都是杰出的物理学家或数学家,但同时又都兼为伟大的哲学家,而且他们特别以其哲学思想闻名于世。这种情况好像与经济学、社会科学形成了鲜明的对比。至少是在现代经济学中,经济学家似乎都在竭力否认和掩饰自己理论中的思想立场和哲学价值观。但是,他们是否真的摆脱了价值观的纠缠?

法国当代著名思想家埃德加·莫兰广泛涉猎人文科学和自然科学的诸多领域,在人类学、社会学、历史学、哲学、政治学、教育学等领域均有重要建树。他的主要著作有《迷失的范式:人性研究》《方法:天然之天性》《复杂性思想导论》等。在《复杂性思想导论》中,他说道:当前那些"关于人的科学,……它的解释框架仍旧是十九世纪物理学的解释框架,而它隐含的意识形态仍旧是基督教的和西方人道主义的意识形态——人的超自然性。……我们的文化将其特殊的概念印入了我们的心中,我们相信这些概念,以为它们所表示的就是现象真正的现实"②。

德国当代著名哲学家于尔根·哈贝马斯在《后形而上学思想》中则说:"在高度分化并充满张力的范围内,哲学和各种科学之间存在着不同水平上的亲和关系,其中,有些或多或少依赖于哲学思想,其余的则多多少少可以接受这种思辨的提升。"③我们确实可以举出更多的例子,但是上述这些已足够证明:世界观、观念对人们的影响无处不在。

基于以上原因,我们在讨论经济学理论之前,要先从观念、世界观、价值问题上说起,虽然那些经济学家(实证主义的、主流的)极力否认他们的理论与价值观、世界观有联系。实际上,后面我们所要讲述的经济学理论与方法论的转向,正是建立在或扎根于新的世界观、方法论之上。

认知世界活动中的观念及其影响

世界观,根据它所指向的对象,我们可以把它分为自然观、社会观、人生观

---

① M.盖尔曼:《夸克与美洲豹:简单性与复杂性的奇遇》,湖南科技出版社,2002年,第157页。
② 埃德加·莫兰:《复杂性思想导论》,华东师范大学出版社,2008年,第13页。
③ 于尔根·哈贝马斯:《后形而上学思想》,译林出版社,2001年,第16—17页。

等;另外,根据对"世界秩序形成"的基本看法,我们又可以把它分为"决定论的世界观"和"非决定论的世界观"。每一种世界观都会衍生出许多基本信念。下面我们将会看到,几乎所有的自然科学、社会科学理论和方法(包括经济学)皆源自这种关于世界的基本信念。

人类的基本实践活动有两类——认识世界和改造(适应)世界。我们先说认识世界。一直以来,在认识世界的问题上,存在着两种对立的观点:确定论、可知的观点和不确定的、不可知的观点。

世界是确定的、可知的

确定论、可知论是一种广泛流行的关于世界的观念。长期以来,多数人的世界观都是确定的(又称决定论的)、可知的。从目不识丁的文盲到学富五车的专家都有此种认识。也许,每个人都自以为我们生活得很明白。毕竟,在现代生活中,各种媒体、各类杰出人士都在向我们头头是道地讲述着关于世界、社会的大道理和小真理。

确定论、可知论观念的产生及历史

卡尔·沙冈告诉我们:"我们在几乎对世界毫无了解的情形下进行日常生活。我们对于使生命得以实现的阳光的产生机制,对于将我们束缚在地球上,否则我们就会以涡旋的轨道被抛到太空去的重力,对于我们由之构成并依赖其稳定性的原子思考得很少。除了小孩,我们中很少人会用大量时间惊讶自然界为何这个样子;宇宙从何而来或它是否总在这儿;时间会不会有朝一日倒流,并因此导致果先于因;或者人类认识是否有一最终的权限。"[①]这当然不是事实。即使我们浑浑噩噩地度过一天又一天,但是,我们关于那些周围世界问题的好奇与思考从来没有停止过。

亚里士多德在《形而上学》说过:求知是所有人的本性。只要人类还存在,求知就是我们的永恒使命,也是人类精神的至高无上的追求。即使是史蒂芬·霍金也看到,"自从文明开始,人们即不甘心于将事件看作互不相关而不可理解的。他们渴求理解世界的根本秩序。今天我们仍然渴望知道,我们为何在此?我们从何而来?人类求知的最深切的意愿足以为我们所从事的不断的探索提供正当的理由"[②]。

我们生活的视野以及我们先天就置身其中的生活世界,构成了一个我们熟

[①] 卡尔·沙冈:"导言",载史蒂芬·霍金:《时间简史》,湖南科技出版社,1996年,第9页。
[②] 史蒂芬·霍金:《时间简史》,湖南科技出版社,1996年,第23页。

悉的,也意欲解密的第一个对象。因此,生活世界常常是我们对整个世界加以追问的自然源头。从这里开始,人类探索的目光逐渐向外部、向遥远延伸。这种探索显然基于一种信仰:世界可知。更进一步,可知论也有一个认识论前提,那就是世界是确定的。如果世界是不确定的,那么,世界可知的问题就无从谈起。

我们周围的一切,甚至是遥远的星空,看起来都是那么熟悉,那么固定。家里的一切都与昨天无异,太阳每天从东方升起,四季如期到来,月亮圆缺有序,那古老的北斗永远悬挂在迷人的夜空。……一切的一切,似乎都昭示着这样的道理:天不变,道亦不变。朴素的古人特别容易接受确定论、可知论的观念,而且它曾经带给人们巨大的心灵安慰。这其中,一个不曾被人们意识到的前提是,这种确定、可知的观念源自于有限的时空认识。

虽然确定论与可知论并不总能画上等号,但是二者之间确实有着极紧密的联系。事实上,可知论的信仰只能建立在"世界是必然的、确定的、连续的"观念的基础上。确定论(决定论)是一种认为自然界和人类社会普遍存在客观规律和因果联系的理论和学说。

在早期的西方,古希腊的毕达哥拉斯、柏拉图都持有决定论的宇宙观。古希腊有个学派叫作爱利亚派,创始人巴门尼德认为"存在"是绝对静止的,而运动是荒谬的。当然,静止的世界也是确定的。

拉普拉斯(1749—1827)是天体力学的主要奠基人、天体演化学的创立者之一,也是分析概率论的创始人,却是典型的决定论者。他坚持决定论的立场,在《概率分析理论》(1812)一书中,他论述了概率在选举审判调查、气象等方面的应用。他在书中写道:"我们可以把宇宙现在的状态视为其过去的果以及未来的因。如果一个智者能知道某一刻所有自然运动的力和所有自然构成的物件的位置,假如他也能够对这些数据进行分析,那宇宙里最大的物体到最小的粒子的运动都会包含在一条简单公式中。对于这智者来说没有事物会是含糊的,而未来只会像过去般出现在他面前。"①这里的"智者"被后人称为"拉普拉斯妖"。

在确定论观念的传播过程中,另一位具有同样重要影响的人物是牛顿。在18世纪欧洲人的眼里,牛顿就像先知摩西一样值得人们尊敬。"牛顿在他还活着时就已是一位民族英雄,而在将近一个世纪之后,主要是通过拉普拉斯的强大影响,他成了欧洲科学革命的象征。天文学家巡视数学所统治的太空。牛顿系统成功地克服了一切障碍。更有甚者,它打开了通向数学方法的道路,由于

---

① Laplace, Pierre-Simon: "Introduction", *Théorie Analytique des Probabilités//De la probabilité, Oeuvres complètes de Laplace VII*, Gauthier-Villars, 1820, pp. vi—vii.

这种数学方法,表面的偏差能够得到解释,甚至能用来推测出存在着当时尚未知道的行星。在这种意义上说,对海王星的预言乃是牛顿的远见卓识中内在的预言力的贡献。"①

所以,在18、19世纪,"牛顿的这一术语(万有引力)被用于研究定律体系、研究平衡现象的每一事物,甚至被用于一方面自然秩序另一方面道德、社会和政治秩序都可以用包罗一切的和谐性去表达的所有场合。浪漫的哲学家甚至在牛顿的宇宙中发现了被自然力所激励的迷惘的世界。更多的'正统'物理学家从中看到被数学所统治的力学世界。对于实证主义者,这意味着一个步骤的成功,一个被视为与科学的真正定义等同的秘诀的成功"②。

到了近代,它进一步上升为这样一种认识:整个宇宙只不过是一台精密的机器,它的每个零件都按照定律一丝不苟地运行,这就是近代以来的决定论(determinism)思想。决定论的世界观和信仰,用一句话概括就是:世界是必然的、确定的、连续的、可预测的、可以理解的。这种观念进一步认为,如果说有一个现象我们现在还不了解它,那只是因为我们所知道的信息、知识太少而已。只要人们掌握了足够的知识、掌握了世界的变化规律,只要搜集到足够多的信息,或者只要能够处理足够大的运算量,就可以由初始状态推知它的未来状态,科学家就能如同上帝一般无所不知。

其实,在中国历史上,这种观念也有悠久的传统。中国古人以"常"、"道"、"理"来指称宇宙的规律。《老子》有"道生一,一生二,二生三,三生万物"的说法。庄子说:"且道者,万物之所由也。庶物失之者死,得之者生。为事逆之则败,顺之则成。故道之所在,圣人遵之。"(《庄子·渔父》)《汉书·董仲舒传》也有"道之大,原出于天,天不变,道亦不变"的说法。

关于确定论观念产生的原因的思考

关于世界是可知的、确定的这一观念,到了18世纪已经非常流行了。

当然,要从深层次上回答为何决定论的世界观流传广泛是一件很有意义的事情,但也是一件并不简单的事。从根本上讲,确定论、可知论的世界观是把基于有限时空所获得的认识,把局部的现象,放大到了整体、延伸、推加到了世界。决定论的世界观广泛流传的原因显然是多方面的。而根据我的认识,择要而言,似乎可以概括出这样几个方面:

第一,确定性的信念为遭受不确定世界困扰的人类精神提供"放松按摩"。确定性的追寻,从生存的意义上讲,它深深植根于人类内心的生存欲望。人类

---

① 普里戈金、斯唐热:《从混沌到有序:人与自然的新对话》,上海译文出版社,1987年,第62页。
② 同上书,第63页。

不能够忍受不确定的东西,因为不确定常常意味着风险的存在,意味着可能遭受损失,甚至失去生命。其实,不确定带给人们的并非全部是风险,它还意味着机会的存在。但是,对风险的厌恶使人们产生了对确定性的偏好,并因此而期望世界是确定的、可知的。

第二,确定性是人类好奇心和求知欲的延伸。从认知的意义上讲,人类似乎有一种天然的好奇心和求知欲(而且也许不只是人类),科学进步的很大部分是由这种好奇心所驱动的。人们对未知的事物表现出强大的好奇心。既然身边的一切给了我们确定的认识,那么,由近及远,遥远的事物亦当是确定的。其实,确定性并不是世界的本来面目,得出确定性的结论乃是出于人们的内心向往。人们不喜欢陌生的世界、变化的环境、不熟悉的人群,它们给人一种强烈的不安全感。人们同样不喜欢那种模模糊糊、似是而非的知识。

第三,生活中,人们几乎天天都需要进行决策和选择,这产生了对确定性知识、信息的强烈需要。毫无疑问,不确定性让人无所适从,让人举止不定,让人左右为难。不确定的世界与不确定的知识对于人们的选择与决策构成了一个严峻的挑战。既然不确定的都是一些人们想避开的东西,就干脆忽视它们的存在。

第四,已经取得的科学技术成果成为确定性观念的垫脚石。一些已经得到确证的知识确实为人们提供了许多有益的帮助。无论是在社会意义上,还是在个人层面上。这增加了人们对科技的信赖,甚至是依赖。而传统的科学技术和确定论是相互支撑、相互佐证的。

第五,传授知识已经成为一种职业,这也是一个影响深远的事情。从很早的时候起,就有一些智者——孔子、孟子、老子、庄子、苏格拉底、柏拉图,专门从事"传道、授业、解惑"的活动。从分工与专业化的意义上讲,无论是什么活动,哪怕是传道授业,当它"成为一种职业",也会获得"专业化"的好处。但是,这只是问题的一方面。另一方面,当传道授业活动"成为一种职业"以后,这些以知识为业的人就会与其他行业的从业者一样,也会为了招徕"顾客",保持自己"知识市场"的兴旺,而做出类似"王婆卖瓜"的事情,信誓旦旦地宣称他们掌握了对于外部世界的"确定、可信"的真谛,这的确是再自然不过的事情。

如果这些解释成立,那么今天到处流行的确定论(或决定论)的思想和信仰仍然是许多人对世界的基本信念,就不难理解了。此外,可能还有一些辅助性的根源,那就是文字、数字和书面语言的发明,它们也对确定论观念的产生发挥了重大的作用,最终使得与人分离的、同质的、"客观的"和"确定的"知识幻象树立起来。

数学与确定性的"联系"

还有一种被视为理所当然,而实际上不可思议的观念,那就是从很早的时候起,人们就把数字和物质世界联系了起来,把数字与事物的因果关系联系了起来,特别是把数学和确定性、决定论联系了起来。尤其是 18 世纪那个时代,先是在物理学领域,然后通过物理学与数学的紧密联系,又在数学领域建立了决定论的世界观。数学被视为最可靠的科学,并且人们试图将周围的一切都数量化。20 世纪原创媒介理论家、思想家马歇尔·麦克卢汉(1911—1980)曾经深刻地指出:"从古至今都有一个数字的影子纠缠着我们,这个数字的影子就是科学的语言。孤立地去看数字,数字像文章一样神秘莫测。如果被看成是人体的延伸,数字就完全可以理解了。正如文字是我们最公允、最客观的感觉(视觉)的延伸和分离一样,数字是我们最亲密、相互关系最深的活动(即触觉)的延伸和分离。"[1]

而将数学应用于分析和描述物质世界的过程中,应该特别提到两个人。这就是德国哲学家、数学家威廉·莱布尼茨(1646—1716)和英国物理学家、数学家、天文学家艾萨克·牛顿。经过他们之手,数学成为时代偶像,获得了存在的身份,具有了证实的力量。

莱布尼茨在《组合的艺术》一书中明确提出,原则上,所有涉及物质世界中形形色色时间的思想和观念,都可以还原为数学原理推演出来的简单的逻辑表达式。他认为,既然数学原理可以精确地描述具体物体在现实中的相互影响,那么,所有用数学语言表达出来的新观点就应该是对于物质世界运行情况的准确预测。数学论证能够很好地反映物质世界的实质,关于物质世界的所有思想都可以明确地从已有的数学结论中产生。

莱布尼茨的理论对于西方乃至人类思想具有重要的影响。因为它开启了用一套确定的逻辑来解释任何问题的做法。实际上,莱布尼茨更进一步说明,任何一个可以用语言表述出来的断言,原则上都可以简化为用一种具有通用性的语言表述的命题。他把利用数学的基本原理建立一套逻辑语言体系当作自己的目标。莱布尼茨的观点在启蒙运动兴起之后,很快在欧洲得到了普遍的认同。莱布尼茨和牛顿在建立微积分的过程中,都暗含地运用了这一思想,尤其是牛顿更是如此。实际上,牛顿的三定律就是建立在微积分基础上的。这也是对笛卡尔方法的最终肯定。

即使是在 20 世纪,"牛顿科学仍然占有独一无二的地位。……但是今天我们知道,经典科学的黄金时代已经过去了,而且这样一种思想也随之一去不复返了"[2]。同样,爱因斯坦也是一位决定论信仰的支持者。他追求统一场论,试图将基本粒子的几种作用力统一起来。他的一些追随者们今天仍在继续这项

---

[1] 马歇尔·麦克卢汉:《理解媒介:论人的延伸》,商务印书馆,2000 年,第 146 页。
[2] 普里戈金,斯唐热:《从混沌到有序:人与自然的新对话》,上海译文出版社,1987 年,第 64 页。

工作。这就是探寻"终极方程式"。

到19世纪末,牛顿物理学已经征服了全世界。这是一段光荣的日子,是经典物理的黄金时代。"它的力量控制着一切人们所知的现象。古老的牛顿力学城堡历经岁月磨砺风雨吹打而始终屹立不倒,反而更加凸显出它的伟大和坚固来。从天上的行星到地上的石块,万物都毕恭毕敬地遵循着它制定的规则。1846年海王星的发现,更是它所取得的最伟大的胜利之一。……科学的力量似乎从来都没有这样地强大,这样地令人神往。人们也许终于可以相信,上帝造物的奥秘被他们所完全掌握了,再没有遗漏的地方。从当时来看,我们也许的确是有资格这样骄傲的,因为所知道的一切物理现象,几乎都可以从现成的理论里得到解释。力、热、光、电、磁……一切的一切,都在控制之中,而且用的是同一种手法。物理学家们开始相信,这个世界所有的基本原理都已经被发现了,物理学已经尽善尽美,它走到了自己的极限和尽头,再也不可能有任何突破性的进展了。如果说还有什么要做的事情,那就是做一些细节上的修正和补充,更加精确地测量一些常数值罢了。"①

19世纪后期,一些物理学家曾经乐观地宣称,宇宙间的一切皆可以按照连续物质的性质予以解释和推断。并且人们开始倾向于认为:物理学已经终结,所有的问题都可以用牛顿的理论体系来解决,而不会再有什么真正激动人心的发现了。②

不幸的事实

对于近代以来的世界观而言,其基本信念是:在人类之外,存在着一种决定天地万物或宇宙演变的自然规律(Natural Law),并认为科学的任务就是揭示和发现这些规律。差不多一直到现在,这种信念一直激励着科学家去追寻和探索,他们希望能寻找到一个放之四海而皆准的普遍真理,也就是这个世界的"终极真理"。

不幸的事实是,即使是依靠理性和科学的力量,许多现象我们依然不能够解释。因此,一部分人还在相信超自然力量、神秘主义、算命、星象、特异功能,等等。其实,在科学无力回答和解释的地方,总是为宗教、迷信留下了生存、繁盛的空间。可以肯定的是,宗教和迷信一直都是人们理解世界的另一种尝试,一种追求科学之外的解决方法的尝试。历史上一些科学家,由于受到终极问题

---

① 曹天元:《上帝掷骰子吗?——量子物理史话》,辽宁教育出版社,2011年,第14—15页。
② 据说,普朗克的导师甚至劝他不要再浪费时间去研究这个已经高度成熟的物理学体系。

的困扰,也常常转向宗教来寻求帮助,牛顿就是著名的例子。①

当然,我们还可以说,无论科学如何发展,都难以满足人类不断升级、变化的物质,特别是精神层面的需求,因此,不仅科学探索会永远地进行下去,而且改头换面了的宗教、迷信也必将长期存在下去。

但是,无论如何,确定论都是荒谬的。如果这世界一切都是确定的,那么,就会像洛伦兹所说的那样,"我们就应该改变我们对同胞的看法,例如我们就不应该处罚凶杀犯或其他犯罪的人,这是因为这些人要犯罪是早已决定了的,他们对此无能为力。这种想法未必能掌握决定论的全部含义。如果某人犯凶杀罪是早已注定了的,那么根据同样理由,我们是否要处罚他也是早已注定了的,我们对此也同样无能为力"②。

普里戈金、斯唐热曾经指出:"如李约瑟所强调过的那样,西方思想总是在两个世界之间摆动,一个是被看作自动机的世界,另一个是上帝统治着的神学世界。李约瑟把这称为'典型的欧洲痴呆病'。事实上,这两种观点是联系在一起的,自动机需要一个外部的上帝。"③

世界不把自己真实面目轻易示人

自古以来,人类就不断地探索自然,企图了解自然,更企图征服自然。但是,只是在企图改造自然的时候,人们才发现,大自然是如此神秘莫测,以至于我们奋斗了数千年仍然不能完全发掘出大自然的奥秘。关于世界的第二种观念,叫作不可知论。不可知论,顾名思义,认为世界是不确定的、不可知的,也不能被预测的。

持有不可知论观念的人相信,世界、大自然从来都不肯轻易地把自己真实面貌示人。这种观念常常来自一些阅历丰富、思考深刻的人,这些人往往不急于从所看到的一事一物立刻得出结论,而是更愿意对将要得出的结论慎之又慎。表面上,不可知论是人类思想史上的少数派、非主流派。但是,也许真实的情况并不完全如此。

现代科学的最新进展表明,我们生活在一个充满了不确定性的世界里。

---

① 牛顿不但是一位伟大的科学家,而且是一位虔诚的宗教信徒。这不能不说与他的世界观有关,牛顿认为,从本质上讲,此刻的宇宙与任何其他时刻的宇宙没有什么不同,作为一个整体,宇宙是万古不变的。他研究宗教经典的浓厚兴趣绝不在科学之下。他所发表的多数著作是神学,而不是物理学。他曾说:"在没有物质的地方有什么存在呢?太阳与行星的引力从何而来呢?宇宙万物为什么井然有序呢?行星的作用是什么?动物的眼睛是根据光学原理设计的吗?岂不是宇宙间有一位造物主吗?虽然科学未能使我们立刻明白万物的起源,但这些都引导我们归向万有的神面前。"
② E.N.洛伦兹:《混沌的本质》,气象出版社,1997年,第150页。
③ 普里戈金、斯唐热:《从混沌到有序:人与自然的新对话》,上海译文出版社,1987年,第39页。

不可知论的性质

我们相信,任何一门"科学"都属于经验知识的范畴(这当然是笛卡尔、康德、黑格尔等所不能同意的)。与形而上学知识一样,经验知识也包括猜想、想象以及对不可见事物的解释。但是,它的基础在于经验,获取的手段则包括观察、实验和思考。我们还相信,无论是哪一种类型的知识——形而上学知识,或基于经验的知识,也无论是通过哪一种手段获得,都无法完全地保证知识的正确性。

很多人没有意识到的是,在物理学中,人仅仅是观察者的观念根深蒂固,并且,习惯上也把科学看作对世界的客观但被动的描述。然而,实际上,人类(甚至包括动物)既是世界的观察者,也是它的参与者,他们可以伸出手脚去改变这个世界,即使是对世界的观察,他们也可以选择不同的方法、角度、立场。且不说观察和思考都是极容易犯错误的,就是"科学"实验,也不是获得正确知识的可靠手段。例如,实验中我们使用了特别发明的仪器——显微镜、望远镜、加速器等,如何保证实验结果不是那些实验工具的创造物?那些实验仪器会不会成为一个个的"有色眼镜"?我们有什么理由相信,实验中的仪器没有与实验对象发生相互作用,没有引起实验结果的畸变或扭曲?所以,那种"物理学是关于事实的科学"的流行观念是不足采信的。

当然,科学家们似乎没有受到这些问题的困扰。其实,更多的人根本就没有意识到在科学过程中还存在着这样的问题。除此之外,现代科学研究还面临着柏拉图提出的问题:"你怎样研究你根本不知道的东西呢?在这些你所不知道的东西中,你该把什么作为你所要研究的对象呢?即使你侥幸碰上了这种东西,你怎么知道你所不知道的这种东西就是你所要研究的东西呢?"(柏拉图《美诺篇》)在这里,我们又一次与怀疑论相遇了。

中外古今第一至人——庄子

庄子是中外历史上最伟大的思想家之一,他是一个思维开阔、思想深刻、人生豁达的人,迄今没有多少人可与之比肩。但是,很多人认为庄子是一个不可知论者,这确实有几分道理。

且看《庄子·逍遥游》:"小知不及大知,小年不及大年。奚以知其然也?朝菌不知晦朔,蟪蛄不知春秋,此小年也。楚之南有冥灵者,以五百岁为春,五百岁为秋;上古有大椿者,以八千岁为春,八千岁为秋,此大年也。而彭祖乃今以久特闻,众人匹之,不亦悲乎?"庄子此言太有力了,知分大小,时有短长,物各不同,奚以知其然也?

还有《庄子·齐物论》:"夫道未始有封,言未始有常,为是而有畛也。"悠悠千古事,皆可为庄子证!"故知止其所不知,至矣。孰知不言之辩,不道之道?若有能知,此之谓天府。注焉而不满,酌焉而不竭,而不知其所由来,此之谓葆光。"①故全知之谓,谬、诳、妄也。"昔者庄周梦为蝴蝶,栩栩然蝴蝶也。自喻适志与!不知周也。俄然觉,则蘧蘧然周也。不知周之梦为蝴蝶与?蝴蝶之梦为周与?周与蝴蝶则必有分矣。此之谓物化。"古今中外,有几人能超越庄子?

再看《庄子·秋水》:"庄子与惠子游于濠梁之上。庄子曰:'儵鱼出游从容,是鱼之乐也?'惠子曰:'子非鱼,安知鱼之乐?'庄子曰:'子非我,安知我不知鱼之乐?'惠子曰:'我非子,固不知子矣;子固非鱼也,子之不知鱼之乐,全矣。'庄子曰:'请循其本。子曰"汝安知鱼乐"云者,既已知吾知之而问我。我知之濠上也。'"这里,虽是借惠子之口,传的乃庄子思想。"子非鱼,安知鱼之乐?"诚如庄子所言:"物量无穷,时无止,分无常,终始无故。"何可知也?

《庄子·内篇·养生主》:"吾生也有涯,而知也无涯。以有涯随无涯,殆已;已而为知者,殆而已矣!"当然,庄子并没有否认当下可知、局部可知。

"至人无己,神人无功,圣人无名。"庄子,伟人也。

近代欧洲的不可知论思想家

笛卡尔(1596—1650)

笛卡尔是17世纪法国著名的哲学家、数学家和神学家,欧洲哲学史和科学史上最有影响的巨匠之一。笛卡尔提出了"普遍怀疑"的主张,留下了"我思故我在"的名言,他的哲学思想开拓了"欧陆理性主义"哲学,在哲学史上产生了深远的影响,黑格尔称他为"现代哲学之父"。同时,他又是一位勇于探索的科学家,他把几何坐标体系公式化,在数学史上具有划时代的意义,对现代数学的发展做出了重要的贡献。

以现代观点看,笛卡尔留给人类的最为宝贵的财富,是他严格的怀疑精神和探索精神(这是那些浮躁的现代人所不具备的,而且这种精神正在越来越远离我们);而他在哲学和思想史上所产生的深远影响尚属其次。

笛卡尔在哲学和思想史上的贡献和影响有两个主要方面:

---

① 在这里有一个有趣的可以称之为"巧合"的事情:庄子(约公元前369—前286)的名言"知止其所不知",而在那个遥远西方的古希腊,苏格拉底(公元前469—前399)也说过同样的话,他的一句名言是"我只知道我一无所知"。

第一,普遍怀疑的方法。

笛卡尔的怀疑论给了我们寻找知识的起点——怀疑一切,同时,他也给我们制定出了一套系统的怀疑论的方法。在笛卡尔那里,我们所追求的就是具有确切无疑性质的知识。任何属于稍有可怀疑之列的东西,都不应把它们看作知识。因此我们的目标应该是明白、清楚、确切、可靠、无从怀疑,而不仅仅是可能是真的。因此,怀疑一切就成了笛卡尔哲学体系的开端。但是否应该将他本人归于怀疑论的阵营,值得商榷。因为对他来说,怀疑只是作为方法与手段,而不是作为目的。他的目的是通过这样的方法论达到坚实可靠、确切无疑的知识。也就是说,他的怀疑是方法性的怀疑,是为了肯定真理,不是为了否认真理;是理论性的,而不是实践性的怀疑。意思是说,我们之所以怀疑,并不是为了某事有疑惑而怀疑,而是作为获得知识的第一步。

这一点笛卡尔自己说得非常明白,他说:"只要我们在科学里除了知道现在已有的那些根据以外,还找不出别的根据,那么我们就有理由普遍怀疑一切,特别是物质性的东西。尽管普遍怀疑的好处在开始时还不显著,不过,由于它可以让我们排除各种各样的成见,给我们准备好一条非常容易遵循的道路(着重号为引者加),让我们的精神逐渐习惯脱离感官,并且最后让我们对后来发现是真的东西决不可能再有什么怀疑。"①

笛卡尔说:"凡在我想象内含有可疑的成分,即使只含有极轻微者,也要毅然扬弃,……以便观察除此之外,是否还有一物仍然留在我的信念中,为完全不可怀疑者。如此,由于感官屡次欺骗了我们,我便假定借助感官而想象的对象,没有一样是真实存在。"他明确指出:"我这样做并不是模仿那些为怀疑而怀疑并且装作永远犹豫不决的怀疑派,我的整个计划只是要为自己寻求确信的理由,把浮土和沙子排除,以便找出岩石或黏土来。"由此可见,笛卡尔就是要通过怀疑清除那些被认为是真理而实际上可怀疑的东西。

第二,理性主义的知识体系。

对于笛卡尔,怀疑就是为了批判地重建,这是显而易见的。但是,他并没有意识到,自己的做法恰恰是矛盾的:先是对理性提出了最严格的怀疑,然后努力建立起一个理性主义的知识体系。"由于很久以来我就感觉到我自从幼年时期起就把一大堆错误的见解当作真实的接受了过来,而从那时以后我根据一些非常靠不住的原则建立起来的东西都不能不是十分可疑、十分不可靠的,因此我认为,如果我想要在科学上建立起某种坚定可靠、经久不变的东西的话。我就非在我有生之日认真地把我历来信以为真的一切见解统统清除出去,再从根

---

① 笛卡尔:《第一哲学沉思集》,商务印书馆,1986年,第10页。

本上重新开始不可。"①

"可是,拆掉基础就必然引起大厦的其余部分随之而倒塌,所以我首先将从我的全部旧见解所根据的那些原则下手。"在笛卡尔开始怀疑一切之时,他发现尚有一样东西毋庸置疑。他说:"我不能怀疑我在怀疑,我不能怀疑我的怀疑的行动。我怀疑,所以我存在,否则我不能怀疑。"换句话说就是"我思故我在"。

应该说,无论是笛卡尔,还是别的什么人,其实都能够容易地证明"我在"。但是,要通过"我在"的确凿性来反证"思"的真实性,给"思"一个不容怀疑的性质,这是做不到的,无论绕上多大的弯子。所以说,想要证明感官和理性没有欺骗自己、不会欺骗自己,却是没有完成、不可能完成的任务。笛卡尔沉思了几十年,而人类也已经沉思了几千年,却都无济于事。可怜的笛卡尔!其实,正如马克斯·霍克海默、西奥多·阿道尔诺在《启蒙辩证法》中所说:"知识并不满足于向人们展示真理,只有'操作','去行之有效地解决问题',才是它的'真正目标'。"②

不过,值得庆幸的是,笛卡尔以为自己解决了这个问题,他找到了决不怀疑的东西作为知识的基础。然后,笛卡尔就此全力展开了理性主义的知识体系。他认为这个基础就是清晰明确而无法有任何怀疑的观念。那么,哪一个领域是清晰明确观念的典型领域?他选择的是数学领域!因此,所有的知识研讨都须采用数学方法。

知识与观念如何产生?虽然绕了很大的弯子,这个问题在笛卡尔那里显然没有解决。由于事实上没有能够回答出"知识与理性"的"存在"的性质、毋庸置疑的性质,笛卡尔的知识最终还是不得不求助于神。因此,他的答案是:知识是与生俱来的,先天的,直接由神所赋予的。但是,在肯定了先天观念,强调了理性的主宰地位的时候,知识、观念与世界之间的鸿沟就已形成。笛卡尔自己没有意识到,按照他的这一认识,可信的知识再也不能得到。除非依靠万能的神助,依靠先天。

大卫·休谟(1711—1776)

大卫·休谟,英国人,1711年生于爱丁堡,出身名门。少年休谟"沉静勤勉、好学深思"。值得肯定的是,和笛卡尔一样,休谟对人类理性的能力持有怀疑态度。一些反对他的人给他贴的标签是

---

① 笛卡尔:《第一哲学沉思集》,商务印书馆,1986年,第14页。
② 马克斯·霍克海默、西奥多·阿道尔诺:《启蒙辩证法》,上海人民出版社,2003年,第2页。

近代欧洲不可知论的重要代表之一。这有一定道理但并不准确,准确地说,他是经验主义最杰出的代表。

休谟认为,任何不存在于经验当中的东西都仅是虚构的,并必将被无情地抛弃。他要使科学摆脱"虚构而非经验"的境况,建立有关人性的学科。他的著作《人性论》(Treatise on Human Nature)是一本寻求经验主义原理的研究。在《人性论》中他指出:人的认识完全局限在经验的范围内,人不仅不能感知和证明物质实体的存在,也不能感知和证明精神实体(包括上帝)的存在。对于长期流行的"普遍因果性原理"(一切事情的发生都有其原因),休谟认为,人们所谓的因果关系不是别的,只不过是在时间和空间上碰巧相邻接的两个事件之间的固定的关系。时间上在前的事件称为在后的事件的"原因",在后的事件称为"结果"。休谟这样说:"原因和结果的观念是由经验得来的,经验指导我们那样一些特定的对象在过去的一切例子中都是经常结合在一处的。当我们假设一个和这些对象之一类似的对象直接呈现于它的印象中的时候,我们因此就推测一个和它的通常伴随物相似的对象也存在着。"①历史上,有一些哲学家自负地认为,休谟的这些命题并不可靠,他们清楚地知道其含义何在吗?他们又能够为自己的那种盲目的乐观主义学说做出辩护吗?

近代欧洲不可知论的另一重要代表是康德②。他在读到休谟的著作时,完全被休谟的论证震撼了,"休谟把我从独断论的迷梦中唤醒"(这话当然是不可信的,实际上是他自己在"独断论的迷梦"中越走越远)。康德先是肯定"物自体"(外部世界)的存在,然后又指出:是我们的心灵把一些先天的概念和范畴——(先天综合判断)它们与生俱来的,像真理一样,与经验无关——加到了我们的经验之上,通过这个过程,我们识别物体,形成我们的认识、我们的经验。没有这些先天的范畴我们就无法理解世界。对"先天综合判断"的怀疑,是没有意义的。不仅物自体的本来面貌是不可认识的,而且作为一切精神现象最完整的统一体的灵魂、作为一切物理现象最完整的统一体的世界和作为最高统一体的上帝,都不是认识的对象,而属于信仰的领域。

而对罗素来说,"人只是盲目的、无目的、自然的、偶然而短暂的产物,是其所作所为的一个无关的旁观者,几乎是他的领域的一个异己的入侵者。③ 人在宇宙神学中没有高官厚位可言,他的理想、他的希望、他的神秘的狂喜,不过是

---

① 休谟:《人性论》上册,商务印书馆,1980年,第107页。
② 伊曼努尔·康德(Immanuel Kant,1724—1804),著名德意志哲学家,德国古典哲学创始人,他的学说深深地影响近代西方哲学,被认为是继苏格拉底、柏拉图和亚里士多德后,最具影响力的思想家之一。
③ 此为原注。伯特兰·罗素:"一个自由人的崇拜",载《神秘主义和逻辑》,纽约,1978年,第46页。

他自己错误的热情想象的创造,他们在这个按照时间、空间和无意识的(虽然是永恒的)原子从力学上加以解释的真实世界中没有名分,也不可能应用于这个真实世界。他的地球母亲只是无限空间中的一颗尘埃,甚至在地球上,他的位置既不重要,也并不稳定,总之,他任凭一股盲目力量的摆布,正是这股力量不知不觉地碰巧把他抛入存在之中,但也有可能在不久之后就会不知不觉地扑灭他的小日子的蜡烛。他自己以及他所珍爱的一切,都会在时间的历程中逐渐'埋葬在宇宙的废墟中'。"①

笛卡尔怀疑一切的方法、休谟怀疑论的论证以及康德的人类理性批判(即《纯粹理性批判》《实践理性批判》和《判断力批判》)无疑都是价值巨大的精神财富,其价值就在于他们使人们认识到,人类是多么容易轻信自己的意识,而意识到的东西并非就是客观的、真实的、正确的。正是他们的努力让我们对知识的局限性更加清醒和保持警惕,促使我们把信念、知识建立在一些更加坚实的基础之上。

不可知论的科学:现代科学三个里程碑性的发现

如果说在过去两百多年的时间里,牛顿的经典力学理论在描绘经验世界的物体运动方面是很成功的,并由此处于统治地位,那么相对论和量子理论的问世,则引爆了对确定论、可知论的疑问。世界的本来面目开始变得几乎难以描述。

这个转变的过程是从 20 世纪初开始的。首先是爱因斯坦的相对论突破了牛顿的绝对时空观,随后,一系列实验和发现将人们的视野引入了原子和亚原子的微观物理世界——量子世界中。而在量子世界中,人们发现,日常熟悉的物理规律不再成立。那种严格的因果性和决定性不见了,取而代之的是,事件发生由概率决定。人们走进了一个上帝掷骰子的非决定论世界。有三个里程碑性的发现引发了当代世界观的根本转变。

第一,相对论(Theory of Relativity)的问世。

在本质上,所有的科学问题都涉及采用什么时空观的问题、涉及对时空的理解和定义。在 20 世纪以前的古典物理学里,人们采用的是牛顿的绝对时空观。相对论是关于时空和引力的理论,由爱因斯坦创立,分为狭义相对论和广义相对论。② 在相对论的宇宙观中,时间不再是绝对的,空间也不再是绝对的,

---

① 埃德文·阿瑟·伯特:《近代物理科学的形而上学基础》,北京大学出版社,2003 年,第 10 页。
② 爱因斯坦"一生中最大的错误"。他的博士论文提出了著名的场方程式,这些方程式表明,宇宙不是静态的,而是每时每刻都在膨胀。爱因斯坦为自己的发现目瞪口呆。为了避免这些令人震惊的内容,爱因斯坦改变了自己的方程式。如果爱因斯坦坚持了这个方程式的最初结论,那么他可能就会做出整个科学史上最伟大的预言。但是,摆脱静态的世界这一划时代的思想飞跃与这位最杰出的科学家失之交臂了。

甚至历史也不再是唯一的。相对论的提出改变了人们的时空观,改变了人类对宇宙和自然的"常识性"观念,给人们的传统世界观造成巨大的冲击。不过,爱因斯坦的相对论仍然是一种经典的理论。

第二,量子物理学的进步与不确定性原理(Uncertainty Principle)的提出。

19世纪末20世纪初,当人们认为经典物理学已臻完美的时候,一系列经典理论无法解释的现象被发现了。物理学"晴朗的天空出现了几朵乌云"[①]。

电子和放射性的发现,打开了原子的大门,使人们对物质的认识深入到了原子内部。大量的实验表明,微观粒子的运动不能用通常的宏观物体的运动规律进行描述。1900年,德国物理学家普朗克提出量子假说。[②] 爱因斯坦成功地解释了光电效应的现象及光的本质,进一步推动了量子论的发展。丹麦物理学家玻尔把量子论用于原子结构的研究,创立了原子结构的理论。经过许多科学家的共同努力,到1925年左右量子力学最终建立。

量子物理学是研究微观世界粒子运动规律的科学。量子力学本身并不是一种理论,它只是一个框架,现代所有的物理理论都必须与它相符。在量子力学中,即便是理论上,也只允许有概率的计算,因此它要求我们舍弃作为早期"经典"物理学倡导的决定论。量子物理学家们知道,我们只能预言一个实验的各种可能的结果,而不是某个确定的结果。量子力学还告诉我们,根本不存在连续的运动;而部分与整体之间的内在联系、不同部分之间的联系以及与事物密不可分的环境依存都是始终存在的。各要素之间的不可分割的联系也是存在的,而且不是所有情况下都可以任意分解。这一切表明,必须把世界看作一个不可分割的整体。

量子论与相对论一起,构成了现代物理学的基础。相对论和量子论弥补了经典力学在认识宏观世界和微观世界方面的不足。它们的提出,不仅推动了物理学自身的进步,而且开阔了人们的视野,改变了人们认识世界的角度和方式。人类对客观规律的认识开始从宏观世界深入到了微观世界。

遗憾的是,尽管量子力学一直都是成功的,许多其他科学领域的人却并没有完全地、从最深层次上理解它的真正意义,特别是它对于理解整体的宇宙的意义。

---

① 1900年4月,英国著名物理学家开尔文发表《19世纪热和光的动力学理论上空的乌云》,反映了当时物理学界的主要思想,他在回顾物理学的成就时说,物理大厦已经落成,所剩只是一些修饰工作。同时,他在展望物理学前景时讲道:"现在,它的美丽而晴朗的天空却被两朵乌云笼罩了,……第一朵乌云出现在光的波动理论上,……第二朵乌云出现在关于能量均分的麦克斯韦-玻尔兹曼理论上。"

② 1900年12月14日,这一天就是量子力学的诞辰。普朗克的工作绝不仅仅是改变物理学的一些面貌而已。事实上,整个物理学和化学都被彻底摧毁和重建,一个新的时代到来了。经典物理学构筑起来的精密体系被毫不留情地抛弃,不变的公理被扔进垃圾箱了。

海森堡（1901—1976）

不确定性原理（Uncertainty Principle），又称"测不准定理"，是量子力学的一个基本原理，由德国物理学家海森堡（W. Heisenberg）于1927年提出。它告诉我们，在微观世界中，人们不能够同时精确测得粒子的位置和动量，对粒子的位置知道得越精确，对其动量就知道得越不精确，反之亦然。这已经被公认为量子力学的一个基本原理。类似的不确定性关系也存在于能量和时间、角动量和角度等物理量之间，很多实验都时常会遭遇到不确定性问题，而这种情况在社会科学研究领域尤其严重。

在经典力学中，每件事物的发生总有其原因。你可以追踪一件事情发生的原因，原因的原因，直到第一原因。但是，在量子物理中，观察者和系统之间存在相互作用，基于这种相互作用，不能认为系统是独立存在的。在量子世界中，放射性衰变及原子能级转变时并没有"内在的原因"，直接的因果性消失了，它显示出这种改变完全出于机会。它所引发的是一个基本的哲学问题。

我们不能精确预测，也不知道为什么世界会是这个样子而不是另一个样子，正如同我们不知道"薛定谔的猫"①是死是活一样。我们必须打开匣子去看才能知晓，这个结果我们不能预先知道，也无法控制。没有什么方法可以知道在没有进行观察的时候世界正在发生着什么。我们只能根据量子力学波动方程在统计的意义上进行预测，量子世界的行为只服从统计规律。非决定论的世界呈现出了它的概率性。

上帝的确在掷骰子！现在我们已经知道，即使没有量子论把概率这一基本属性赋予自然界，就牛顿方程本身来说，许多系统也是极不稳定的，任何细小的干扰都能够对系统的发展造成极大的影响，这些干扰从根本上说是不可预测的。差之毫厘，失之千里。因此，想凭借牛顿方程来预测整个系统从理论上说是不可行的。典型的例子是洛伦兹著名的"蝴蝶效应"——哪怕一只蝴蝶轻微地扇动它的翅膀，也能给整个天气系统造成戏剧性的变化。当然，股市波动、通货膨胀、经济增长等都在用事实诠释着这一理论的有效性。

---

① "薛定谔的猫"是由奥地利物理学家薛定谔于1935年提出的著名思想实验。它描述了粒子的某些特性无法确定。整个实验是这样进行的：在一个盒子里有一只猫，以及少量放射性物质。在一小时内，大约有50%的概率放射性物质将会衰变并释放出毒气杀死这只猫，剩下50%的概率是放射性物质不会衰变而猫将活下来。但是，如果我们用薛定谔方程来描述薛定谔猫，则只能说，它处于一种活与不活的叠加态。

不确定性原理的发现,在很大程度上摧毁了决定论的信念,否定了拉普拉斯科学理论,即一个完全确定性的宇宙模型的梦想寿终正寝:如果人们甚至不能准确地测量宇宙当前的状态,那么就肯定不能准确地预言将来的事件!

第三,哥德尔定理的发现。

库尔特·哥德尔(Kurt Godel,1906—1978)是一位著名的数学家、逻辑学家和哲学家。哥德尔的数学天分极高。他在维也纳大学时本来修读理论物理和基础数学,后来研习数理逻辑、集合论,24岁时完成哥德尔不完备性定理(他最杰出的贡献),并获得博士学位。哥德尔的一生可以说是倾力献身基础理论研究的一生,他的学术贡献基本上是在数学、逻辑和哲学领域。哥德尔不仅做出了令世人瞩目的科学贡献,还以卓然深刻的思想为世人留下一笔丰厚的哲学遗产。

哥德尔对数学乃至整个科学界的最大贡献是证明了哥德尔不完备性定理。在他之前,数学家

哥德尔(1906—1978)

们曾希望可以设计这样一个数学公理系统,理论上它可以被证明是自洽的,并能用来推证所有数学定理的正确性或谬误性。哥德尔证明这些目的不能实现。

哥德尔第一不完全定理:任何一个形式系统,只要包括了简单的初等数论描述,而且是自洽的,它必定包含某些既不能证实也不能证伪的命题。换言之,在任何一个形式(逻辑)系统中,一定有不可判定的命题。

哥德尔第二不完全定理:任何足以展开初等数论的数学形式系统,如果是一致的,其一致性在系统内不可证。哥德尔第二不完全性定理的另一种形式是说,任何足够丰富的数学形式系统,如果它是一致的,那么它不能证明表达它自身一致性的命题是定理。

哥德尔说"数学不仅是不完全的,还是不可完全的"。这一点也恰是哥德尔定理的最深刻意蕴。与不确定性原理不同的是,哥德尔定理是一条完全基于理论推导的数学规律,它完全不可能被推翻。这至少可以说明,在科学理论上,世界是不可知的,世界是不确定的,是概率性的。我们所生活的世界是一个无限可能的世界。

世界的概率性让人们迷惑、不安,命运原来并不完全掌握在我们自己手中!无论我们多么强大和聪明,人类都不能从根本意义上完全掌控命运、预测未来!我们能够做的只是在统计意义上、在概率上去无限接近,去尽量施展自己的影响力,但最终的决定权仍在"不确定性"那里。所以,中国古人很伟大,早就说出了"谋事在人,成事在天"的至理名言。

约翰·塔巴克在他的《概率论和统计学》中指出:"现在,因果论不再起核心作用。现在科学家们乐于承认世界具有多个方面,有些不仅未知,而且本质上是不可知的。"①当然,塔巴克这里并没有想到要支持休谟。现代科学也一样,它只是要走近事实和真相。

改变我们的观念

显而易见,20世纪之前的传统世界观——确定论的世界观——的基石被彻底动摇了。新世界不再有因果性,不再有实在性,可能让人觉得不太安全,但它却是那样胸怀博大,气势磅礴,到处都有珍贵的宝藏和激动人心的秘密等待着人们去发掘。而当前我们首先要做的是改变我们的观念。

1986年,詹姆士·莱特希尔(James Lighthill)在英国皇家学会纪念牛顿《原理》发表300周年的集会上发表了轰动一时的道歉:"现在我们都深深意识到,我们的前辈对牛顿力学的惊人成就是那样崇拜,这使他们把它总结成一种可预言的系统。而且说实话,我们在1960年以前也大都倾向于相信这个说法,但现在我们知道这是错误的。我们以前曾经误导了公众,向他们宣说满足牛顿运动定律的系统是决定论的,但是这在1960年后已被证明不是真的。我们都愿意在此向公众表示道歉。"②

世界,可知耶? 不可知耶? 笔者相信:

第一,绝对可知与全面知道都是虚妄! 与确定论、可知论不同,我们认为世界不是完全可知的。世界的变化每时每刻都在发生,而且总有些细微的变化会逃过人类的观察,人类的认识把握变化的能力不比变化本身更快。特别是考虑到世界的无限联系,任何变化都可能由其他间接的、遥远的因素的变化所引起,因此,完全地或准确地把握变化是一项永远不可能完成的任务,就像我们看到遥远的星空中的一个亮星,实际上可能是早已消失了的某个星系。

第二,可知,但是有限可知! 我们相信世界从根本上讲是不可知的。但是,与完全的不可知论不同,我们认为世界在有限时间、有限范围内是可知的。而且,这里的"知"是对行动的意义而言,而不必然是关于"本质"的知识。所谓的"本质"也许完全是一个形而上学的概念,是一个无实际意义的抽象。"本质"的概念首先是与哲学传统,与柏拉图、亚里士多德等哲学家们的努力有关,另外,在一定程度上也是由形而上学的思维习惯造成的,具有某种幻觉性质(对

---

① 约翰·塔巴克:《概率论和统计学》,商务印书馆,2009年,第72页。
② 曹天元:《上帝掷骰子吗? ——量子物理史话》,辽宁教育出版社,2004年,第95页。

于"本质"问题,理查德·罗蒂也有与我们近似的理解①)。我们这里所说的这种"知"与所谓的事物的"本质"没有多大关系,只是一种可以指导我们行动的关于事物的认识。

弗兰克·奈特曾经说过一句与我们的理解相近的话。他是这样说的:"从终极意义上说,宇宙是不可知的(当然,我们说的只是客观现象和行为,而不是超出日常经验事实的问题)。但在一定程度上,世界肯定是可知的。当事物的复杂性超出我们的真实感知能力时,因宇宙中缺乏真正的一致性而导致的知识的局限性就可以被忽略。"②奈特的前一句话,也基本上表达了我们的意思。

第三,人人都是风险、不确定性的承担者和管理者。在这个风险无处不在的真实世界中,风险管理从来都不是"别人的事"。生活中的每个人都暴露在风险肆虐、不确定性四处游荡的环境中,每个人也都是处理风险、不确定性的高手:每个人都会小心地把钱包、信用卡藏好;每个人都自觉地靠马路右边走路;每个人都选择卫生的环境就餐;每个人都谨慎地选择交往对象;出门前检查门窗是否关闭;出远门多带上些钱、衣服、雨具;下雨天远离高物;等等。所有这些生活举动无一不是在防范风险、管理风险,而绝不是只有买保险才算管理风险。实际上,现代社会唯一的变化是,伴随着商业、社会环境变得越来越不稳定、越来越复杂,以及风险管理成为一门专业学科,社会中诞生了专门担任风险管理角色的人。"人人都是风险管理者,虽然平时并没有明确认识到这一点。在日常生活中人们必须做出大量决策,它们或多或少地反映出对风险的态度"③。

我们每个人都生活在充满风险的真实世界中。虽然确实有许多事物的复杂性常常超出了我们的真实感知能力,例如对天气、地震、战争、意外伤害、股市的判断。但是,由此产生的知识的局限性并没有被人们忽略,也从来没有"被忽略"。事实上,它们恰恰是许多人类行为的重要解释。这就是农民修水库、挖排洪渠的原因;这就是我们建筑业执行防震标准的原因;这就是各国设常备军和必要军备设施的原因;这就是人们购买保险的原因;这也是一些人远离股市的原因。

改造世界活动中的观念及其影响

人类认识世界的深层目的在于生存。生存实践(即人们"改造世界活动")是第一重要的人类活动。人类文明就是人类在自然界中为自己建造"巢穴",

---

① 理查德·罗蒂彻底地否认本质的存在,他认为,人性、世界或任何事物根本没有本质。参见罗蒂:《后形而上学希望》,上海译文出版社,2003 年,第 24—27 页。
② 弗兰克·奈特:《风险、不确定性和利润》,中国人民大学出版社,2005 年,第 155—156 页。
③ 罗恩·顿波、安德鲁·弗里曼:《风险规则》,中国人民大学出版社,2000 年,第 14 页。

以使自己能够在其中"诗意地栖居"的活动中所取得的各项成果。

对于任何一个人来说,他的行动总是和他的理想、信念有机联系在一起的。对于整个人类来说也是如此。世界观总是处于最高层次,对理想和信念以及行动起着支配作用和导向作用;同时,世界观也是每个时代人类行为的最高调节器,制约着人类的整个心理面貌,直接影响着每个时代的人类选择。

严格地说,甚至是"走路"这样简单的日常活动都体现着世界观的影响。当你相信前面的路面不会塌陷、没有陷阱的时候,你就会放心大胆地走在去食堂、图书馆、任何地方的路上。但是,如果是在漆黑的夜里,一个陌生的地方(山涧、林中),你就不会是这样。创业、科学探索、技术创新等活动也是如此!

人,一种自负的动物

关于人类行为的任何解释,都必然地会回到它的根本上来,人具有哪些特点?根本的人性是什么?这些基本问题对于人文科学和社会科学的重要性是不言而喻的。美国社会生物学家爱德华·威尔逊曾经指出:"任何有关人类处境的严肃思考,都必须把它作为首要的前提。要是没有这个前提,人文科学和社会科学就会局限于现象的描述,就像天文学缺少了物理学、生物学缺少了化学以及数学缺少了代数一样。"①

上面我们描述了人类在观念、思想等方面的特征,当然它们不是"人"的全部。再加上下面要说明的人类自身所具有的根深蒂固的行为特点,常常使得人类在改造世界的活动中变得行为怪诞。

人是这个世界上最为复杂、最难琢磨的存在物。对于人的认识,最为见仁见智。有各种不同的描述:高级动物、智慧动物、政治动物、自私的动物、社会性动物……在经济学里,人基本上被描述为"理性动物",它为经济理论、经济预测和政策建议提供了基础。在这里,我们则要补充说,除了上述关于人的那些特点,人类还是一种自负的动物!

自信、自卑与自负应该属于同一种心理现象。但是,三者好像是一个连续的序列,有适度、不足和过度的区别,其行为表现也不尽相同。适度的自我肯定叫作自信,过度的自我肯定、过高地估计自己则称为自负。当然,也有的人过低地评价自己,这时就表现为自卑。所以,中国古人说:"人贵有自知之明。"而自负实质上是无知的另一种表现。

---

① E.O.威尔逊:《论人的天性》,贵州人民出版社,1987年,第1页。

无疑,自信是一种值得肯定的品质。心理学上有一个类似的概念"自我同一"①、自我认同或自我肯定。人是需要一点自信的,自信给人力量。建立在正确认识自己、正确认识世界基础上的自信,对一个人的成长具有巨大的作用。古往今来的大多数成功与不成功经历或多或少地与这个特点有关。

但是,人们往往会由于过度自信而变得自负。自负是一种对自己的"盲目相信"。甚至当一个人是错误的时候,他也会顽固地相信自己正确。正如拉卡托斯所指出的:"如果你看见的是一只鲜红的天鹅,你也不大可能放弃说所有的天鹅都是白色的理论,你反而会去找出一个为它涂颜色的人。"②

古今中外,自负的人并非罕见。生活中的自负的人都以为自己是正确的,"自以为是"这个成语真是很恰当的写照。科学活动中,自负的人,每个人都相信自己掌握了真理,当然也会否定和攻击别人。早在2400多年前,中国古哲学家庄子说得非常好:"儒、墨之是非,以是其所非,而非其所是。"③如果是这样的行为发生在一般百姓身上,基本上对社会无大害。但是,如果是对公众、对社会有影响力的人,比如说科学家、理论工作者,那么其危害就不可小觑。

只是很不幸,即使是在那些最需要谦虚、最需要民主的地方,我们也常常无法回避一些自负的家伙。L. 斯莫林曾说:"我在哈佛遇到的那些大理论物理学家和我的想象相距甚远。那里的氛围严酷而好斗,没有一点儿哲学味道,尽是些冲动、高傲、自负的人,还时常伤害与他们意见相左的人。"④

米歇尔·沃尔德罗普在《复杂》一书中介绍说:在美国20世纪四五十年代的经济学界,"掌握了数学理论的经济学家是他们那个时代的少壮派。他们是一群自命不凡的家伙,决心要清除经济学的马厩牛圈,使经济学变成像物理学那样严格精确的一门科学"⑤。

在其他各个领域中,也不断发生着极为类似的故事。例如,非欧几何的发现:"欧氏几何是物理空间的几何,是关于空间的真理,这一观念在人们心中如此根深蒂固,以至于在许多年中,与之相悖的任何思想,包括高斯的,都被拒之门外。数学家康托尔(Georg Cantor)曾这样评述这种无知的保守:一旦错误的结论被广泛接受,那么它将不会轻易地被放弃,而且对它懂得越少,则它的地位越牢固。罗巴切夫斯基和J. 鲍耶的著作发表后三十年左右的时间中,除了少

---

① 自我认同(self-identity)又称"自我同一性",是美国精神分析学家埃里克森人格理论中的一个专用术语。他认为,所谓自我同一性是指青少年对自己的本质、信仰和一生中的重要方面前后一致及较完善的意识,也即个人的内部状态与外部环境的整合和协调一致。
② L. 斯莫林:《物理学的困惑》,湖南科技出版社,2008年,第294页。
③ 庄子:《齐物论》。
④ L. 斯莫林:《物理学的困惑》,湖南科技出版社,2008年,第286—287页。
⑤ 米歇尔·沃尔德罗普:《复杂:诞生于秩序与混沌边缘的科学》,三联书店,1997年,第14页。

数几个数学家外,几乎所有数学家都对其置之不理,它们被视为异端邪说。有些数学家并不否认它们的逻辑上的一致性,另一些则相信它们必定包含着矛盾因而毫无价值。几乎所有的数学家都坚持相信物理空间的几何,必须是欧氏几何。"①

在圣塔菲研究所,经过长期接触、熟悉了经济学家们的工作之后,阿瑟(《复杂》书中的主人翁)很快就明白了:"理论经济学家对数学技术的运用就像森林里的大牡鹿用它的鹿角一样:用它来进行相互之间的搏斗,用它来建立自己的统治。……大学保守得令人无法相信。年轻的博士们不敢打破传统。他们不得不把他们最好的时光耗费在拼命追求在系里谋到一个终身教职。这意味着,他们最好从事那些会得到终身教授委员会认可的研究。……每个人都必须争取使自己的论文被权威的学术期刊接受和发表,而这些权威的学术刊物几乎只登载属于被认可的领域的论文。"②

因此,自有人类以来,在近乎所有重大的问题上都存在着"争论和反驳",因为每一方都相信自己正确。从两千多年前的孔子、孟子、苏格拉底、柏拉图,一直到现在那些以科学为业的人,无一不是如此。而自以为高明尤其是现代多数思想家、科学家的常见病。

由于自负,让"说服"工作变得很难。无论是谁,如果他想要彻底地改变另一个人的想法、信仰、思想,就会遇到重重困难。当那些自负的人认准了一件事、相信了一个道理、接受了一种观念,他们就会"一条道走到黑"。对于一些人,即使全世界都指出他们的错误,也不会动摇他们的信仰,不会改变他们的行动。这确实是一件很可悲又很可怕的事情。比如说:"世界是上帝创造的";"世界是确定的、可预测的";"市场(或政府)是万能的";"正确的经济学理论只能来自无偏无倚的实证分析";等等。当然这还只是问题的一个方面。

另一方面的情况却是,很多人也很容易随波逐流,包括在思想上、理论上以及行动上,恰如那流动着的羊群。实际上,"意识形态"这个概念就是大众意识和行为上"羊群效应"的一种表现,文艺复兴、启蒙运动、新文化运动等,都是"观念运动"的历史事实,虽然它们还有更复杂的原因。

世界上最糟糕的事情是一种错误观念和意识形态的大范围流行和主导,如启蒙运动以来的新教伦理与资本主义精神的全球扩张,第二次世界大战时期的"优等民族论",第二次世界大战后的"增长与发展的竞争"潮流,当前的民族主义思潮……都在制造着一幕幕人间悲剧,甚至可以说,它们无异于在为人类社会掘墓。

---

① M. 克莱因:《数学:确定性的丧失》,湖南科技出版社,2004 年,第 82 页。
② 米歇尔·沃尔德罗普:《复杂:诞生于秩序与混沌边缘的科学》,三联书店,1997 年,第 55、73 页。

19 世纪以来的新迷信

近代以前的漫长历史中,人们创造了上帝、神仙、龙的神话,并且为它们修建寺庙、虔诚供奉,向它们祷告、忏悔,求它们保佑。大致地说,整个中世纪,欧洲人找到了宗教。近代的时候,人们发现:"从来就没有什么救世主,也不能依靠神仙、皇帝,要创造人类的幸福,全靠我们自己!"套用马克思的话来说,我们不但要认识世界,更要改造世界,掌握客观规律,由必然王国走向自由王国!

1609 年,加利莱奥·伽利略使用一架望远镜观看月亮。这一时刻对世界的意义如此重大,因为自这一时刻起,人类生活中的不可能成为可能。

现在,我们有了蒸汽机,有了轮船,有了电话、电报,有了飞机、火箭、高铁,有了电视、电脑、手机、互联网络和机器人,我们还有量子力学、相对论乃至被称为"21 世纪的科学"——复杂性理论。科学革命、工业革命、农业革命、信息革命使人类的社会生活发生了前人难以想象的变化。特别是近两百多年来,科技的高速发展,导致了人类的自信心开始急剧膨胀!在科学和技术发展的过程中,人类抛弃了原始的神话,却同时编造了对自己、对科学的迷信。不识庐山真面目,只缘身在此山中。

19 世纪以来,每天都能看到科学家们赶场似地到处演讲、座谈、研讨。20 世纪,这种情况更加火爆。他们在做些什么呢?传播自己的学说、观念、思想、理论,要把自己的理论推销给别人,推销给大众。但是,尼采认为,"19 世纪阳光下的世界,是自欺欺人的地下深渊,由众多无意识和虚幻的,但却假扮成被证明的命题组成"[1],他曾经深刻地指出:"对科学的忠诚隐含着的依然是一种对形而上学的忠诚。"[2]

既然"上帝死了",人类开始相信自己是万物的灵长和主宰,相信自己有高于其他一切存在物的品质和权利;在与外部环境的关系中,人们能控制自然,战胜自然,并试图通过"科学的发展",主宰人类的未来。其实,人类很早都怀抱主宰世界的愿望,甚至那个迷信神明的时代也是如此。人们用贿赂的方法让神明提供他富裕、安全、幸福和健康。即使是对于那些"恶人、小鬼",人们也想到了用钱加以收买,即所谓"用钱能使鬼推磨"。

20 世纪,人类目睹了科学和技术的空前发展。但是,在对科学与知识追求的过程中,科学家被带入远离日常生活、日常经验的领域。这里有两个重要表现:

---

[1] 安东尼·阿里奥托:《西方科学史》,商务印书馆,2011 年,第 549 页。
[2] 同上书,第 551 页。

一方面,现代科学活动越来越不食人间烟火,产生了越来越多的"科学家的科学"。例如,大家最为熟悉的牛顿,他在晚年花了大把的时间研究炼金术;阿尔弗雷德·罗素·华莱是有史以来最伟大的生物学家之一,他也发现了生物进化理论,他相信自己可以和另一世界的鬼魂进行交流;美国陆海空三军和通用电气合作想要实现驯服自然的人工影响飓风计划……事实上,1976年12月10日联合国大会通过的《禁用改变环境技术公约》(全称《禁止为军事或任何其他敌对目的使用改变环境的技术的公约》)就清晰地显示出疯狂科学的巨大威胁。[①]

另一方面,越来越多的科学实验变得昂贵、奢侈或者说烧钱。它最充分地展示了智慧生物——人类征服一切的野心。现代科学越来越多领域的研究只有用昂贵的实验设备才能实现,这就是人们所谈论的"大科学"时代。所谓"大科学"(big science, megascience),是指需要昂贵的仪器设备和大规模的资源投入的研究项目,包括两种类型:一是"工程型"大科学研究,即需要投巨资建立一个大型的科研装置,众多科学家利用这个装置开展相对集中的研究,例如粒子加速器、空间站;二是大规模的分布与协作研究,例如人体基因研究项目和全球变化研究项目。

在过去的几十年中,大科学研究已成为科学事业发展的一个关键部分。虽然整个科学领域还分布着广泛的小科学研究,但是大科学已稳稳地占据了科学事业舞台的中心。但是,大科学项目需要巨额投资,且投资的效益是长期的,有很大的风险性。

表1-1列出了世界部分国家和地区近十几年来用于研发投入的资金总量。当然,这些投入被用于各项"科研"活动,其中也包括那些"大科学"研究项目。

表1-1 世界部分国家和地区 R&D 投入总量　　　　单位:亿美元

国家和地区	2000年	2005年	2009年	2010年	2011年
美国	2 712	3 066	4 020	4 089	4 181
日本	1 438	1 518	1 692	1 789	1 989
中国	108	298	849	1 044	1 347
德国	462	686	930	919	1 028
法国	285	449	592	574	624
韩国	127	252	297	380	450

---

① 威尔森和安娜朗合著的《历史上和科幻作品中最疯狂的科学家》强调:科学和疯狂就像一对孪生姊妹,正因如此,在科学界几乎没有什么是不可能的;瑞士作家雷托·施奈德曾著书《疯狂实验史》,列举14世纪初至今科学界匪夷所思的实验壮举;一本名为 Elephants on Acid 的书亦收录了20种历来最古怪的实验:制双头狗,黑猩猩与人类一起成长,等等。

（续表）

国家和地区	2000年	2005年	2009年	2010年	2011年
英国	273	401	404	396	433
加拿大	139	228	257	285	302
意大利	116	195	266	257	274
俄罗斯联邦	27	82	153	173	203

资料来源：陈新，"世界各国科技研发投入的分析与思考——科技研发投入分析之一"，广东统计信息网。

除了上述情况外，在当前时代，人类还进一步编织出了新的神话——"科技"、"增长"、"发展"等，然后从这些神话中吸取力量，短视地、不负责任地践踏、掠夺自然。神话的背后隐藏着的是征服、控制和改造（自然）的野心和自负，更潜藏着毁灭地球、毁灭人类的危险。当然，就像有光必有影，人在发现、发明、创造、拥有上述一切的同时，还得到了原子弹、氢弹、核泄漏、酸雨、温室效应、臭氧层空洞乃至伴随科学技术而来的种种风险。

危险的征服欲望

人类是地球上唯一的高智慧动物。但是，如何恰当地利用自己的智慧的问题，至少迄今没有解决。打开人类历史的后视镜，出现在眼前的景象是，人类已经把自己近乎全部的智慧都用到了如何占有更多资源或财富，如何征服自然，甚至统治他人上面。

科学成为"征服者"的工具

作为人类智慧产物的"科学技术"，至少应该说是一把"双刃剑"，一方面它极大地改善了我们的生活面貌，加深和扩展了我们对于外部世界的认识；另一方面它也极大地影响了我们的生存环境，破坏了大自然的平衡，甚至把自然界当成了需要征服和控制的对象。如果说文学作品也是社会的一面镜子，那么从文学作品中至少我们可以隐约地感受到科技崇拜时代的文化特征。如美国19世纪著名文学家纳撒尼尔·霍桑的作品中充满了科学狂人的形象，如《胎记》中的艾尔默、《拉帕西尼的女儿》中的拉帕西尼、《海德格医生的实验》中的海德格，他们身上实际上折射出了那个时代人们对科学技术的顶礼膜拜。近三个世纪以来，科学技术实质上成为满足人类控制自然欲望的工具。

为了满足无限膨胀的欲望，人类贪婪地从大自然中掠夺资源，但却不懂回报。地球生态、环境、面貌被极大地改变，物种灭绝，……人类的贪婪就像癌细胞那样啃食着地球健康的有机体。现在，更有一些"疯狂"科学家宣称要制造

"人工生命",人类想当造物主的欲望何其强烈,总有一些人想代替上帝!

那些敲响警钟的人

幸好,人类历史上还有一些真正有思想、有良知的科学家、学者,他们在不断提醒人们对人类的征服欲望保持戒心。

钱钟书有一个精彩的说法:"世界上的大罪恶,大残忍——没有比残忍更大的罪恶了——大多是真有道德理想的人干的。……上帝要惩罚人类,有时来一个荒年,有时来一次瘟疫或战争,有时产生一个道德家,抱有高尚得一般人实现不了的理想,伴随着和他的理想成正比例的自信心和煽动力,融合成不自觉的骄傲。"①

爱因斯坦相信,科学技术的进步与成就,既不能从本质上减轻那些落在人们身上的苦难,也不能使人的行为高尚起来。作为一个科学家,他说:"一个人对社会的价值首先取决于他的感情、思想和行动对增进人类利益有多大作用;个人的生命只有当它用来使一切有生命的东西都生活得更高尚、更优美时才有意义。"②

哈耶克(1899—1992)

哈耶克(Friedrich August Hayek, 1899—1992)是一位享誉世界的经济学家、思想家,新自由主义的代表人物,一位与人类自负顽强搏斗的思想家。他是名副其实的"知识贵族",除了经济学之外,哈耶克又从哲学、法学、历史、心理学、语言学、文化人类学、生物学等各门学科中寻求证据,形成了一个线索清晰、逻辑严密的论证体系。著有《致命的自负》《通向奴役的道路》《感觉的秩序》《自由宪章》《法律、立法和自由》《科学的反革命》和《货币非国家化》等。

自从启蒙运动以来,人类在自然科学和技术的运用上取得了巨大进步,制造了天翻地覆的变化。但是,哈耶克从这种进步中却看到了一个巨大的潜在危险,即每个科学领域所取得的成就,都在对人类的自由不断形成一种威胁,这是因为它加强了人类在判断自己的理性控制能力上的一种幻觉,即他所说的计划经济的"致命的自负"。在他看来,一切打算对整个社会实行计划的企图,不管它们是出于何种高尚的动机,都是建立在这种危险的知识自负上。

---

① 钱钟书:《钱钟书散文》,浙江文艺出版社,1997 年,第 39—40 页。
② 爱因斯坦:《爱因斯坦文集》第三卷,商务印书馆,1979 年,第 38、103 页。

另外,在哈耶克眼里,今天我们习以为常的严格的学科分工,是一种问题重重的做法;专业化对于我们是学有所成的前提,却也是有碍于充分理解这个世界的一道道藩篱。因此,真正的思想家们始终在尽力打破知识分工所构筑的界线分明的知识壁垒。

理性与非理性并存

现代经济学的推理(或其理论体系)中,完全把人看作理性的动物。并且基于这样的信念,建立了现代经济学的理论大厦。然而,人的确像经济学中所说的那样,是理性的吗?

我们相信,人的确会在有些时候、有些事情上表现出"理性"的一面,但这并不是问题的全部。毫无疑问的是,每个人对市场和经济形势的判断都不同,或存在或大或小的差异,完全就像经济学家们对经济形势的判断一样。而如果每个人或经济体都按照自己的理性(自己的判断和意愿)行事,那么他们的表现就应该呈现出或多或少的不同。但是,实际上,我们看到的情况却是,人们更愿意与大众保持一致,因为那样似乎更安全。另外在资本市场上,按照逻辑推理,价值应该与价格保持本质上的一致,但是,这会被认为是股评家们的"鬼话"。因此,客观地说,我们不得不承认:

理性不过是人们借以实现其意志的工具

我们能够看到,在人类的社会生活中,人们的行为遵循着制度、法律、政策的规定,接受着道德、习俗、观念的指导与约束。对于典型的主流经济学家而言,这是不可能的,因为人们只根据理性的计算行动,甚至婚姻、生育、犯罪也是如此。经济学包释一切,经济学解释无所不能。而对于少数主流经济学家,也包括现代制度经济学家,他们宁愿把人类遵循着制度、法律、政策规定,接受着道德、习俗、观念的指导与约束的行为解释为理性行为的表现,即这个时候不再做自己的理性计算了,而是选择"服从"。这种"服从"又被解释为他人或社会的理性行为。原来"他人"的理性计算可以代替自己的理性计算,原来他人的理性、社会的理性可以等同于自己理性,反正左右都是有理。

那么,人类社会中的制度、法律、道德、习俗等是不是可以看作"人类理性"的最有力的证明?我们看到的现象是否就是"人类理性"的表现?制度、法律、政策、道德、习俗、观念是否是人类理性的产物?

在对这些问题的回答上,逐渐形成的主流答案越来越近乎众口一词——制度是人类理性设计的结果,遵循制度的行为则是"理性行为"。但是,这确实只是一家之言,这里还有另一个答案,它来自真正的理性主义者哈耶克,也来自那个更早的经验主义哲学家休谟。

哈耶克认为,从早期原始社会发展到现代复杂社会的一个关键,是人类在生存的自然选择过程中,自发形成了一系列行为规则。这些规则不是人类特意计划或设计的结果,而是在漫长的岁月中自发进化而形成的。①

他认为对文明的发展至关重要的"扩展秩序",就是人们在不断交往中养成的一种得到共同遵守的行为模式,而这种模式又为一个群体带来了范围不断扩大的有益影响,它可以使完全素不相识的人为了各自的目标而形成相互合作。人们相互获益并不是因为他们从现代科学的意义上理解了这种秩序,而是因为他们在相互交往中可以用这些规则来弥补自己的无知。我相信哈耶克是深刻的。

值得指出的是,现在经济学中有一个"机制设计理论"(Mechanism Design Theory,或称制度设计),是近年微观经济领域中很活跃的一个分支。他们把自己的理论看作博弈论和社会选择理论的综合运用。2007 年,诺贝尔经济学奖被授予利奥·赫尔维茨(Leonid Hurwicz)、埃瑞克·马斯金(Eric S. Maskin)以及罗格·迈尔森(Roger B. Myerson),以表彰他们为"机制设计理论奠定了基础"。这些"来自经济学的科学家"要替企业、国家甚至人类设计制度和行为规则。说到底,这些人是要做"上帝"。毫无疑问,前提是人的行为是理性的。

段德智在《非理性的人》一书的译者前言中介绍说:"早在柏拉图之前,苏格拉底就把'认识你自己'规定为哲学家的使命。从而揭开了人类自我探索的序幕。……这些问题归根结底是一个'我是谁'的问题,换言之,它们归根结底是'我究竟是一个有头脑、有理性的人,还是一个有欲望有感情的人'这样一个问题。当然,由于囿于理性文化传统,它们关于这个问题的答案总难免打有理性传统模式的烙印,终究跳不出理性主义的藩篱。这种状况只是到了当代才得以改变。……当代西方哲坛涌现了一大批知名度颇高的非理性主义哲学家。基尔凯戈尔、尼采、海德格尔、萨特便是其中的佼佼者。这些哲学家是理性哲学传统的反叛者,是非理性文化的开创者和建设者。……它们特别强调人的个体性、主体性和自由意识,强调人的欲望、意志、情感和情绪,强调人的非理性的一面,断言理性不过是人借以实现其欲望和意志的手段和工具而已。"②

来自金融市场上的非理性

近几年,行为金融学开始进入诺奖委员会的视野,原因何在?一个已经接

---

① 休谟早就强调:道德准则并不是我们的理性得出的结论。参见休谟:《人性论》,商务印书馆,1980 年,第 536 页。
② 段德智:"译序",载威廉·巴雷特:《非理性的人——存在主义哲学研究》,上海译文出版社,1992 年,第 2—3 页。

近成为公共知识的观点是,在金融市场上,人的非理性行为很重要。当然,没有人能够否认,金融市场只是我们这个社会的一个缩影,而且其表现也最具有典型性。浏览一下最近几年翻译过来的几部重要的行为金融学著作——《并非有效的市场:行为金融学导论》(安德瑞·史莱佛,2003)、《行为金融:洞察非理性心理和市场》(詹姆斯·蒙蒂尔,2007)等,我们就会大概地了解到行为金融学的面貌。

安德瑞·史莱佛是哈佛大学经济系教授,1999年美国经济学会克拉克奖获得者,美国经济金融学界年轻一代经济学家中出色的代表人物。在《并非有效的市场》中,他告诉人们,假定投资者都是理性的和套利的作用能完全实现,这严重违背了心理学规律,在基本原理上也行不通。在现实的金融市场中,与套利者进行交易的人并非完全理性的投资者,套利者自己可动用的资源也会受到风险回避、有限的操作时间和代理难题的限制和约束。

詹姆斯·蒙蒂尔是GMO资产管理公司投资者,曾经是主流经济学的崇拜者,痴迷于理性经济人以及有效市场理论,但是,在进入了投资行业10年以后,彻底转向了对行为金融——非理性经济人和并非有效的市场的研究。他发现:"最为常见的是正统观点变得根深蒂固,一旦一种理念变成一种信条就很难冲破其束缚。持不同见解被看作离经叛道,而不是另一种考虑问题的方法,因此,会受到传统观点捍卫者的攻击,而不是对这种新见解的优点做出公正的评价"。[1]

在长期的投资活动中,蒙蒂尔看到,与常人一样,专业的投资者也会过分乐观,也会过度自信,也会犯所有那些常见错误。"一个简单、无法回避的事实是,投资者并非像经济学家们所钟爱的理性人那样来行为。人们并不能轻易完成传统金融理论原则所要求的对问题进行动态最优化处理。相反,在处理大量信息时,他们经常使用经验法则。"[2]

20世纪非理性的繁荣

罗伯特·希勒[3],2013年诺贝尔经济学奖获得者,耶鲁大学经济系教授,当代行为金融学的主要创始人之一。2000年出版了《非理性的繁荣》一书,他"从许多不同的甚至是与股市关系甚远的领域搜集了大量信息",指出"过多地

---

[1] 詹姆斯·蒙蒂尔:《行为金融:洞察非理性心理和市场》,中国人民大学出版社,2007年,序言,第6页。
[2] 同上书,序言,第2页。
[3] 罗伯特·J.希勒(Robert J. Shiller),现为耶鲁大学经济学教授,1972年在麻省理工学院获得经济学博士学位。在金融市场、行为经济学、宏观经济学、统计学方法以及有关市场的公众舆论和道德判断等领域皆有著述,包括《市场的不确定性》(1989)、《宏观市场:建立管理社会最大经济风险的制度》(1993)、《非理性的繁荣》(2000)。2013年,希勒教授获得诺贝尔经济学奖。

依赖这些原始的模型(有效性市场模型)并把它们作为政策讨论的基础是十分冒险的行为,因为这些模型只适用于那些能够用精确的科学方法解决的问题。如果过多苛求精确,就有可能因为过于狭隘而出现离题的危险"。①

希勒通过大量的证据说明,20世纪90年代末的股市,房地产市场的繁荣中隐含着大量的泡沫,并且最终房价可能在未来的几年中开始下跌。他认为,2000年股市泡沫破灭之后,许多投资者将资金投向房地产市场,这使得美国乃至世界各地的房地产价格均出现了不同程度的上涨。因此,非理性繁荣并没有消失,只是在另一个市场中再次出现。

不仅如此,人类的非理性行为当然不只是局限于经济领域,各种复杂的社会现象也不能仅仅用局部的或单独的行为来解释。希勒还指出:"绝大部分历史事件,从战争到革命,都找不到简单的起因。当这些事件朝着极限方向发展时,就像最近股市中的市盈率表现那样,通常是因为一大堆因素汇集在一起,其中任何单个因素都不足以解释整个事件。"②

2008年出版的《非理性的繁荣》的第二版在第一版的基础上,描述了金融市场波动的心理根源,并且着力列举和论述了自由市场经济中,资本市场所固有的不稳定性。

难以抗拒的非理性诱惑

差不多在任何问题上,人类都被不自觉的自负控制着,从而表现出愚蠢、非理性的一面。格罗斯和莱维特的说法更极端:"愚昧一直是人类事物中的主宰力量,其潜力远远大于邪恶或高尚。它对我们内心的破坏性冲动起着推波助澜的作用,同时又给那些最为善良的动机套上种种枷锁;它磨钝着我们的智慧,误导着我们的同情,遮蔽着我们力求透视人类自身情况的任何洞见,它是人类历史上诸多非预谋性恶果的罪魁祸首,因此,肃清愚昧也许是人类所有追求中最为徒劳因而也是最为愚蠢的企图。"③

保守地说,真实的情况至少是,人类行为,除了理性的一面,还具有非理性的一面,而且,如果现代心理学的这些进步是正确的——"我们生命中更重要的东西藏在潜意识中。正是潜意识影响着我们的知觉。……在每天的生活中,人们通常认为他们了解自己的感受和动机,这通过他们的思考和行为方式表现出来,实际上并非如此。人们通常认为自己是很理性的,……理解人们意识的

---

① 罗伯特·希勒:《非理性的繁荣》,中国人民大学出版社,2001年,第3页。
② 同上书,第13页。
③ 保罗·R.格罗斯、诺曼·莱维特:《高级迷信——关于学术左派及其关于科学的争论》,北京大学出版社,2008年,第1页。需要指出的是,该书作者的意图是要证明"科学知识在理性上是可靠的,是建立在完善的方法论基础上的"。我们认为得出这一结论,为时尚早。

特点的关键在于潜意识区域。……在人们每天的生活中,大部分都不是由意识和深思熟虑的选择决定的。"①——那么,我们就应该承认:要正确地理解和解释人类行为,非理性比理性更重要。

布莱福曼兄弟在《摇摆——难以抗拒的非理性诱惑》一书中,用讲故事、事例分析的形式(这当然不是一种好的形式,因为每个故事实际上都可以看作一个特例。不过,特例当然同样是有力量的。而且,现在西方很流行这种写法,尤其是在管理学中),努力回答:"什么样的心理力量导致了我们的非理性行为?它是如何造成我们在职场中踟蹰不前的?它是如何影响我们的企业和人际关系的?它何时会将我们的钱财甚至我们的生命暴露在风险之下?它又是如何影响了我们的其他一些经济行为?为什么当我们已经被它影响和控制的时候,我们却意识不到?……写作本书时,有一点已经变得很清楚,那就是:我们所有人都很容易陷入受到非理性行为支配的境地。"②

非理性也是一种积极的力量

艾瑞里在《怪诞行为学——非理性的积极力量》中用一些有趣的实验证明,人类并不像计算机那样长于逻辑,我们并非想象的那样理性,人容易犯错误、贪图眼前利益、有报复心理、感情用事、被偏见左右等,一句话,"非理性"才是人类行为的基本特征。作者还剖析了在工作和人际关系中的种种"非理性"行为发生的原因——从人们对待工作的态度,到人们的择偶和婚姻生活,再到情绪的效应和幸福的标准——赋予我们看待工作和生活的全新视角。

总之,我们似乎应该得出这样的结论:非理性行为在人们的经济活动中,不仅不是例外,而且是扮演着重要角色的一种类型。甚至可以这样说,它们才是解释市场波动的更重要的因素。

一切坚固的东西都烟消云散了

马歇尔·伯曼(Marshall Berman)通过《一切坚固的东西都烟消云散了》一书,以 19 世纪的政治和社会革命为背景,透过歌德、马克思、陀思妥耶夫斯基等人的主要作品,向我们展示了一幅充满矛盾和暧昧不明的现代世界画面。而后现代思想家德里达、福柯、巴特等给我们描述了世界的另一个面目:希望破灭

---

① David Edwards. Michall Jacobs:《意识与潜意识》,北京大学出版社,2007 年,第 1、2、6、16 页。
② 奥瑞·布莱福曼、罗姆·布莱福曼:《摇摆——难以抗拒的非理性诱惑》,中信出版社,2008 年,第Ⅺ页。

了,未来成了徒劳无益的幻想。意义消失了,一切都变得含混不定。

伯曼提倡一种开放的理解方式,而反对一种"博物馆式的理解方式"。他说:"博物馆式的理解方式将人类活动割裂成碎片,并将这些碎片锁定为各种孤立的现象,分别用时间、地点、语言、种类和学科予以标签。而宽广开放的理解方式……它能使我们把各种各样形形色色的艺术活动、理智活动、宗教活动与政治活动都看作同一个辩证过程的组成部分,展现出它们之间的创造性的相互作用。这种理解方式为在过去、现在和将来之间开展对话创造了条件。它跨越了物理的和社会的空间,揭示出伟大的艺术家与普通百姓之间的统一,以及被我们笨拙地称为旧世界、新世界与第三世界之间的统一。"[1]

破产了的预言

早在19世纪末20世纪初,哈佛大学物理系主任约翰·特罗布里奇四处奔走告诫他的学生们不要以物理学为专业,因为所有重要的东西都已经发现了。许多物理学家乐观地认为,未来物理学的真理将不得不在小数点后第六位数中寻找。这也许只能用"自负"来形容了。当20世纪初物理学家们乐观地宣称"物理学的大厦已经建成,剩下的工作只是对它的一些局部作修修补补而已"的时候,物理学的天空突然一片乌云袭来,量子力学横空出世!它对经典物理学来说无异于一场灾难。

类似地,20世纪初的经济学领域,马歇尔曾满怀信心地宣称:经济学的基本理论到此已经确立,且无争论的余地,所以,下一代经济学家将可以放心大胆地将主要精力集中于这些原理的应用,以适应现实世界中各种体制与实践方面令人眼花缭乱的千变万化。但是,一个世纪过去了,回顾经济学一个世纪的发展,我们看到,马歇尔的断言并没有兑现。

量子论创立至今已经超过100年,但它的一些基本思想却仍然不为普通的大众所熟知。这当然是可以理解的。但是,如果说那些以传播知识为业的人对它也全然不知,则是无论如何都说不过去的。实际上,正是这些人中的一些人,他们有理由害怕它。因为它会打破他们的确定性的美梦,打破他们编造的诸多决定论的神话!

以量子理论为代表的科学的进展,比相对论具有更大意义。量子世界是那么不可思议,实际上爱因斯坦都不愿意相信。因此,他说:"上帝不掷骰子"!

---

[1] 马歇尔·伯曼:《一切坚固的东西都烟消云散了》,商务印书馆,2003年,第1页。

在爱因斯坦与以玻尔①为代表的哥本哈根学派关于量子理论性质长达 40 年之久的争论中,一个中心的议题就是:上帝掷不掷骰子,也就是,科学规律本质上应是因果性的,还是概率性的? 其实,爱因斯坦宁愿相信,一定有一个内在机制构成了事物的真实本性。为此,他花了数年的时间,企图设计一个实验来检验这种内在真实性是否在起作用,但他没有完成这种设计就去世了。

在一些学科领域里(主要是自然科学领域),量子力学的出现不但引起了物理学的革命,而且重建了许多人内心的信仰,极大地改变了人们对世界的认识。一种令人匪夷所思的世界观——非决定论的信仰,走进了人们的视野。非决定论的量子世界,才是我们日常所见到的世界,是我们生活其中的世界。玻尔说:"谁不惊异于量子理论,谁就没有理解它。"

新的冲击——后现代科学观的兴起

什么是"现代性"? 什么是后现代?②

现代性的本质是力图综合和控制一切,迷恋秩序和权力,强调理性、逻辑、真理、基础和本质。从时间上看,现代性统治的时代,也是人类社会发展的工业化时期,成千上万的人被赶进了工厂,接受资本的监督、约束和控制,遵守资本的秩序。现代人渴望了解自然秩序、掌握各种规律,其背后的目的只不过是要达到对自然的控制和支配。

当这种目的和希望被复制到社会领域的时候,就变成了利用社会秩序对人类进行控制和驱使,这一愿望是十分危险的。正如汉娜·阿伦特在《极权主义的起源》中分析的人类社会灾难——现代政治生活中的极权主义。极权主义(totalitarianism)强调国家权力对社会生活的全面渗透与控制。卡尔·雅斯培在该书序言中这样评价:"极权主义企图征服和统治全世界,这是一条在一切绝境中最具毁灭性的道路。它的胜利就是人类的毁灭;无论在哪里实行统治,它都开始摧毁人的本质。然而若想躲避本世纪的各种毁灭性的力量,又几乎是徒劳无功。"③

"现代性的典型……表现就是'唯我独尊',表现在人与自然的关系上是剥削自然,表现在男女关系上是压迫妇女,表现在理性和感性上是蔑视感性,表现在科学与非科学的关系上是科学沙文主义,表现在人我关系上就是容不得不同

---

① 尼尔斯·亨利克·戴维·玻尔(Niels Henrik David Bohr,1885—1962),丹麦物理学家。玻尔通过引入量子化条件,提出了玻尔模型来解释氢原子光谱;提出互补原理和哥本哈根诠释来解释量子力学,他还是哥本哈根学派的创始人,对 20 世纪物理学的发展有深远的影响。

② 推荐阅读:"后现代交锋丛书",北京大学出版社。

③ 卡尔·雅斯培:"序言",载汉娜·阿伦特:《极权主义的起源》,时报出版社,1995 年,第 3 页。

意见,表现在国家关系上就是霸权主义。"①

《新教伦理与资本主义精神》《资本论》《疯癫与文明》等大量文献都揭示了,现代化过程的另一面,至少也还有愈演愈烈的趋势:生产者被迫屈服于资本统治(历史上最极端的是英国的"圈地运动");现代政府采取强制和暴力手段——采取监狱制度、国债制度、税收制度等,对劳动者进行大肆搜刮;发达国家对落后国家的疯狂掠夺;国家间永无休止的商业战争……

爱因斯坦曾经说:"我们切莫忘记,单凭科学和技巧并不能给人类的生活带来幸福和尊严。"大约从尼采开始,一大批思想家维特根斯坦、海德格尔、德里达等,力倡超越现代主义。超越现代主义将意味着超越现代社会存在的个人主义、人类中心论、机械化、经济主义、消费主义、民族主义和军国主义。后现代主义则倡导多元性、开放性、创造性,强调突出主体性、透明性、和谐性。

后现代主义是对现代人关于秩序和权力迷恋的一种挑战,乃至无情的质疑与批判。面对世人数百年来对科学的顶礼膜拜,后现代思想家向我们证实:"西方科学在许多至关重要的方面出了错。"在为"后现代交锋丛书"所撰写的译者前言中,王治河这样说:"后现代思想家实际上帮助我们捅破了'科学万能'的气球。……他们既不反对科学,也不反对理性,它所反对的是对科学的迷信,是科学沙文主义。这种科学沙文主义把科学看作认识他人和世界的唯一可靠模式,同时否定一切其他人类价值及精神活动。……从一种复杂性思维出发,后现代挑战了现代'非此即彼'的二元对立思维,挑战了现代简单化思维。……与党同伐异、态度霸道的现代思维方式的闭锁相比,后现代主义持一种对他者开放的心态。这里讲的'他者'不仅包括其他人、其他文化、其他民族,而且包括女性与自然。"②

---

① 王治河:"后现代交锋丛书",译者前言。
② 同上。

第二章
近代以来机械论、决定论与线性思维的科学

- 科学是什么
- 机械论、决定论与线性思维的统治
- 求知的选择性与科学家集体无意识
- 积重难返的"分析主义"

世界观和方法论之间是既相互区别又紧密联系的,二者基本上保持了比较高度的一致性。一个人,一个群体,甚至一个时代,有怎样的世界观,就会秉持怎样的方法论,就会选择那样的行为目标和产生出那样的行为方式。

那么,当前时代主流的世界观和主导的思维方式是怎样的呢?埃德加·莫兰这样告诉大家:"我们生活在分离的、还原的和抽象的原则的统治下,我把这些原则的整体称为'简单化范式'。……这个范式自17世纪起控制着西方的探险,无疑曾使得科学认识和哲学思考都取得了巨大的进步。它有害的最终后果只是在20世纪才开始显现出来。"①

科学是什么

我们生活在一个崇尚科学的时代。在我们的生活中,科学几乎成了一个无处不在的概念。无论是各国政府还是企业,在做出重要的决策之前,总要向科学家请教,就像远古时代的人请教巫师或中世纪的人请教牧师。

但是,科学究竟是什么?这是一个很古老的问题,它不断地被人们提出,却至今没有公认定义。一般认为现代科学是指16世纪中后叶以来,由伽利略、哥白尼、笛卡尔、牛顿等科学巨匠开创和建立起来的科学体系。实际上,现代科学只不过是近代科学的一个自然延续,而近代科学则与古代科学一脉相承。在古希腊人那里,就开始探究宇宙本质的活动,用文字记录了他们的思想,并且在学院里传授这些思想。

其实,正如语言不过是人的创作,是作为人各种感觉的延伸一样,科学也是人的创造物,是人的延伸。只要记住了这一点,就不难把握科学的本质。换言之,科学和科学活动的优点和缺陷都与"人"的特点相联系。

关于"科学"的传统解释与现代主流观念

近代以来的传统观念认为,科学就是追求真理的活动,现代科学的最高目标是成为"自然之镜"。科学家相信,他们所生产的科学知识,应该像一面明镜般,忠实地反映出自然世界的"实在"(reality)。科学知识告诉我们的,就是自然世界运作所依据的真实规则。它独立于每个个人的主观意见,以及党派、宗教、利益、阶级、权势、传统等社会文化因素。自然将对所有人说唯一的一种真

---

① 埃德加·莫兰:《复杂性思想导论》,华东师范大学出版社,2008年,第5页。

话,而科学是发掘这一真话的唯一有力工具。因为科学所研究的,是那个独立于社会人心之外的大自然。这种观念历史悠久,基于这种认识,科学的发展必定带来人类社会的无限进步。因此,在 1620 年,培根发表了《新工具》(*The New Instrument*)的科学宣言,提出"知识就是力量"。

18 世纪法国大革命时期的启蒙思想家孔多塞就是一个杰出代表,他的《人类精神进步史表纲要》①鲜明地反映了启蒙时代的历史观、科学观。在书中,他努力地想阐明什么是历史发展规律、阶段和动力,表达了在科学快速上升时期人类的乐观情绪。

大约从 19 世纪中期开始,流行的科学哲学的公认观点认为:"够格的科学理论应该满足一整套标准,比如内在的一致性、朴素、完整性、假定的经济性、解释的通用性,也许甚至还有蕴涵和现实的贴切性。"②而科学研究的一般模式则是这样的过程:"科学考察是从对事实的自由而无偏见的观察开始的,接着又对这些事实进行归纳推理而形成一般规律的公式,最后进一步归纳到更广的一般性,形成人们所称的理论;最终又要把规律和理论的经验结果同所有观察过的事实,包括最初开始观察的事实进行比较,来核对规律和理论的真实内容。"③

A.F.查尔默斯《科学究竟是什么》中说:"科学知识是已被证明了的知识,科学理论是严格地从观察和实验得来的经验事实中推导出来的。科学是以我们能看到、听到、触到的东西为基础的。科学是客观的。科学知识是可靠的知识,因为它是在客观上被证明了的知识。"④

概括地说,传统与主流的(也是"现代性的")科学观是这样的:第一,把科学看作真理的同义语;第二,科学可以解决一切问题;第三,科学事实和科学理论是靠"眼见为实"建立的;第四,用非此即彼的观点看待科学的社会作用和价值。

总之,启蒙运动以来的西方科学强调自然定律的普适性和永恒性,他们要寻求一个符合理性的普遍图式。甚至马科斯·韦伯也持有同样的观点。"正如罗杰·豪歇尔(Roger Hausheer)在艾赛亚·伯林(Isaiah Berlin)的《反潮流》

---

① 孔多塞的《纲要》一书的主旨表明,历史乃是人类理性不断解放的过程:第一步是从自在环境的束缚之下解放出来,第二步是从历史的束缚之下解放出来。进步的要义就在于扫除历史前进道路上的障碍,这些障碍来自两个方面:既来自在上者的专制主义和等级制度,也来自在下者的愚昧和偏见;但是这两者都可以,并且应该由政治的和知识的革命而被扫除。历史也就是一幕理性力量的自我发展的表现。

② 马克·布劳格:《经济学方法论》,商务印书馆,1992 年,第 33 页。

③ 同上。

④ A.F.查尔默斯:《科学究竟是什么:对科学的性质和地位及其方法的评价》,商务印书馆,1982 年,第 1 页。

(*Against the Current*)一书的导言中极好地表述的那样:'他们寻求包罗万象的图式,普适的统一框架,在这些框架中,所有存在的事物都可以被表明是系统地,即逻辑地或因果地相互连接着的。他们寻求广泛的结构,这结构中不应为自然发生或自动发展留下空隙,在那里所发生的一切,都应至少在原则上完全可以用不变的普遍定律来解释。'"①

现代人对科学普遍持有一种十分推崇的态度,并且爱屋及乌,转而产生了对科学家的崇拜。正如"科学卫士"列维特指出的:"绝大多数的民意测验告诉我们,科学家受到了普遍的尊敬和爱慕。在所有的职业中,科学家几乎是最受公众尊重的职业之首。"②列维特认为,现代科学就像古希腊神话中的普罗米修斯,给人类带来了光明,然而却像受到天界之主宰——宙斯的处罚那样,处于"反科学思潮"的围困之中。对于列维特的这种观念,我们只需记住彭加勒的话:"对于一个浅薄的观察者来说,科学的真理是无可怀疑的;科学的逻辑是确实可靠的,假如科学家有时犯错误,那只是由于他们弄错了科学规则。"③

关于"科学"的深层解读

但是,上述观点虽然构成了主流,却也还是有一些非主流的声音。传统的科学观作为一种信念是正确的吗?进一步而言,我们是否能够期待它将带给我们的有用知识?

小摩里斯·N.李克特在《科学是一种文化过程》一书中这样评价:"科学暂且被定义为一个过程,或一组相互关联的过程,通过这个或这组过程,我们获得了现代的、甚至是正在变化之中的关于自然界的知识。通过这个过程获得的知识可以被称为是'科学的',而且在某个时期被认为是科学的知识很有可能在以后被认为是过时的。"④而当代法国思想家福柯更是强调:科学就是一种文化现象。

的确,我们永远都不应该完全否定科学的社会价值,但是,如果确如李克特所说,科学是一种文化现象,那意味着什么?所谓文化,是指由知识、信仰、价值观和实践方式构成的一个稳定共享的协调体系。众所周知,人类文化是多元的,每一种文化都依存于特定的历史形成的生活方式,有着自己独特的制度和行为模式;文化是变化的,每个不同的历史时期,都会出现文化的变迁和演进,

---

① 普里戈金、斯唐热:《从混沌到有序:人与自然的新对话》,上海译文出版社,1987年,第33页。
② 列维特:《被困的普罗米修斯》,南京大学出版社,2003年,第62页。
③ 彭加勒:《科学的价值》,光明日报出版社,1988年,第3页。
④ 小摩里斯·N.李克特:《科学是一种文化过程》,生活·读书·新知三联书店,1989年,第3页。

各种文化都是一个不断创造的过程;文化是具有区域性的、民族性的,不同的区域、不同的民族具有相异的文化内涵。科学是一种文化现象,意味着剥去了它"客观性"、"真理性"的外衣。因此,对知识、科学的考验,不在于究竟是否真实,而在于是否能让人类得到力量或权力。

没有人能够否认,科学是一种社会现象,是人的建构或创造物。看待任何社会问题,恐怕也只有三种人:第一种是围观的人,心里明白,只是一言不发,他们是"沉默的大多数",其中幸灾乐祸者有之,明哲保身者有之,还有不少是纯粹的麻木不仁。第二种就是那个说了实话的小孩子,他们是极少数,他们轻则遭冷遇,或者被驱赶,重则被禁闭、被消灭。第三种人当然是那两个裁缝,他们说,皇帝明明穿着衣服。阿尔温·托夫勒指出:"一些学者把科学描绘成是由其自身的内部逻辑所推动的,是出色地从其周围世界中孤立出来,按照其自身的规律发展的。但是许多科学的假说、理论、隐喻和模型(不论科学家作出怎样的选择:是研究还是忽视各种各样的问题),其形式都是由来自实验室外的经济、文化和政治力量所决定的。"①

据说,薛定谔有一次写了下面这段话:"有一种倾向,忘记了整个科学是与总的人类文化紧密相连的,忘记了科学发现,哪怕那些在当时是最先进的、深奥的和难于掌握的发现,离开了它们在文化中的前因后果也都是毫无意义的。……尽管深奥难懂的闲谈可能会在那些乐于孤立的专家群内部继续着,但随着时间的流逝,它注定要萎缩和僵化。"②

英国天体物理学家、数学家爱丁顿③则更为惊世骇俗,他认为,科学是主观的,是纯粹的虚构和捏造,科学是我们嵌入或投射到自然界的。"我们业已发现,在科学进步已经达到的最远处,精神不过是从自然界中重新获得它自己嵌入自然界之物。在未知的海岸边,我们发现一个奇怪的脚印。于是便设计出一种又一种的深奥理论去说明它的由来。终于,我们成功地再造出脚印的主人。嗳,原来就是我们自己。"④

科学史学家杰里·拉维茨在《科学知识及其社会问题》(*Scientific Knowledge and Its Social Problems*,1971)中写道:"在当代整个科学实践中,人们可以辨认出四大问题重重的范畴:以次充好的科学、企业化的科学(获取经费)、鲁

---

① 阿尔温·托夫勒:"序言",载普里戈金、斯唐热:《从混沌到有序:人与自然的新对话》,上海译文出版社,1987 年,第 7 页。
② 普里戈金、斯唐热:《从混沌到有序:人与自然的新对话》,上海译文出版社,1987 年,第 53 页。
③ 亚瑟·斯坦利·爱丁顿(Arthur Stanley Eddington,1882—1944),英国天体物理学家、数学家,他写过许多优秀的科普著作,最早向英语世界介绍了爱因斯坦的广义相对论。
④ 海森伯:《物理学家的自然观》,商务印书馆,1990 年,第 103 页。

莽的科学和肮脏的科学,它们又全部与失去控制的技术有关。"①

关于科学的实在性,流行的一种说法是,理论的真假取决于它们是否符合现实世界,或者说,关于现实世界的事实。但是,这也许只是一种构想或理想。法国社会学家布鲁纳·拉图尔(Bruno Latour)和史蒂夫·伍尔加(Steve Woolgar)的《实验室生活:科学事实的社会构建》(1979)是一部很著名的科学建构主义研究成果。他们是从人类学方法论立场出发来构建其科学的社会理论,关心的不是科学研究的规范的社会结构问题,而是现实中的科学研究的实际过程。他们认识到,自然的东西只有通过社会行动者的定义与解释才能进入科学。他们证明:科学事实不是被"发现"出来的,"实在是能够被建构的"。用他们的话说:"其实,现象只依赖于设备,它们完全是由实验室所使用的仪器制造出来的。借助记录仪,人们完全可以制造出人为的实在,制造者把人为的实在说成是客观的实体。"②"原始事实完全可以用它们的社会建构的语汇来理解。"③因此,他们用"建构"这个概念而不用"发现"。现代科学既制造科学"事实",也制造科学"真理"。

当然,即使我们看到了上面这些解释,也不足以全面地概括科学的完整性质。从完整的意义上讲,现代科学有如英国科学社会学家约翰·齐曼所说:"它包含着所有这些要素。它的确是哲学的、专门的、竞争性的、探索性的、多元的、信息化的、体制化的、经济的、进步的事业。……科学既是个体性的,也是集体性的,既是自由无约束的,也是科层体制化的;既是权威性的,也是可修正的;既是开拓创新的,也是高度保守的;既是能人统治的,也是寡头政治的。"④因此,如果说关于科学的各种解释中,有一些尚显有些极端,因而需要我们有所保留地接受,那么至少可以说,对于当前"科学"认识上的各种争议、各种不同态度,不能简单地否定任何一方。

现代"科学主义"盛行

科学主义基本上是一种"现代"观念。所谓"现代",大致地可以理解为从近代开始产生、在现代广为流行的主流观念。现代社会中的各个领域,不只是科学领域,都几乎完全被"科学主义"所占领。

科学主义主张以(自然)科学作为知识基础,把自然科学看作知识中价值

---

① 蔡汀·沙达:《库恩与科学战》,北京大学出版社,2005年,第61页。
② 拉图尔、伍尔加:《实验室生活:科学事实的社会构建》,东方出版社,2004年,第51页。
③ 同上书,第108页。
④ 约翰·齐曼:《真科学,它是什么,它指什么》,上海科技教育出版社,2002年,中文版序言。

最高部分,并确信它能解决一切问题,自觉或不自觉地把自然科学的方法论和研究成果简单地推延到社会生活中来的哲学观点。要求其他科学(社会科学、人文科学)效仿自然科学。

唯科学主义是指"对科学知识和技术万能的一种信念",是指"自然科学的方法应该被应用于包括哲学、人文和社会科学在内的一切研究领域的一种主张"。在各国,唯科学主义有多种变形。

当科学成为一种"主义",其中也就必然蕴含着一些问题。因为人类对自身、对社会、对自然的认识,不仅无法穷尽,甚至可以说不过是九牛一毛,因此以"科学"加"主义"的名义去号令一切,于是许多东西便在这些科学家的眼里成为迷信,最终成为糟粕,成为必须舍弃的东西。

我们相信,抛开科学家去谈论科学,就会流于片面,就会沦为形而上学的推理,是不可能得到正确无误的答案的。大多数为科学辩护的人正是如此。正如盖尔曼所指出的:"从事科学工作的人们毕竟是人。他不可避免地要受到自负、经济私利、个人方式、信念与惰性等的影响。一个科学家可能试图剽窃,或为了私利而有意发起一项毫无价值的计划,或姑且承认一个传统的观点而不去寻找一个更好的解释。还会时常发生这样一些事情,科学家们甚至修改他们的实验数据,犯下了他们职业领域内最严重的禁忌之一。"[1]

目睹了20世纪科学和技术的空前进展,彼得·科尔斯看到,对知识的追求把科学家带入远离日常经验的领域,只有用昂贵的实验设备才能达到这个领域。他对大科学和大众文化之间的社会学冲突提供了迷人的洞察。他说:"许多现代科学家本身正在和真理做危险的游戏以便在获取稀缺的研究经费的残酷争斗中分一杯羹。这样做可能会有短期的利益,例如得到某些实惠和在电视上露脸,但是长期看,对科学和社会之间的关系的影响只能更糟。……像牧师一样的被歪曲的科学家形象只可能导致异化,进一步失去公众的尊敬。科学不是宗教,也不应该佯装宗教。"[2]

用后现代主义的观点看科学

到20世纪60年代,库恩的《科学革命的结构》得到了世界的拥抱,"范式转移"的概念得到广泛接受。科学史学家伊恩·哈金(Ian Hacking)在《库恩与科学战》中指出,库恩的《科学革命的结构》宣告了以下概念的终结:(1) 实在论(Realism):科学是找出关于一个实在世界的一种努力尝试;关于世界的真理

---

[1] M.盖尔曼:《夸克与美洲豹:简单性和复杂性的奇遇》,湖南科技出版社,2002年,第79页。
[2] 彼得·科尔斯:《爱因斯坦与大科学的诞生》,北京大学出版社,2005年,第93—94页。

不管什么人怎么想都是真的;科学的真理反映了实在的某个方面。(2) 划界(Demarcation):在科学理论和其他信念系统之间存在着一种明显的区分。(3) 积累(Cumulation):科学是积累的,并且是建立在已知的东西之上的,爱因斯坦理论是牛顿理论的普遍化。(4) 观察者—理论的区别(Observer-theory distinction):在观察报告和理论陈述之间有一种明显的差别。(5) 基础(Foundation):观察和实践提供了为假说和理论做辩护的基础。(6) 理论的演绎结构(Deductive structure of theories):通过从理论假设中演绎出观察报告来对理论进行检验。(7) 精确性(Precision):科学概念是相当精确的,科学中所使用的术语具有固定的意义。(8) 发现和辩护(Discovery and justification):发现和辩护有不同的语境(contexts),我们应将作出发现的心理的或社会的环境与为已经作出发现的事实之信念进行辩护的逻辑基础加以区分。(9) 科学的统一(The unity of science):应当有一门关于一个实在世界的科学;较低深度的科学能够还原为更具深度的科学:心理学可以还原为生物学,生物学可以还原为化学,化学可以还原为物理学。[1]虽然,我们说《科学革命的结构》一书本身确实没有这么大的力量,但是,从该书开始的一股后现代思想洪流,却足以摧毁任何虚构的形而上学的"理论"体系。

在对"科学"性质的认识上,其他后现代思想家还提供了许多更激进,也许是更深刻的观点,它们确实不是没有道理的!

保罗·费耶阿本德[2],可以算作一位牛人。他曾经在不同的时期,生活于英格兰、美国、新西兰、意大利、德国,最后来到瑞士。他以科学的无政府主义和反对普遍的方法论规则而闻名,他的思想影响了科学哲学和科学知识社会学的发展,是一位发现了现代科学身披"皇帝新衣"的人,也是科学队伍中一位孤独的勇士。

按照费耶阿本德的观点,科学是一种人类活动,是一项投机者的事业。伽利略是其中的一个典型。他强调,当代科学不仅已经蜕变成了一种意识形态,而且已经演变成了一种社会霸权,即所谓的"唯科学主义"。他在《自由社会中的科学》中写道:"本书的目的只有一个:消除知识分子和专家们对不同于他们自己的传统所造成的障碍,以便做好准备,将专家(科学家)本人从社会生活的中心位置上清除出去。"[3]

哈贝马斯在 1968 年纪念马尔库塞诞辰 70 周年的演讲中提出了"科学技术

---

[1] 蔡汀·沙达:《库恩与科学战》,北京大学出版社,2005 年,第 53—54 页。
[2] 保罗·费耶阿本德(Paul Feyerabend,1924—1994),当代美国著名科学哲学家,维护相对主义、非理性主义、反科学主义,提倡认识论无政府主义,所以被认为是当代科学哲学中的最大异端。主要著作有《没有基础的知识》(1962)、《反对方法》(1988)、《自由社会的科学》(1978)和《告别理性》(1987)。
[3] 保罗·费耶阿本德:《自由社会中的科学》,上海译文出版社,2005 年,第 1 页。

是第一生产力"的命题。他说道:"技术和科学今天具有双重功能:它们不仅是生产力,而且也是意识形态。……一种政治秩序总要求人们把它当作正确的、正义的存在物加以认可,而合法性意味着它有着充分的理由这样去做。一种合法的秩序理应得到承认。"同样,福柯也持有类似的观点,他把权力、文化与社会秩序看作相互支撑、相互肯定的现象。

在当代,科学与技术已取得了合法的统治地位,成了理解一切问题的关键,其本身就是一种意识形态。哈贝马斯不仅对老式的意识形态持否定的观点,即他把意识形态看作"虚假的意识",意识形态意味着歪曲、掩盖甚至欺骗。而且,他对科学技术的新意识形态更为不满,认为它比老式的意识形态更具欺骗性和危害性。

根据后现代主义的分析,所谓的"现代"世界观出现于17世纪的欧洲,它使科学、技术和工业取得了令人瞩目的成就,"但是它没有阻止(或许甚至是促成了)史无前例的分裂、虚无主义和毁灭的产生"。

福柯则指出:"权力制造知识;权力和知识是直接相互蕴含的,不相应地建构一种知识领域就不可能有权力关系,不同时预设和建构权力关系也不会有任何知识。"①也就是说,知识就是权力。

正如人们所普遍看到的,牛顿力学的一个重要影响在于直接导致了机械自然观的盛行。不仅如此,在现代社会生活中,科学已经成为一种异己的力量,成为一种意识形态,变成了新时代的宗教——称之为"科学万能教"!

现在,人们已经越来越清楚地认识到,"科学"本质上是一种社会和语言的建构。而所谓的科学"知识"乃是人们戴着"科学"的眼镜所"管窥"到的外部世界的点点滴滴,它反映或隐含着其赖以生存的文化中的占统治地位的意识形态或权力关系;"科学真理"本质上具有价值观负载和自我指涉,因此,科学家的话语,不能够断言它们具有一种认识论上的权威地位。

机械论、决定论与线性思维的统治

"现代科学观"是在现代思潮影响下形成的人们对科学的总体认识。这种科学观诞生于近代科学兴起之初的16世纪,成型于18世纪的启蒙运动,经过19、20世纪的辉煌成就,它已经成为我们深信不疑的信念。换言之,机械论、决定论、还原论已经成为贯穿现代科学中的、主流的世界观和方法论。

---

① 米歇尔·福柯:《规训与惩罚》,三联书店,1999年,第29页。

相关概念

还原论(Reductionism)主张把复杂现象还原为简单现象,把高级运动形式还原为低级运动形式的一种哲学观点。它认为现实生活中的每一种现象都可看成是更低级、更基本的现象的集合体或组成物,因而可以用低级运动形式的规律代替高级运动形式的规律。

从还原论中产生出来的方法论就是对研究对象不断进行拆分,找到其最原始、最简单的状态,化复杂为简单。

决定论(Determinism)认为自然界和人类社会普遍存在客观规律和因果联系。一切事物或人类活动都是先前某种原因和几种原因导致的结果,它们也都是可以根据先前的条件、过程来预测的。

非决定论(Non-determinism)则否认自然界和人类社会普遍存在着客观规律和必然的因果联系,认为事物的发展、变化是由不可预测的、事物内在的"意志"决定的。

机械决定论的发展

机械论(Mechanism)是一种对近代科学发展有着巨大影响的哲学观念。它以孤立的、静止的、片面的观点解释自然界和认识论问题。在它的早期阶段,把自然完全看作一台机器。

开普勒说:"天体是一座时钟。"

笛卡尔说:"自然图景是一种受精确的数学法则支配的完善的机器。"

拉美特利说:"人是机器。"人的意识只是原子运动的一个虚幻的副产品,人与动物只有位置的不同和力量程度的不同,而没有性质上的不同。

牛顿经典力学体系的建立,则使机械论完全臻于成熟。它把整个世界都解释成为一个在运动中的、完全受制于物理学和化学规律的客观存在的体系。1687年,牛顿出版了《自然哲学的数学原理》,不仅建立了经典力学体系,完成了近代自然科学史上的第一次综合,而且逐渐在其广泛传播过程中上升为一种世界观。牛顿用运动定律和万有引力定律解释极其广泛的自然现象,从天体运行、潮汐涨落到物体坠地等,牛顿力学是近代物理学和天文学的基础,也是近代一切机械、建筑、交通等工程技术的理论基础。

牛顿告诉我们这样的道理:我们可以忽略运动着的物体的其他一切情况而只需要知道其位置、质量和速度,并给这些术语下可行的定义;我们把由此得出的引力理论和宇宙规律结合在一起就可以预测诸如行星的轨道、月亮的轨道、潮汐的出现,甚至苹果从树上掉下的速度等各种自然现象的特性。宇宙规律认为一切物体都相互吸引,引力和它们相互之间的距离的平方成反比。[①]

托马斯·霍布斯(Thomas Hobbes,1588—1679)是英国政治家、哲学家,继承了培根的唯物主义经验论的观点,但他力图以机械运动原理解释一切——人的情感、欲望,社会的动乱和安宁等,著有《论公民》《论物质》《论政体》《利维坦》《论人》《论社会》等。他同样认为:"生命仅仅表现为肢体的一种机械运动。"他创立了机械唯物主义的完整体系,指出宇宙是所有机械地运动着的广延物体的总和。自然界、宇宙乃至人类社会就是一部巨大的、精确运转着(受数学法则支配、按照机械因果逻辑)的机器。

此后,人们开始用牛顿力学来解释一切,将一切运动形式都看作力学运动形式,将一切自然现象都看作力学现象并加以解释,甚至用牛顿力学解释人类社会,逐步形成了僵化的因果决定论和机械决定论。

拉普拉斯这位18—19世纪机械主义、决定论世界观的典型代表,在《概率论的解析理论》(1812)中说道:"我们必须把宇宙目前的状态看作宇宙过去状态的结果以及以后发生事件的原因。如果有一种智能了解在一定时刻支配着自然界的所有的力,了解组成它的实体各自的位置,如果它还伟大到足以分析所有这些事物,它就能用一个单独的公式概括出宇宙万物的运动,从最大的天体到最小的原子,都毫无例外,而且对于未来,就像对于过去那样,都能一目了然。"[②]所有的事物都具有确定性,未来和过去都可以精确地展现出来。

保尔·昂利·霍尔巴赫是18世纪法国启蒙思想家,"百科全书派"主要成员之一,著有《自然的体系》《社会的体系》《揭穿了的宗教》等。其中《自然的体系》有"唯物主义的圣经"之称。在《自然的体系》中他说:"宇宙间存在普遍的、必然的因果关系,宇宙本身不过是一条原因和结果的无穷链条。"[③]即自然界没有偶然性。

归根结底,近代科学和实践活动最典型的特点,都是用线性的思维方式看世界,用线性的思维方式分析问题和解决问题,把整体仅仅看作部分之和。

---

① 谁能否认牛顿理论不平常的预言力呢?莱弗利尔1846年用牛顿定律预言了海王星的位置,但是莱弗利尔还预言了另一个称为"祝融星"的未知行星,却毫无结果。不幸的是,这样的失误都很轻易地被忘掉了。
② 朱亚宗:《伟大的探索者——爱因斯坦》,人民出版社,1985年,第149—150页。
③ 霍尔巴赫:《自然的体系》上卷,商务印书馆,1999年第2版,第42页。

荒诞的终极理论之梦

细说起来,终极理论之梦,早在古希腊哲学家那里,就有这样的梦想。泰勒斯的水是世界的本源;德谟克利特的原子构成了万物等,都是"终极理论"的古代版本。而亚里士多德在《形而上学》中也说:"永恒事物的原理常为最真实原理(它们不仅有时真实),它们无所赖于别的事物以成其实是,反之,它们却是别的事物所由成为实是的原因。所以每一事物之真理与各事物之实是必相符合。显然,世上必有第一原理,而事物既不能有无尽列的原因,原因也不能有无尽数的种类。……极因是一个'终点',这终点不为其他什么事物,而其他一切事物却就为了这个目的。"①亚里士多德这里的"永恒事物的原理"、"第一原理"、"极因"当然就是被现代科学家们称为"终极理论"的东西。从这里我们看到了终极理论的悠久历史。但是,古人关于终极理论的猜想是基于当时的科学和技术背景,尚有其天真、朴素,甚至有些勇气可嘉的成分。

但是,到 20 世纪,仍然有一些人继续做终极理论的迷梦,这时的终极理论就不再有多少值得肯定的成分了。少数科学家完全是被科学曾经的胜利冲昏了头脑。或者说,从 17、18 世纪(启蒙运动)开始,人类完成了从宗教迷信到"科学"迷信的转变,到 20 世纪,完全确立了一个新的迷信——科学迷信。而"终极理论"已经成为新迷信的典型代表了。

马克斯·玻恩(1882—1970),德国理论物理学家,量子力学奠基人之一,因对量子力学的基础性研究尤其是对波函数的统计学诠释,获得 1954 年的诺贝尔物理学奖。玻恩他曾经非常自信地说:"据我们所知,物理学将在 6 个月之内结束。"他相信,当时所发现的另一个基本粒子——质子——肯定遵从与电子一样的运动方程,这就意味着理论物理学的终结。实际上,包括牛顿、爱因斯坦等在内的众多科学家,心中始终萦绕着一个不灭的梦想——"终极理论"之梦。尽管爱因斯坦本人对量子力学的发展起过重要作用,但他拒绝相信它的真实性。在晚年他用了大部分时间去寻求一个统一理论,当然他没有成功。

斯蒂芬·霍金这位勤奋的物理学家,同样是一位终极理论、统一规律的热心追逐者。他的《时间简史》(1988)、《黑洞、婴儿宇宙及其他》(1993)、《果壳中的宇宙》(2001)、《大设计》(和勒纳德·穆洛迪诺合著,2010)等,无不透露着他对永恒规律的信念,透露着他对宇宙演化终极规律的不懈追求。当霍金论及"物理学的统一"之时,他满怀信心地说:"在谨慎乐观的基础上,我们可能已

---

① 亚里士多德:《形而上学》,商务印书馆,1995 年,第 33—35 页。

经接近于探索自然终极规律的终点。……一个完全的、协调的统一理论只是第一步,我们的目标是完全理解发生在我们周围的事件以及我们自身的存在。"①而在《大设计》中,他把 M 理论(是为"物理的终极理论"而提议的理论,希望能藉由单一个理论来解释所有物质与能源的本质与交互关系)当作"适合万物至理理论的物理学的基本理论"推广开来。当他声称在寻找一种可以解释一切的说法时,就得到了一种万能解释。"根据 M 理论,我们的宇宙不是唯一的宇宙。相反,M 理论预测了许许多多的宇宙都无中生有地创造出来。它们的创生不需要某位超自然存在或者神的介入。这些多重宇宙是物理定律自然地导致的。它们是科学的预测。……这是生命、宇宙和万物的终极问题。"②在书的结尾,霍金和穆洛迪诺写道:"M 理论是最一般的超对称(supersymmetry)引力理论,基于上述原因,它是描述整个宇宙的万物理论的唯一候选。如果它是有限的,当然还有待证明,M 理论作为模型会描绘出一个自创生的宇宙。我们必须是这个宇宙的一部分,因为否则模型就无法自圆其说。"③而且,当他发现无法应对哥德尔不完备定理——其绝对地表明了没有一种宇宙数学模型是完备的——的时候,霍金声称,理性的思想也不能完全知道我们的根源。这也让我们想到了那些"只关注眼球"的报纸、杂志、出版社、电台、电视台和电影商等,它们不负责任的行为使一些貌似科学思想得到广泛和大量的传播。

寻找终极理论的梦想继续激励着当代许多高能物理学的研究。在《终极理论之梦》一书中,1979 年度诺贝尔物理学奖获得者史蒂芬·温伯格说道:"本书讲的是一场伟大的理性的历险,去寻找大自然的终极理论。终极理论的梦想激发了今天许多高能物理学的研究,虽然还不知道那终极理论会是什么样子,也不知道还要过多少年才能找到它,但我们相信已经开始模糊地看到了它的身影。终极理论的想法本身也是一个问题,目前还在激烈争论着,甚至还争论到了国会会堂。高能物理越来越费钱了,它需要公众的支持,部分原因是它负担着解开终极理论的历史使命。"④

温伯格相信:"我们总会隐约看到在它们背后的一个终极理论的影子,那个理论将有无限的意义,它的完备与和谐将完全令人满意。我们寻求自然的普遍真理,找到一个理论的时候,我们会试着从更深层的理论推出它,从而证明它、解释它。……它们似乎都源于一个共同的起点,那个能追溯解释的起点,就是我所谓的终极理论。"⑤

---

① 斯蒂芬·霍金:《时间简史》,湖南科技出版社,1996 年,第 152 页。
② 斯蒂芬·霍金、勒纳德·穆洛迪诺:《大设计》,湖南科技出版社,2011 年,第 7 页。
③ 同上书,第 181 页。
④ S. 温伯格:《终极理论之梦》,湖南科技出版社,2003 年,前言。
⑤ 同上书,第 3 页。

理查德·罗蒂曾经清楚地告诉我们:一些人所谓的真理,"至多不过是,他们在提出一种解释,解释他们所信奉的东西,解释他们是如何看待事物的"①。"真理不是一种哲学家可以对之提出一种重要理论的东西;'真理'不过是所有我们看作是真的句子所具有的某种性质的名字,这种性质就是其能够使我们成功地得到我们想要的东西,而避免我们所想避免的东西。"②"我们的信念和愿望形成了我们的真理的标准。"③

温伯格在自己书中说过的一句话特别适合用来描述他自己,"今天,许多人的思想都受着各种荒谬的错误概念的伤害,从不那么有害的占星术之类的迷信到最邪恶的某些意识形态"。④ 在各种荒谬的错误概念中,当然也包括"终极理论"的梦呓。

求知的选择性与科学家集体无意识

前面我们说到,人是一种自负的动物,这种自负给人类的行为带来致命损害:自负让一些人与他人争论不休,自负让一些人在错误的道路上越走越远,自负让一个民族不顾历史与社会的经验而盲目地"走自己的道路"。但是,除了自负,人(性)的另一弱点也同样是很致命的。

求知中的选择性

理性的认知方法,是我们可以凭借的利器之一,但是它却远远不是万能的。其运用是受感性经验制约的。

人类在认识和改造世界的活动中,始终受到来自人类行为的"选择性"弱点的严重损害。在人类的大多数活动中,都存在着一种"选择性"特点。已经有很多的心理学实验表明:人们的注意力具有选择、保持、调节和监督的功能,它们保证了人的活动具有一定的方向性。人的一切活动都必须有注意力参加,否则活动就不能顺利、有效地展开。当然,科学研究也完全如此。如果是有意识地观察(就像在科研或实验过程中那样),这种选择性就更为突出。"选择性地看见"、"选择性地听到"、"选择性地证实",这样的行为特征不断地让人们忽

---

① 理查德·罗蒂:《实用主义哲学》,上海译文出版社,2009年。
② 黄勇:"当代美国著名哲学家罗蒂"(代总序),载理查德·罗蒂:《实用主义哲学》,上海译文出版社,2009年,第4页。
③ 理查德·罗蒂:《后哲学文化》,上海译文出版社,2004年,第2页。
④ S.温伯格:《终极理论之梦》,湖南科技出版社,2003年,第192页。

略其他因素的存在、割裂事物之间的联系、遗漏了很多重要信息。

人类的认识活动也是如此,当然这里包括了基于特定的世界观所造成的"认知与理解上的选择性"[①]。选择性认知与理解是指个体选择性地感知某些他们想要感知的信息而自动屏蔽或忽略其他信息的过程。更广泛地讲,我们每个人都或多或少具有这种行为特征,因为在我们"看事情"的时候都基于我们自己的理解和经验,人们也总是依据个人喜好对信息、对事物进行主观的分类。选择性认知与理解从某种程度上来说是一种偏见(bias)在作怪,因为事实上人们只是用自己的方式来理解世界、理解信息。有一种解释认为,在日常生活中,人们接受到太多的信息,他们不可能对每一个事物都付出同样的注意力,所以只能选择对自己有用的信息。因此,选择性认知和理解是一把双刃剑。

选择性认知与理解始终影响着我们对事物的感知。人类在做出判断和决定的时候总会被一系列的认知偏差、感知偏差和动机偏差而扭曲和误导且不自知(但是人们又很容易能察觉到别人在做出判断时的偏见)。

从上述人类行为的选择性特点中,我们能够得出的结论是:人们只寻找对自己有利的证据,只相信自己相信的东西。如果你相信宗教,就会千方百计地寻找上帝存在的证据;而如果你相信进化论,则会不遗余力地寻找生命演化的证据。不幸的是,这种情况同样适用于今天人们所信仰的"科学"。

科学家的集体无意识

众所周知,19世纪末20世纪初,奥地利心理学家弗洛伊德提出了无意识的概念并以此为基础建立了精神分析学说。弗洛伊德是一位医生,他在自己的医疗实践中,注意到许多具有强迫症状的神经症患者常常不能自制地去采取一定的活动,而自己却并不知道为什么要这样做。这一事实使弗洛伊德意识到:支配人们行为的动机,除了能够被自己意识到的自觉意识外,一定还有一种人们意识不到的无意识驱力。在经过更多的研究之后,他进而得出结论说:精神活动本身都是无意识的;那些有意识的过程只不过是整个精神生活的片断和局部。此后,对无意识的研究就一直成为心理学研究的重要领域。

"集体无意识"是最早由瑞士著名心理学家荣格(Carl Gustav Jung,1875—

[①] 1989年,维耶坦·N.B.冯(Vientiane N.B.Fenn)证明了,当一些甚至是谣言的东西被包装成一种"文化结果"来传播的时候,它又反过来成为"文化源头",导致了预设的结果。乐于传播谣言似乎是人类的天性,在谣言中可以获得寄托,从而感到安全。被广泛传播的谣言中其实承载着人们的希望,人们也在努力将那些美好的谣言变成现实。在社会领域,多数人的相信更容易改变文化生态。这一理论被称为"社会人择原理"。布兰登·卡特(Brandon Larter,1973),约翰·巴罗和弗兰克·提普勒(John D. Barrow and Frank J. Tipler,1986)则提出了更极端的理论——人择宇宙学原理(简称"人择原理")。

1961)在1922年《论分析心理学与诗的关系》一文中提出的概念。"通过对宗教和神话心理学的研究,荣格注意到,世界上不同文化、不同地域的原始部落中有着某些相似的原始意象,这些意象有些还会出现在精神病患者和儿童身上。"①"集体无意识"揭示了人类精神生活的深层方面。

众所周知,人类的心理活动可分为意识和无意识两个层次,而无意识心理活动又可分为两个层次:第一个层次就是弗洛伊德所说的无意识,称为个体无意识,它是与个人生活经验相联系的不被人所意识到的心理活动,如遗忘的记忆、不愉快的经验、潜抑的愿望与动机等。在人类的无意识中还有一部分是不依赖于个人经验而存在的,带有超越个体乃至民族、种族的具有全人类的普通性与集体性的心理活动,这就是"集体无意识",它是一种更深层次的无意识。

集体无意识的内容主要是各种原型。集体无意识的原型是非常多的,荣格认为,人生中有多少种典型情境就有多少种原型。他在自己的研究中发现了许许多多的原型,其中一种很重要的原型叫作人格面具(the Persona)。人格面具是指人们能够扮演某种社会角色、顺从社会期望的先天倾向,它保证了人们能够表现出某种性格以适应社会,其目的在于给他人留下一个好印象以得到社会的承认。集体无意识的表现形式是多种多样的。它存在于人类社会生活的各个角落,例如在古老民族与原始部落的文化与传统仪式中,在各种文学与艺术作品里,在形形色色的宗教象征与仪式上,还有世代相传的口头传授,等等,我们都可以发现集体无意识的影子,它潜藏于每个人的精神深处与整个社会文化的深处。

集体无意识的发现无疑是心理学发展史中一个里程碑式的贡献,它使人们认识到人类在精神生活上具有某种一致性。集体无意识在人的一生中几乎从未被意识到,但它却会深刻地影响个人乃至社会的各种行为,决定了人们把握世界和对各种生活事件做出反应的方式。集体无意识构成了某种时代精神,不同种族、不同阶层、不同集团中的人们都会表现出某种一致性的行为与思想观念,不论是好是坏,都会对个人和社会的发展产生深刻的影响。人类社会的许多秘密藏在人类无意识的最深处。

近代以来广为流传的"科学"的世界观和方法论,实际上已经成为一个知识的手电筒,让人们只看到自己想看的东西,让科学家共享了一种"科学家的集体无意识"。尤其是科技活动的复杂性和高度的专业分工,在科学共同体内部,科学家经过代代相传,逐渐形成了一套固定的、成型了的共同的思维模式和观念,使每个科学家个人自觉不自觉地成为一个"集体无意识"的俘虏。福柯

---

① 荣格著,李德荣编译:《荣格性格哲学》,九州出版社,2003年,第12页。

就发现,现代管理已经演变成为一种道德技术或权力技术,它引入效率与秩序的规训,把每个人的每一行动都塑造成为最节省、最经济的。而生活和社会的其他各种标准一概地从"管理学"中消失了。人变成了机器、变成了工具。

在每个时代的大众文化、自然科学和社会科学话语中,各个领域都会有自身的"集体无意识"。包括研究对象选择、研究路线的制定、研究方法的使用等都存在着研究者的主观性。知识总是产生于具体的社会历史情境,甚至是个人境遇的某种表达,任何表述都有其局限性,也都有其背景性。当牛顿告诉大家,大自然这本书所用的书写语言是数学。然后,我们看到,很快有些学者依样画葫芦,仿照牛顿,将生物学、经济学,甚至心理学也整理成简单的公式。

科学各领域的情况似乎都是这样:占主流地位的知识分子,先是通过宣扬知识与认识者自身的位置无关,称其为客观知识,是与具体的人不关联的、不容怀疑的外在知识,即以知识的"客观性"掩盖其自身的立场。然后,他们凭借话语上的霸权、经费上的霸权、出版上的霸权,将自己的特殊主义的认识转换为普遍意义的叙述,并通过采用去立场化、去价值化、去情境化的"实证"策略,驱逐来自不同立场的其他声音。这在经济学中尤其典型和突出。

积重难返的"分析主义"

人们把20世纪称为"分析的时代",这是对现代哲学、现代科学很恰当的概括。分析主义首先是指一种哲学思潮——分析主义哲学。尽管流派纷呈,方法各异,人物众多,争论激烈,但是,大家都在搞分析,都在用"分析"的方法把问题分拆开来搞研究。正如冯·赖特指出的:"我们世纪的哲学主流之一,被称为'分析的',是这个时代最典型的精神风潮。它也是一件最广泛地席卷了整个地球的潮流。之所以如此,是因为它与给当代文明打上最深烙印的两大势力结盟:即科学和技术。"[①]我们这里所要说的"分析主义"是指哲学之外各门科学中所流行的"分析主义倾向"。它与分析哲学有联系,但主要不是一种哲学,而是一种"方法",一种言必称"分析"方法的潮流。

日渐盛行的"分析"方法

分析一词源自希腊文"analysis",意为分解、肢解,通常是指把事物、事物的

---

① 冯·赖特:"分析哲学:一个批判的历史概述",载陈波编:《分析哲学:回顾与反省》,四川教育出版社,2001年,第3页。

属性或事物之间的关系分解为各个部分。关于"分解—合成"方法至少能够追溯到亚里士多德。而就现代分析主义方法而言,法国则是其策源地,因为笛卡尔正是用分析方法对哲学、思维方式进行了革命改造。他在《谈谈方法》中说:"把我所考察的每一个难题,都尽可能分解成细小的部分,直到可以加以圆满解决的程度为止。"

客观地说,使用"分析方法"去认识和研究事物的做法也许可以追溯到更早。"盲人摸象"的寓言故事早就告诫人们不可以偏概全。从中我们不难想到,即使在人类社会的更早时期,现在人们所使用的"分析"方法也是广泛存在的。"盲人摸象"是反对"分析方法"的最初样本。

现代社会科学用语中的"分析"有些混乱,几乎所有的研究都可以代之以"分析"二字,即"分析"完全混同于"研究",对比方法、逻辑演绎方法等都被冠以"分析"的头衔。我们这里所要讨论的"分析"概念大致上还能够从化学、生物学语言中找到,或者说是指本义的"分析",是指一种拆分、分割的研究方法。

借助于现代科学与技术手段的不断进步,物理与实验科学领域中的分析主义得到了前所未有的发展;而思维领域中的分析主义,则从笛卡尔哲学思想中获得了工具;还有一个领域,它被称为"实证科学",它从微积分的发明中找到了称手的武器。这里特别值得一提的是微积分的发明。微积分确实堪称是人类智慧最伟大的成就之一。微分和积分的思想早在古代就已经产生了,这是不值得奇怪的。公元前3世纪,古希腊的数学家、力学家阿基米德(前287—前212)的著作《圆的测量》和《论球与圆柱》中就已含有微积分的萌芽。

1637年,笛卡尔发表了《科学中的正确运用理性和追求真理的方法论》(简称《方法论》),从而确立了解析几何,表明了几何问题不仅可以归结成为代数形式,而且可以通过代数变换来发现几何性质,证明几何性质。到了17世纪下半叶,在前人创造性研究的基础上,牛顿、德国数学家莱布尼茨分别研究和创立了微积分。特别是莱布尼茨创造的微积分符号,正像印度—阿拉伯数码促进了算术与代数发展一样,促进了微积分学的发展。然后经过18、19世纪一大批数学家的努力,基本建立了微积分的完整体系。

微积分的发展对欧洲科学的发展起到了极其重要的作用。它使得数学家和物理学家分析、描述连续的运动过程成为可能。它也为分析这类运动提供了基础性的工具。或许,比这个更重要的是这些工具对科学家思考问题的方式的影响。在将世界理解为确定性体系的进程中,这是非常关键的一步。在此之后,借助这一工具,那些模糊、不确定的运动似乎消失了。实际上,一个数学工具根本不可能改变不确定事件的本来性质,它改变的只是人们对事件的认识或印象。

所谓的"分析方法"是与机械论、还原论相一致的研究方法,它是比微积分更早的近现代"科学"的基本思维方法,有两个主要方面:第一,为了获取证据,先对研究对象进行分门别类,静态地、割裂地进行"定量"研究;第二,复杂还原为简单,整体分解为部分。

事实上,现代科学体系的建立,也完全是分析思维的产物。正是那些分析主义思想家尤其是逻辑经验主义者,强调要以自然科学,特别是数学和物理学为模本建立自己的理论,要使自己的概念和论证达到自然科学那样的精确程度。他们利用数理逻辑作为自己的主要研究手段,并建立了一套技术术语,把大部分,甚至全部精力用于研究某些细小问题,忽视或者拒绝研究基本问题,致使他们的研究与现实社会生活脱节,流于纯粹学院式的研究。

"分析主义"造就的知识(与认识)碎片

欧文·拉兹洛在他的《系统哲学引论》一书中这样说道:"分析的重要使命——抛弃不加证实和无法证实的推测——已经完成,坚持这种分析方法今天只能产生教条式的自我分析:在推究哲理中,逻辑越来越多而实质越来越少。"[1]

"分析要求专门化和相应地从哲学阵营分裂出来的不同流派的专家。在其他一些同类学科中也有类似的专门化过程。结果是,知识的田野被犁成条条块块,每个人只关心自己的领域,'各自耕耘自己的园地'。对于在研究者自己设置的界限之内探索深层现象来说,这也许是必须采用的方法,但是,不幸的是,自然现象并不是支离破碎的,研究的结果是重叠和交叉的。……世界很像是一个系统或者网络,在这个系统或网络中对某一方面知识的掌握必须假定熟悉所有其他方面知识。"[2]

确实,分析主义方法并非只是有益而无害的。有缺陷的思想和方法必然导致残缺性的行动。在一个整体的复杂的现实中,分析主义思维是危险的。我们已经看到,自从工业革命以来,基于分析性思维的传统经济模式使复杂的自然平衡受到重大威胁。

早在两千多年前,亚里士多德就警告过人们:"动物是有感觉的,不能撇弃了活动来界说动物。因此也不能不联系到它在某种状态中的各个部分。在任何状态中或在某一状态中的一只手不能统算是人的一个部分,只有那只活着的

---

[1] 欧文·拉兹洛:《系统哲学引论,一种当代思想的新范式》,商务印书馆,1998年,第15页。
[2] 同上书,第16页。

能工作的手才算人的一个部分;假如是一只死手,那就不算是人的一个部分。"① 两千多年后,黑格尔在《小逻辑》中也说过类似的话:"一个活的有机体的官能和肢体并不能仅视作那个有机体的各部分,因为这些肢体器官只有在它们的统一体里,它们才是肢体和器官,它们对于那有机的统一体是有联系的,绝非毫不相干的。只有在解剖学者手里,这些官能和肢体才是单纯的、机械的部分。但在那种情况下,解剖学者所要处理的也不再是活的身体,而是尸体了。"②

埃德加·莫兰在《复杂性思想导论》中说:"我们生活在分离的、还原的,和抽象的原则的统治下,我把这些原则的整体称为'简单化范式'。是笛卡尔提出了这个西方的主导范式,……这个范式自17世纪起控制着西方的探险,无疑曾使得科学认识和哲学思考都取得了巨大的进步。它有害的最终后果只是在20世纪才开始显现出来。"他还说:"思想的古代病理学表现在给予神话和思想所创造的神祇以独立的生命。思想的现代病理学存在于使人对现实的复杂性盲然不见的超级简单化中。观念的病理学存在于唯心主义之中,在唯心主义那里观念遮蔽了它应该加以表达的现实而把自己当作唯一现实的。理论的病症存在于空论主义的教条主义之中,它们把理论关闭在其自身中并使之僵化。理性的病理学存在于合理化(rationalisation)中,后者把现实关闭在一个逻辑协调的但是局部性的和单方面的思想系统中,并且不知道现实的某些部分是不能够合理化的,而合理性(rationatité)的使命就是与不可合理化的东西对话。"③

克劳斯·迈因策尔是享誉世界的德国著名科学哲学家,1973年获明斯特大学博士学位,曾任教于多所大学,现任慕尼黑工业大学(TUM)科学哲学中心主席,德国复杂性系统和非线性动力学学会主席等职务,研究范围遍及数学、物理学和科学哲学,尤其在复杂系统、非线性动力学等领域颇有建树。在《复杂性思维》第一版序言中,他写道:"复杂性和非线性是物质、生命和人类社会进化中的显著特征。甚至我们的大脑也表现为受制于我们大脑中复杂网络的非线性动力学。"④

在导言的开篇中他又写道:"在自然科学中,从激光物理学、量子混沌和气象学直到化学中的分子建模和生物学中对细胞生长的计算机辅助模拟,非线性复杂系统已经成为一种成功的求解问题方式。另一方面,社会科学也认识到,人类面临的主要问题也是全球性的、复杂的和非线性的。生态、经济或政治系统中的局部性变化,都可能引起一场全球性危机。线性的思维方式以及把整体

---

① 亚里士多德:《形而上学》,商务印书馆,1995年,第147页。
② 黑格尔:《小逻辑》,商务印书馆,1996年,第282页。
③ 埃德加·莫兰:《复杂性思想导论》,华东师范大学出版社,2008年,第9—10页。
④ 克劳斯·迈因策尔:《复杂性思维》,上海辞书出版社,2013年,第20页。

仅仅看作其部分之和的观点,显然已经过时了。"①

与分析主义密切联系的一个概念是还原主义,实际上,它与分析主义互为犄角,相互支持。因此,还原主义也是一种同样流行的现象。"它对观察到的或推理出来的过程不断地追溯到其最小单元,并用因果的相互作用来解释它们。这种做法尽管对获得孤立事件的详尽知识起重要作用,但对可能对理解特定现象具有决定性意义的较大的相互关联却不加考虑。它造成了专门化和与其相伴随的种种特征:专门的语言、方法、观念以及注意焦点等等。总之,还原主义造成范围有限的理论的多样性,其中每一样只适用于高度专门化事件的一个很小范围,而对其余范围则无所适从了。……因此说,高度专门化的点滴知识的堆积不能给予更为大块的经验以意义。"②

你觉得下面的事情奇怪吗?

在日常生活中,即使你不够聪明,也没有接受太多现代教育,通常也不会犯"分析主义方法"的简单错误。例如,我们去买一件衣服,不会简单地仅凭衣领、袖口、扣子或颜色去选择和购买,而是综合地看它们的整体搭配、结合。再如,买房子时也会全面地考察——不仅看它的价位、位置、环境,而且看结构、质量、大小,甚至更多的细节。但是,我们的决定来自整体印象而不是某个局部。再如,找朋友更是如此,很少有人只看对方的一两个方面就始定终身,而是综合地根据他(她)的长相、身高、智商、品德、家庭状况、兴趣爱好,等等,确定恋爱、婚姻关系。虽然不会追求十全十美,但也绝对不会仅凭某个方面下结论,做决策。

但是,一旦遇到复杂问题,一旦进入"科学领域",事情就全变了。正如莫兰所说:我们仍然处于人类精神的史前期,只有复杂性思想可以使我们的认识文明化。

---

① 克劳斯·迈因策尔:《复杂性思维》,上海辞书出版社,2013年,第1页。
② 欧文·拉兹洛:《系统哲学引论,一种当代思想的新范式》,商务印书馆,1998年,第19页。

第三章
形而上学如何可能

- 形而上学的考古学
- 休谟：与形而上学为敌的人
- 康德：为捍卫形而上学而生
- 巫术、宗教、科学与数学本是同根
- 数学为什么居然奏效

第三章 形而上学如何可能

一直以来,大家都相信形而上学是一个哲学范畴,这样的理解当然没有什么大错,但是并不准确。狭义的哲学确实具有典型的形而上学性质。但是,形而上学却不仅仅存在于哲学领域,在其他学科领域里,形而上学也扮演着重要角色。准确地说,形而上学的范围要比哲学广泛得多,它的历史也要比哲学的历史漫长得多。凡是那些与思辨方式相联系,希望借助于思辨、推理(而不是经验、实验)获得知识、认识的各种努力都属于形而上学范畴。因此,我们把那些追寻"无限性"、"普遍性"、"永恒性"的各种努力,把那些关于探讨本质问题、必然性问题的学问,都视为形而上学家族的成员。[1] 用陀思妥耶夫斯基的话说,这已经成为一种延续长达两千多年的思维惯性。基于这样一种认识,我们认为,理查德·罗蒂的说法有一定道理:"形而上学不是一门学科,而是一个理智游戏场。"[2]即使这种说法并不完全准确。

形而上学的考古学

人是理性的动物,这是一句很具有深意,但是更具有魅惑力的概括。一方面它准确地揭示了人的形而上学性,这句话告诉我们人是具有形而上学性的动物。正是由于具有形而上学性,人不但创造了神话、宗教、哲学、伦理、艺术等,而且创造了科学。它们之间相互作用、相互影响,共同构成了人类把握世界的基本方式。形而上学对人类认识、把握世界的方式影响非常深刻,各门"科学"无一例外地刻着形而上学的烙印。此乃中国古话"活到老、学到老"之谓也,永远会有数不尽的值得思考、学习的问题摆在人的面前。另一方面,在这个关于人的表述里,又有鼓励的"理性"一面,即它诱导和助推了人的形而上学性。古希腊人既是这么说的,也是这么做的。而后人当然是很乐意接受"理性"这样的评价的,而且似乎在任何时候、任何问题上都应该让"理性"最大限度地驰骋。但是,客观地说,人并没有那么理性。理性只是人的特质之一,而不是全部。没有办法,人毕竟是具有形而上学性的动物。

彭加勒说:"思考使新观念渗透到未开发的心智中的最好方式,同时就是思考这些概念是如何被我们的祖先获得的,从而也就是思考它们的真实起源,

---

[1] 我认为我们的这个观点是成立的。哈贝马斯在"康德之后的形而上学"一文中,也认为"形而上学最初是关于普遍性、永恒性和必然性的科学。它只有在意识理论中还能找到等价物,而这种意识理论从先验的角度阐明了普遍综合判断的客观性所必需的主观条件"。参见于尔根·哈贝马斯:《后形而上学思想》,译林出版社,2001年,第13页。当然,我们认为,哈贝马斯这里指的是狭义的形而上学。

[2] 理查德·罗蒂:《实用主义哲学》,上海译文出版社,2009年,第17页。

也可以说,实际上是思考它们的真实本性。"①

如何能够理解迄今为止形而上学对人类认识世界、把握世界方式的深刻影响?"几千年来,人类的优秀代表——各种各样的思想家、哲学家,都在竞相以不同的方式做着反省。对理想的至高无上不容丝毫怀疑,他们一致地认为,人类得到理性之光是人类的最大福祉。要是谁去问这样的一个问题:理性是怎样获得这种决定人类命运的无上权威的?那就会遭到博学多识者的人群起而攻之,他就会被视为愚蠢无知和疯狂,而人类畏惧愚蠢和疯狂,比世界上其他任何东西都厉害。"②从流行的观念中其实能够找到极为丰富的线索。从柏拉图、亚里士多德,到笛卡尔、康德,再到海德格尔、哈贝马斯、罗蒂,都做过深刻的形而上学沉思。而透过现代各门科学发展的历史,我们也能捕捉到浩如烟海的广泛信息,了解到人类为追求"真理"而做出的不懈努力。

形而上学:一部人类理性的进化历史

众所周知,西方文明乃至人类的现代文明很大一部分是建立在古希腊人的文化之上的。正是古希腊人发现了逻各斯、必然性、普遍性等诸如此类的概念,全面奠定了后来的西方思想体系的基础。古往今来,绝大多数的思想家听命于理性的强制性。人们深信,只有理性才有力量回答困扰人类灵魂的一切问题,只有通过理性才能找到永恒真理,理性具有决定一切的无上权威,以至于如果谁对理性表现出半点的怀疑和不敬,就会被人们视为愚蠢和疯狂。

形而上学的历史就是一部人类理性的进化历史。自从有了人类,求知欲和好奇心就驱使人类开始了对于宇宙间千奇百怪、变幻莫测的各种现象的探索,对之溯本求源,不断地深入追究。由于即使是形而下的事物和问题,也会有其形而上的本源或本质,因此,正是在这个探索过程中,"形而上学"诞生了。最先开始这种探索的当然是古希腊人,他们甚至早就知道"人是理性的动物"。当然,这个起点也许可以追溯到更早,因为早在前苏格拉底时期,古希腊的先哲们就已经把精力集中在对宇宙万物自然的探讨上了。

形而上学(metaphysics)语出西方。本义是谓对形而上问题的思考以及通过这种思考所获得的知识。本书所涉"形而上学"一词,也是基于这个意义。基本上可以说,人类自诞生以来,就伴随着对人生问题的终极关怀,以及由好奇心驱动的对神秘宇宙的不懈探索。而那个羞怯的大自然,总是把自己的真实面目掩藏在神秘的面纱之后,不肯轻易示人。于是,形而上学之思翩翩登场。而

---

① 彭加勒:《科学与方法》,辽宁教育出版社,2001年,引言,第2页。
② 方珊:"理性与信仰",载舍斯托夫:《旷野呼告》,华夏出版社,1998年,第2—3页。

一切与探索知识相关的遭遇和各类问题也因此频频出现。从一定意义上说，人类所有的智性追求甚至艺术追求，都是人类理解世界所采取的不同方式。如果这个世界还充满了变化，那么这里所说的一切都将会是永无止境的。

当然，形而上学绝不是西方人的专利。关于存在、虚无、宇宙、灵魂、自由意志、规律、本质、善、恶、道……所有玄之又玄的问题，都属于古老的形而上学话题。只是，形而上学在中国古代被称为"玄学"。如《老子》第一章有："道可道，非常道。名可名，非常名。无名天地之始；有名万物之母。故常无，欲以观其妙；常有，欲以观其徼。此两者，同出而异名，同谓之玄。玄之又玄，众妙之门。"又《老子》第二十五章有："人法地，地法天，天法道，道法自然。"《老子》第四十二章有："道生一，一生二，二生三，三生万物。万物负阴而抱阳，冲气以为和。"当然，相关杰出的代表作还有《庄子》《淮南子》等。在这里需要指出两点：第一，把中国古代思想家的形而上学之思视为玄学是不准确的；第二，中国古代思想家关注的重点始终是人世间的事情、真实世界的事情，而不是相反。

典型的形而上学最主要的特征有三：其一是相信和肯定人类理性的地位和作用，表现虽然多样，信仰却始终坚定，显然，没有这一信仰就取消了形而上学之思；其二既是做形上思考，必得思辨、猜想之结论，其所获知识或认识常属超验，从对象选择，到问题提出，再到方法使用常有（并非必然有）超验性质；其三是最重要又最少被人提起的，即形而上学完全源出人性，是人对自身生存和外界的好奇心使然。当然，三个特征未必在每一问题上同时具备。

回溯历史，形而上学显然是古典哲学的核心，我们可以把巴门尼德的存在论、苏格拉底—柏拉图的理念论、亚里士多德的第一哲学以及近代本体论等都划归形而上学范畴。从更广泛的意义上讲，人类通过"理性"认识和把握世界的各种理论（各个学科），不仅都与形而上学有着紧密的联系，而且都不同程度地依赖着形而上学。所谓的理性，正如狄德罗在《百科全书》"理性"条目中指出的："一是指人类认识真理的自然能力，二是指人类的精神不靠信仰的光亮的帮助而能够自然达到一系列的真理。"

概括地说，形而上学的发展经过了以下几个阶段：

古典形而上学：在古代，人们就开始在广泛的领域去了解和把握世界（或存在），这一时期的形而上学是一个关于外部世界的知识百宝箱，一部朴素的百科全书。哲学的知识论立场即渊源于此。

（欧洲）中世纪形而上学：这一时期的形而上学成了神学的婢女，基督教会支配了中世纪的世俗权力和精神生活，哲学不过是用理性解释信仰的工具，成了神学的侍从。整个自然界不仅被认为是上帝的杰作，为人的缘由而存在，而且直接呈现于人的心灵。

近代形而上学：到了近代，形而上学的目的就是恢复被湮灭了的人的理性和自我意识，将知识的基础重新建立在人自身的意识之上。这时，理性（而不是人）成了基本的衡量尺度。为此，他们追问人的意识何以可能以及如何可能（认识外部世界）。不过，轰轰烈烈的理性运动还是没有能够解决那个形而上的普遍必然性的知识何以可能的问题。

现代形而上学：大致地说，人们把黑格尔体系的崩溃看作现代形而上学的开端。这时，体系化哲学的消亡，各种各样的思潮便纷纷亮相：实证主义者企图用科学的逻辑解构形而上学，将人类的知识建立在一种可由经验证明的逻辑基础之上，这就是西西弗斯①式的"拒斥形而上学运动"；解释学试图回到人本身，在对人的历史性存在的理解——尤其是在语言或文本中来理解——之中建构其科学理论（主要是人文科学理论）；发端于分析哲学的语言哲学则致力于在我们的语言内来谈论世界，认为知识无非就是我们的言说，是建基于语言共同体的互动基础上的"语言游戏"。也许，不久的将来会最终证明语言哲学具有超越其他哲学的深刻性？

在人类思想史上，形而上学曾经长期占据着绝对的统治地位。在某种意义上说，从巴门尼德到康德、到黑格尔，再到海德格尔的西方哲学史就是一部狭义的形而上学史。广义而言，现代人类的全部知识体系，则构建了一个广义的形而上学大系，几乎可以说有多少种知识体系就有多少种形而上学。

古希腊的先驱们

西方哲学思想的历史一般认为自古希腊发源，特别是通称为前苏格拉底时期的哲学家。他们提出和致力于回答一系列很"形而上"的问题：一切事物从哪来？它到底是由什么生成的？我们如何解释万千事物的本质？

米利都学派的泰利斯认为万物之源为水，水生万物，万物又复归于水。阿那克西曼德主张万物本源是"无限"，一切生于无限复归于无限，而无限本身既不能创造又不能消灭。爱非斯的赫拉克利特认为万物的本源是火，说宇宙是永恒的活火。他坚持宇宙既不是神也不是人所创造的，宇宙是它自己的创造者，主张"万物皆动"，"万物皆流"，"人不能两次走进同一条河流"。在毕达哥拉斯学派那里，世界本源是"数"，而以巴门尼德为代表的爱利亚学派则称世界本源是"存在"，并认为"存在"不变，它不生不灭，变化的只是存在的表象。

苏格拉底在古希腊哲学史上是承前启后的哲人，他没有留下自己的著作，

---

① 西西弗斯，希腊神话人物，他是埃俄利亚国王埃俄罗斯之子，他极其狡猾机智地逃避死亡，宙斯惩罚他每天必须将一块巨石推上山顶，而每次到达山顶后巨石又滚回山下，如此永无止境地重复下去。

后人对他的了解都是从柏拉图和色诺芬的回忆和记载中考证得知。在严格意义上,他不是一位形而上学大师,因为他虽然作为一个智者,却更关心人世间的事物。与早期智者不同,他倡导哲学从自然哲学转向人世的变革,致力于道德和日常生活领域,而不是那个从人自身中孳生出的理性。苏格拉底更关心人类本身,即研究人类的伦理问题,如正义、非正义、勇敢、诚实、智慧、知识、国家及国家治理,等等,他为各种道德范畴寻求准确的定义,所以他又被称为道德哲学家。

色诺芬在《回忆苏格拉底》中,向人们展示了一个全面、真实、食人间烟火的苏格拉底:听到哈赖丰和哈赖克拉泰斯两兄弟争吵,就劝说哈赖克拉泰斯要有手足之情。应当把弟兄当作一个朋友来看待,把他看得比财富更宝贵,他告诉人们:财富的持有者没有朋友,财富就是靠不住的东西;兄弟友爱是自然所规定的:有兄弟的人比没有兄弟的人更受人的尊敬;即使弟兄对我们有恶感,我们仍应当努力同他和解……(第54页)他告诫人们:友谊是价值的。许多人想求得财富胜于想结交朋友,但任何一种财富都不能比朋友更有价值、更持久、更有用……(第60页)苏格拉底给勇敢、明智、自制、疯狂、忌妒、懒惰、指挥、幸福下了不同的定义(第115页)。苏格拉底推崇俭朴。在聚餐的时候,客人和客人之间不应在提供的数量和质量方面进行竞赛(第135页)。苏格拉底谆谆教导门徒要热爱正义,他以自己的行为给他们留下了坚持正义的榜样(第161页)。①

由此可见,在苏格拉底眼里,人是多姿的、具体的、有血有肉、有感情、会犯错的真实的人。换言之,他无意为理性树碑立传,他心中装着的是世人的烦恼和疾苦。他更像一个拯救者而不是一个冷漠的旁观者。

与苏格拉底不同,柏拉图和亚里士多德则是古希腊哲学家中有大量著作流传至今的人,他们都创立了庞大的哲学体系。柏拉图认为我们感觉到的种种变动的、有生灭的具体事物,只是现象,它们是相对的,它们的本质是一个同名的、永恒不变的绝对"理念"。亚里士多德思想更加宽广,几乎涉及全部知识领域。他有一部代表作,叫作《形而上学》,通常,人们也把他视为形而上学的创始人。实际上,他生前并没有使用"形而上学"的概念,它称自己的这部分理论为"第一哲学"。他的第十三世弟子安德洛尼柯斯(Andronicus)在编纂他的著作《第一哲学》时,将它放在其"物理学"之后,并取名叫形而上学(metaphysics),意即"物理学之后"。

事情其实就是这样:人既然是一种首先要生存,然后又很好奇的动物,那

---

① 色诺芬:《回忆苏格拉底》,商务印书馆,1986年,第54、60、115、135、161页。

么,生活在这个世界上,人们就不能不关心人自身、外部世界以及人与外界的关系。实际上,这种关心可以说是永恒的,它会伴随着人类始终。虽然人们使用了多种方法去认识世界,而且也取得了不小的进步,但是,对于那些原本形而上的问题(虽然不是全部),又如何能够通过非形而上的方法(比如实证方法或逻辑方法)求得答案?

启蒙——高悬理性的大旗

启蒙运动首先是一场反宗教统治的文化改革运动。从这个意义上,这是一次很伟大的变革。在这个时代,人们从宗教的枷锁下解放出来,不再纠缠于对宗教教义的考据和争辩,而是转向自然,转向社会,转向人自身。对物质享受的渴望、对自然奥秘的探索、对身心完美的追求、对知识理论的向往,以及对人类理性的崇拜,代替了昔日对天国的期待和对地狱的恐惧。

但是,启蒙运动也在编织神话,编织"理性、科学"的神话。而且,"启蒙总是把神、人同形论当作神话的基础,即用主体来折射自然界"①。这正是它最具有吸引力、迷惑性,也最难以被识破的一面。"启蒙运动要求对普遍的真理顶礼膜拜。启蒙运动认为,在一般概念的权威下,仍存在着对神灵鬼怪的恐惧,通过把自己装扮成神灵鬼怪,人们试图对自然发挥影响。……对启蒙运动而言,任何不符合计算与实用规则的东西都是值得怀疑的。"②

当然不止于此,启蒙运动不过是一次回归,回到由古希腊思想家搭建起来的理性圣殿。"以苏格拉底、柏拉图和亚里士多德为代表的古希腊贤哲为我们高筑起一座大厦,这是一座以理性为基础,以逻辑为工具,以永恒真理为目的的知识大厦,它有必然性作为自己的坚固不破的城墙,它企图凌驾于一切之上;它傲视芸芸众生,蔑视有限和偶然。自此以后的思想家和贤哲们大都是在对这座大厦或者修修补补,或者添砖加瓦,就连斯宾诺莎、康德、黑格尔直到胡塞尔登都莫不如此。他们口口声声扬言要探索真理,其实质不过是追求公认的判断,都不过是在向知识、必然性和理性表示自己的俯首听命、看似奴隶般的忠诚,诚惶诚恐地匍匐在地,甘做石墙的垫脚石。"③而且,启蒙运动所召唤来的那个理性,比之古希腊人的理性更加刻板,更加机械,也更加专横,它已经完全剥夺了信仰的权力和地盘。

整个近代的观念世界里,机械论、决定论占据支配地位。外部世界之于人,

---

① 马克斯·霍克海默、西奥多·阿道尔诺:《启蒙辩证法》,上海人民出版社,2003年,第4页。
② 同上。
③ 方珊:"理性与信仰",载舍斯托夫:《旷野呼告》,华夏出版社,1998年,第6页。

是一个沉默、灰色的自在之物。人与自然再也没有了过去那种浪漫,人的生死存亡都由自然决定,世界作为一个冰冷的必然性,压迫、控制着人类世界,在它面前,人类是渺小的、微不足道的。

表面上,启蒙运动第一强调的是科学,把它看作人走向自由的一条道路。启蒙思想家们满怀信心地宣布,只要掌握了世界的法则,就可以做这个世界的主人,科学被认为是人类的永恒的拯救者。有了科学,人类再也不需要,也不想回到那个安宁、祥和的伊甸园。那个时代人们眼中的科学,具有绝对的精确性或逻辑必然性以及普遍性,而且相信这样的科学具有准确的预测功能。

另一方面,很显然,信赖科学的深层支柱是对理性的信赖。因为科学只不过是人类理性的衍生物,虽然它现在备受人类宠幸。历史上,理性先是与宗教、迷信联姻,为神学服务;尔后,启蒙运动开始了理性与科学的联姻。启蒙运动开启了人类思想史上的"祛魅"之路,"科学"则是它手中的利器。"祛魅"(disenchantment)一词,源于马克斯·韦伯所说的"世界的祛魅"(the disenchantment of the world),是指从宗教社会向世俗社会的现代性转型(理性化)。不仅如此,在现代人的眼里,科学近乎被等同于理性。

任何一种事物在其诞生以后,都会独立地开辟自己生存发展的道路。即使是思想的东西也是如此。世间各种事物都具有自我肯定、自我实现的倾向!这大概可以被认为是一条基本事实(因为"真理"概念的歧义,这里且不使用"真理"的字眼)。自然科学中这种现象同样是普遍的和基本的,即使是在基因的层面上也是如此。心理学也证明存在一种被称为"事实自我证明"和"人的自我实现"的普遍的社会现象。社会生活中的情况也不例外。

启蒙运动之后所达成的"科学等于理性"的观念,经过了众多人的努力,完成了其自我证明,循环强化,最终得到了世人的普遍接受。现在的状况是,科学依靠了理性,理性支撑了科学,二者共同谱写了一个轰轰烈烈的近代科学形而上学("科学形而上学"这个概念看似有些奇怪,我这里的意思是指用科学的工具求证人类的终极(形而上学)之问,用科学的方法探索好奇心所提出的形而上的问题)的巨幅诗篇,由此上演了一出人类以理性思维方式求解人与外部世界关系问题的探索活剧。当人们试图通过理性来认识、把握人与自然、人与外部世界的关系时,人类思维就被带入了形而上学之境。

近代复兴理性主义思维风气的人似乎可以说是笛卡尔。他用一种全新的理性哲学,终结了旧式经院哲学的精神哲学。在《第一哲学沉思录》(形而上学的沉思)中,笛卡尔用普遍怀疑的眼光、思辨的方式,把经院哲学的烦琐的推理和空洞的论证赶出了哲学领域。你可以怀疑一切,但怀疑本身不可怀疑。以此为出发点,笛卡尔建立了自己的"真理或知识"体系。其后,依次是斯宾诺莎、休谟、康德、黑格尔……

休谟：与形而上学为敌的人

　　大卫·休谟是一个特别值得多做些介绍的人。在迄今的思想史上，还没有第二个人像他一样把经验主义论证到极致。他最鲜明地高举起了经验主义旗帜，像堂吉诃德一样，勇敢地向理性主义思潮也向宗教思想宣战。也许正因如此，休谟命运多舛。他一直没有承认自己是《人性论》一书的作者，直到1776年他去世的那年为止。他的论文《论自杀》和《论灵魂不朽》以及《自然宗教对话录》都是在他死后才得以出版（分别在1778年和1779年），并且也都没有注明休谟或是出版商的名字。我毫不怀疑，布鲁诺的遭遇、休谟的遭遇、康托尔的遭遇、哈耶克的遭遇会继续不断地在休谟之后重演。可以相信：那些倾向于肯定的、乐观主义的说教到处都是受到欢迎的，无论是真话还是假话，也无论是深刻还是浅薄。社会就是这样，历史就是这样。

　　大卫·休谟（David Hume，1711—1776）是英国的哲学家和历史学家，是启蒙运动以及西方哲学历史中最重要的人物之一。休谟的哲学受到经验主义者约翰·洛克和乔治·贝克莱的深刻影响，也受到各种英国知识分子如艾萨克·牛顿、法兰西斯·哈奇森等人的影响。人们将休谟的哲学归为典型的怀疑主义。这当然是不恰当的。无疑，休谟对当时流行的关于事物的存在问题、因果联系的存在问题的观念持严格的怀疑态度。他只承认感觉经验的认识作用，全然拒绝理性思维。但是，他对自己的怀疑论原则的运用是有严格的限制范围的。他认为怀疑只应限于理论认识、哲学思考的范围内，而对自然科学及其他科学的原理或者结论的正确性，基本并不怀疑。实际上，休谟是彻底的经验主义者。

　　中国现代作家、文学研究家钱钟书在20世纪三四十年代，不仅对休谟哲学的渊源、实质、特征和学术个性有深入的理解，而且把"休谟问题"引入历史学、伦理学和文学研究之中。他曾经评论说："休谟之所以不朽，诚然是因为他的哲学。但是，他是一个多才多艺的人，不仅以哲学自限。于哲学家头衔之外，他还有许多旁的头衔，例如：史家，文家，政治家，经济家，卖空买空的商人。……休谟中年后的讲史学，讲政治，讲经济，改《人性论》为《人知探究》，并非想"曲学阿世，哗众取宠"，像赫胥黎所说，而实出于其求实用的脾气。这一点的确是于休谟的人格的解释上极重大的贡献。"①

休谟眼中的人

在理性主义思想家们的眼里,人,只有一个特征,那就是"理性动物"的特征。而人们的行为也一贯地表现出了这个特征。但是,与那些玄思的理性主义哲学家们不同,在休谟那里,"人是有理性的存在物,……人不仅是有理性的存在物,而且还是社会的存在物。……人还是一种行动的存在物"②。这种认识,是休谟怀疑那些"理性主义"哲学的出发地,是他高举经验主义旗帜,反对玄思、反对理性主义抽象哲学体系的源头。看不到这一点,就无法理解休谟哲学!

因此,休谟哲学不是一种逻辑哲学,而是一种完完全全的人的哲学。他说:"自然似乎给我们指出,那最适宜于人类的生活乃是一种混合的生活,并且秘密地告诫人们不要过分地沉溺于这些癖好中的任何一种,以致使他们不能适于其他的职业和享乐。她(自然)说:纵情于科学吧!但要让你的科学成为人的科学,并因此而使它能够与行动和社会发生直接的关系。……你尽可以成为一个哲学家,但在你的全部哲学中,你仍应是一个人。"③

何谓"人的科学"?人的科学就是要从人的实际出发,而不是把人打扮成神,或者相反,把人贬低为机械之物,就像在那些学科(如理性主义哲学、理性主义经济学)里常见的情况一样。"要使学问从这些深奥的问题中立即解脱出来,唯一的方法是认真地研究人类理解的本性,并根据对于理解能力的精确分析指示出它无法适应那样幽远深奥的题目。我们必须经受这番疲劳,以求在今后安逸过活;必须小心培育真正的形而上学,以求消灭虚妄假混的形而上学。……只有精确而止当的推理才是普遍有效的良药,它适合于一切人和一切性格,唯独它才能推翻那深奥的哲学和形而上学的呓语。这种形而上学的呓语,由于混杂着普通的迷信,便赋有了使粗心大意的推理者难以看穿的态式,并披上了科学和智慧的外衣。"④

正如后来凯恩斯在《就业、利息与货币通论》第十二章中简单提到的,"人具有动物精神,即人很多时候是非理性的动物"⑤。而赫伯特·西蒙也是在阿

---

① 钱钟书:《钱钟书散文》,浙江文艺出版社,1997年,第131、133页。
② 休谟:《人类理智研究》,商务印书馆,1999年,第3—4页。
③ 同上书,第4页。
④ 同上书,第7页。
⑤ 阿克罗夫和希勒在《动物精神》(Animal Spirits)一书中,认为是凯恩斯发现了这一点,其实他们二人不知道,早在三百多年前,休谟远比凯恩斯详细地论述过这个问题,早在两千多年前,亚里士多德也同样说过这件事。

克罗夫和希勒以前很早就证明,人类的行动决策只能在"不对称信息"、"不完全信息"和有限计算能力的条件下做出。而如果我们超越狭隘的经济学专业范围,就不难看到,在其他学科中,诸如认知科学、行为科学中,在通常情况下,人们没有能力做"完全理性的计算",这是显而易见的基本事实。具有"动物精神"的人凭信念和直觉积极行动,得益于人类漫长的进化过程,不断得到保存和强化。基于信念的直觉行动、游移、悲观、冲动、从众和追求满意的行动都是正常行为。

在哲学领域,"理性"是理性主义哲学家构建其哲学理论体系的虚构;在经济学领域,"理性"也同样更多地是因为运用经济数学、构建理论体系的要求,是理性主义思想家们的假想,而不是真实世界的事实。

观念(或思想)的起源和限度

正如休谟所看到的,乍一看来,没有什么东西像人的思想那样可以天马行空、没有界限,人的思想不只是可以不受人类的权力和权威的限制,它甚至能够超越自然和实在的范围限制。

但是,这确实只是表面现象。休谟指出,思想的源头和它的范围来源于、受制于人的感觉经验。"虽然我们的思想似乎享有无限制的自由,但如我们予以比较切实的考察,就会发现它实际上是被限制在一个狭窄的范围之内。心灵的全部创造力只不过是将感官和经验提供给我们的材料加以联系、调换、扩大或缩小的能力而已。……简言之,所有思想的原料,或者是来自我们的外部感觉,或者是来自我们的内部感觉。心灵和意志只是将这些原料加以组合和混合而已。或者我们用哲学的语言来说,我们的一切观念或比较微弱的知觉,都是我们的印象或较生动的知觉的摹本。"[①]

在讨论"观念的起源"时,休谟区分了观念(思想)和印象,并证明了:观念是可错的,而印象是真实的。观念之中当然包括通过理性思维所得到的那些东西。

人类关于因果关系的知识

在休谟那里,理性主义哲学是玄思基础上建立起来的一个理性观念和思想的哲学体系。它们完全否定了感觉经验在这个知识体系中的基础作用,而且

---

① 休谟:《人类理智研究》,商务印书馆,1999年,第13页。

"理性"的哲学体系完全始终贯穿着一种因果逻辑,而事物或现象中的因果关系只是人类的思维习惯的产物。"我们关于因果关系的知识,在任何情况下都不是从先验的推理中获得的,而是完全产生于经验,即产生于当我们看到一切特殊的对象恒常地彼此联接在一起的那种经验。……我们的理性如果离开了经验的帮助,也不能作出关于真实的存在和事实的任何推论。"①休谟的这个认识当然是经验主义的,也无疑是正确的。当然,这不是一个仅凭一时的感觉就能理解的观点,要理解这个结论,就需要像休谟一样,经过一连串的追问和反思。

生活中,我们确实经常可以看到一件事情接着另一件事情发生。确实如休谟所说:"我们也不能只因为在一种例证下见某件事情先于另一件事情,就断言说,前一种是原因,后一种是结果;这种断言实在是没有理由的。它们的联结可以说是任意的,偶然的。"②因为大多数的事物、现象的背后,都具有复杂的影响因素,它们相互关联、相互作用,甚至看似不重要,或者无关的一些,也往往是至关重要的。这在现代系统科学中被称为"蝴蝶效应"。而且休谟指出,即使是精确的数学也不能帮助人们发现一种因果法则,更不用说,数学本身也是依据于假设存在一些法则才能进行推论的。休谟的这一观点颇有些预见性,他事隔两百多年后,美国数学家 M. 克莱因指出:"科学中的大量数学定律,不过是对无序事件的平均效应所进行的便于利用的综合。宣称自然界是混乱的、不可预测的,自然界的定律不过是对平均效应所进行的方便的、暂时的描述,这种对待自然界规律的态度,就是众所周知的观察自然界的统计观点——用统计观点看世界。"③

休谟说:"只有一个简单的结论,……我们关于实际的事物或真实的存在的全部信念都是从呈现于记忆或感官之前的某个事物,以及它和其他事物的惯常的连接得来的。……所有这些活动都是一种自然本能,它不是任何推理或思想和理解的过程所能产生或阻止的。"

休谟的这个结论有些过于极端的嫌疑。我们把一些事物、现象的主要诱致因素称为"原因",或者其他什么名称,如"联系"、"相关性",似乎都无不可。它们所揭示的都是两种或多种现象之间的相互作用关系。而且,这种关系是客观的、存在的。现代科学已经揭示出,在封闭系统中,我们可以观察到系统要素之间的简单联系,而开放系统中,我们能够捕捉到系统和系统、系统和要素之间普遍的、复杂的、非线性关联。另一方面,我们也要承认,毕竟不是所有事物和

---

① 休谟:《人类理智研究》,商务印书馆,1999 年,第 21 页。
② 同上书,第 40 页。
③ M. 克莱因:《西方文化中的数学》,复旦大学出版社,2004 年,第 386 页。

现象都会一个紧跟着另一个发生;也毕竟,有不少时候,一个事物紧跟着另一个事物发生仅仅是时间上的巧合,而它们之间确实无关。

也许为了把经验主义坚持到底,休谟在批判理性主义滥用"必然联系"时走向了极端,或者,至少下面这段话会让人感觉到"极端"。他说:"整个看来,在全部自然中并没有任何一个联系的实例是我们可以设想的。一切事件似乎都是完全松散而分离的,一个事件随着另一个事件之后而产生,但是我们却根本不能观察到其间有任何纽带。它们似乎是连接在一起,而不是联系在一起。"①

如果说还有谁不愿意接受休谟的结论,不妨来回答一下休谟提出的这几个问题:"用什么论据才能证明,心灵的各种知觉,一定是由一些虽然与它们相似(如果这是可能的话),但与它们完全不同的外物所引起,而不可能是由心灵自身的能力,或者是由某种不可见和不可知的精神的启示,或者是由某种我们更不可知的其他原因所引起的呢?"②

如果你觉得无法回答,那么最好还是相信:"除了知觉之外,没有任何其他东西呈现于心灵之前,心灵决不可能经验到知觉与对象的联系。因此,我们假定这种联系,是没有任何理性根据的。"③

这样,休谟就把事物和现象之间的"联系"解释为"感觉和印象"。"在相似的实例反复出现之后,心灵为习惯所影响,于是在某一事件发生之后,就来期待它经常的伴侣,并且相信它是会存在的。因此,我们心中所感觉到的这种联系,我们的想像从一个对象进到经常伴随的对象的这种习惯性的推移,就是我们据以形成能力观念或必然联系观念的那种感觉或印象。事情不过如此而已。"④

上面这段分析,最充分地显示了休谟的犀利与深刻。现在,至少人们越来越多地意识到,在开始思考问题的时候,他们的大脑已经不再是"白板"一块。在人们的头脑中都已经形成或存在着一些成见和观念(它们可能来自先前不充分的经验,也可能来自某位先人的思想),当人们思考问题时,这些成见和观念的影响甚至无意识地发生了。正如后来美国数学家克莱因所说:"思维,不过是我们人类愿望的自然的透视,这一方面反映了思维的本质;也许还反映了思维的局限,这非常像恋人通过自己对所爱的人的描述,反映出他正在恋爱一样。"⑤

无论人们同意与否,休谟这里对"原因"的解释,如果从量子力学、从复杂

---

① 休谟:《人类理智研究》,商务印书馆,1999 年,第 65—66 页。
② 同上书,第 141 页。
③ 同上书,第 142 页。
④ 同上书,第 67 页。
⑤ M. 克莱因:《西方文化中的数学》,复旦大学出版社,2004 年,第 394 页。

性科学的意义上讲,是颇具说服力和有充分道理的。联系到我们前面谈到的"时间尺度"、"空间尺度"的分析,休谟的论断更难驳倒。当然,我认为,休谟之对"因果说"的反对,意在攻击因果决定论的逻辑,这恰恰是他深刻的思想精髓。

必须承认理性常常轻率和武断

在休谟看来,不仅理性主义哲学罔顾真实世界,而且生活中的"理性"本性轻率、武断。"我们必须确定地承认,自然使我们与它的一切秘密保持很大的距离,它只让我们认识到事物的少数表面的性质;至于那些为事物的影响所完全依据的力量和原则,则对我们隐藏起来。……但是,尽管我们不知道这种自然的能力和原则,我们却总是擅自假定,当我们看到相同的可感性质时,它们也有相同的秘密力量,并期望会产生出类似于我们曾经经验过的结果的那种结果来。……人们承认,从一切方面来看,在可感性质和秘密能力之间并没有已知的联系,因此,心灵并不能通过对于它们本性的任何认识而形成这样一种结论,认为它们中间有恒常的和有规则的联系。"①假如说,如果有谁不愿意接受休谟的观点,那也实在是没有法子的事。这只不过又一次证明了休谟的结论:相信什么取决于经验过什么。此乃庄子所谓"朝菌不知晦朔,蟪蛄不知春秋"。

在休谟对"理性主义哲学"流行潮流的批判中,下面这一段的论证最为有力。可以说,在这里,理性主义哲学体系的根基已经被抽掉,理性主义哲学体系的大厦被彻底动摇了。他说:"从经验而来的推断都是把'未来与过去相似'和'相似的能力将总是与相似的可感性质接合在一起'这样的假定作为它们的基础。如果对这些推论有所怀疑,认为自然过程是会变化的,过去并不能作为未来的法则,那末,所有经验就都成了无用的东西,我们就再也不能从中作出推论或结论来了。因此,根据经验作出的任何论证都不可能证明过去与未来相似。因为所有这些论证,都是建立在那种相似性的假定的基础上的。"②好一个休谟,他告诉我们这样一个生活真谛:"逝者不可追,来者犹未卜!"这个道理也正是众所周知的"时间不可逆"原理告诉我们的。因此,休谟说:"我们永不能由知觉的存在或其任何性质,形成关于对象的存在的任何结论。"反过来,如果说知识是一种道德的事业,而不是媚俗的文字游戏,休谟不是很值得我们尊敬吗?

休谟指出,那些理性主义哲学家"为了证明我们的感觉的真实性而求助于

---

① 休谟:《人类理智研究》,商务印书馆,1999年,第26—27页。
② 同上书,第31页。

至高无上的上帝的真实性,那其实是在兜毫无希望的圈子"①。我们确实看到,哪怕是在休谟之后,还是有许多人在做这种"无来由的绕弯",康德、罗素以及当代许多"科学家"正是用自己的行动证明了休谟此言不虚。

"自然界将永远保持她的权利,最终胜过任何抽象的推理。"②只有睿智的休谟才能有这样的惊人之语,这充分地显示了他深刻的醒世思想,也完全可以看作休谟告诉后人的最有力、最伟大的知识格言。

"因此,第一种从哲学上对感觉的证据或对外界存在的意见所作的反驳,就是认为:这样一种意见,如果以自然本能为基础,则与理性相矛盾;而如果以理性为基础,则又与自然本能相矛盾,而且它同时又提不出可以使一个公正的学者信服的合理的证据来。第二种反驳走得更远,指出这种意见是与理性相矛盾的,至少是与'一切可感性质都在心灵中而不在事物中'这个理性原则相矛盾。如果你从物质中剥夺其一切可感性质(包括原始性质和第二性质),在某种意义上你就是把物质消灭了,而只给它留下了某种不可知的、无法说明的东西,作为我们知觉的原因。这种意见是很有毛病的,所以没有一个怀疑论者认为它值得一驳。"③

当然,囿于那个时代的流行意识,休谟也说过这样的错话:"在我看来,抽象科学或证明的唯一对象,就是量和数。一切试图把这类比较完善的知识扩张到量和数的界限以外,都只是诡辩和幻想。……除了数量科学之外,在一切学问领域中,那些自命为演绎式的推论都是这样的。我认为,可以有把握地断言,只有数量科学才是知识和证明的唯一适当的对象。"④应该说,在这一点上,休谟确实说错了。这也是时代局限在他身上的缩影。现代数学家们已经认识到:"数学并不是一个真理体系。……从伽利略时代开始,科学家们就认识到,科学中的基本原理与数学原理相反,必须来源于实践。……但是到了19世纪初他们认识到科学定理并不是真理,甚至数学的原理也是来源于经验而且并不能肯定它们的真实性。这一认识使科学家们意识到只要他们使用数学的公理和定理,他们的理论就更加脆弱。"⑤

其实,今天我们每个人都已经知道,数学定理的修改和完善,新的数学领域的开辟,都是肇因于数学在实践中的应用。更不用说,在休谟时代,量子力学、测不准定理、哥德尔不完备定理还没有问世。而那个时期的观念潮流——对自然科学特别是数学的迷信——也影响到了休谟。

---

① 休谟:《人类理智研究》,商务印书馆,1999年,第142页。
② 同上书,第35页。
③ 同上书,第144—145页。
④ 同上书,第151—152页。
⑤ M.克莱因:《数学:确定性的丧失》,湖南科技出版社,1997年,第92页。

但是,休谟毕竟是清醒的,他的经验主义是彻底的、不妥协的。"只有经验,才能告诉我们原因和结果的本质和界限,才能使我们从一个事物的存在推论到另一个事物的存在。这就是或然性推理的基础,它构成了人类知识的大部分,并且是一切人类活动和行为的源泉。"①由此看来,现代实验科学都在不自觉地遵循休谟的教诲,也是在用行动去诠释休谟的思想。换言之,在许多现代科学中,我们之所以要进行各种类型的实验,原因只在于"只有经验可以把因果的本性和范围教给我们",而全部各种实验活动的本质,乃是寻求那个最为宝贵的"经验",即使一些实验确实很困难。可信的东西最终要让经验作证!

当然,休谟是正确的!我们在现代数学家那里也看到了这样的结论:"只有经验能告诉我们普通的算术何处可应用于给定的物理现象,这样就不能说算术是一定适用于物理现象的一个真理体系。当然,由于代数和分析是算术的延伸,它们也不是真理体系。因此,数学家们只能得出这个令人沮丧的结论:数学中没有真理,即作为现实世界普适法则意义上的真理。算术和几何基本结构的公理是受经验启发得出的,因而这些结构的适用性是有限的,它们在哪里是适用的只能由经验来决定。希腊人试图从几条自明的真理出发和仅仅使用演绎的证明方法来保证数学的真实性被证明是徒劳的。"②

后人应该记住,休谟曾经说过:"如果我们相信这些原则,则当我们巡行各个图书馆时,我们必将会起什么样的破坏作用呢?我们如果拿起一本书,例如神学的或经院哲学的书,我们就可以问:'其中包含有关于量或数方面的任何抽象推理么?'没有。'其中包含有关于实际的事实和存在的任何经验的推理么?'没有。那就可以把它投到烈火中去,因为它所包含的,没有别的东西,只有诡辩和幻想。"③只是,更可能的情况是,应该被投入烈火的垃圾可不只是这些,而是要比这些多得多。

最终的胜者

休谟从彻底的经验论立场出发,对汹涌而来的理性主义的诸学说进行了深刻的批判。他所怀疑的,主要是当时在英国和整个西欧地区流行的理性主义哲学观点,他提出了自己的观点和建立起自己的哲学体系,用来反抗那些"深奥的哲学"的"虚玄的推理"。

一个人应该如何避免陷入玄学推理?如何避免陷入一连串的错误?休谟

---

① 休谟:《人类理智研究》,商务印书馆,1999年,第152页。
② M.克莱因:《数学:确定性的丧失》,湖南科技出版社,1997年,第89页。
③ 休谟:《人类理智研究》,商务印书馆,1999年,第153页。

说:"一个深奥的哲学家很容易在其玄妙的推论中陷于错误,而且他在追逐推理的结果时,如果不因其中所包含的任何结论的罕见或反乎流行的意见而终止,那末,一种错误就必然成为另一种错误的根源。但是一个只求把人类的普通常识用较为美丽动人的色彩来描述的哲学家,即使他偶然地陷于错误,也不至于错得更远;如果他重新求助于普通常识和心灵的自然情趣,就可重返正确的道路,使自己免于任何危险的幻想。"①

对于那些脱离现实、依据貌似深奥"理性"做空洞推理的哲学家,休谟冷峻地评论道:"深奥的哲学是立足于精神的需要,而不能进入于事务和行动之中,一当哲学家离开幽暗之乡而进到光天化日之下,这种哲学就会烟消云散。它的原则也不可能轻易地在我们的行为举止上留下任何影响。心灵的感触,情欲的骚扰、感情的激动,驱散这种哲学的一切结论,把深奥的哲学家还原为一介凡夫。"②

前面我们已经看到,休谟哲学中包含着丰富的非理性主义思想。休谟在对知识的解释上,用感觉和经验取代了理性。把人的情感、情绪纳入人对外在世界的认识过程之中,使哲学开始关注对非理性的情感、情绪的讨论。而休谟对理性的能力和限度的批判,更使人们对理性能解决一切问题的"理性万能主义"的信念发生了怀疑和动摇,对理性能力的有限性有了清醒的认识,这些显然都为以后非理性思想的发展开辟了道路。

经验主义与理性主义的争论是长期的,虽然它已经跨越了几个世纪,但是,这场争论并没有结束。那么,休谟是否会成为最终的胜者?

确实遗憾的是,20世纪中后期的非理性主义者,很少有人是从休谟那里汲取的精神营养。当然也还可以这样说,后来的那些经验主义、非理性思想家,迄今都没有超越休谟。但是,他们从对理性主义的反叛中,在一些碎片化的领域,发动起了一些不连贯的冲击。重要的是他们正在引领现代理论和思想向真实的世界、真实的人回归。经验主义、非理性主义已经在一个个局部战场上攻城略地。其实,整个20世纪思想领域里的形势已经逆转,已经开始了经验主义的战略大反攻,现在不得不说,他们已经接近取得了决定性的胜利。著名物理学家波恩曾经指出:"我们已经看到传统物理学如何徒劳无益地力图使大量的观测结果与基于由日常经验导出但已上升为形而上学的因果论的先验概念一致;如何徒劳地抵制随机性的侵入。今天,次序已经颠倒过来了:随机性已经成为一种基本概念,表示定量法则的一种技术。而且,在通常的经验范围内,涉及因

---

① 休谟:《人类理智研究》,商务印书馆,1999年,第2—3页。
② 同上书,第2页。

果律及其属性的绝大多数的结果,均可由统计学的大数定律圆满地加以说明。"①

如果真实的人都是生活在不完全信息世界里,如果人都是有偏见或成见的,如果人都是会感情用事、会犯错误的,那么,基于理性主义的推理体系就不会是有效的,就至少应该做出重大修正和补充。从错误的人类行为假设出发开展工作,对企业、政治和学术都是有害的。

但是,确实是知易行难。那个理性主义的现代代表罗素曾经愤愤不平地说:"整个十九世纪内及二十世纪到此为止的非理性主义的发展,是休谟破坏性的经验主义的当然后果。"而当代极有影响力的思想家于尔根·哈贝马斯则兴奋地赞扬说:"怀疑主义是有其道理的。"

只不过,休谟的努力绝不意味着整个形而上学历史的终结。而且,准确地说,休谟所攻击的并非形而上学本身,而是形而上学的理性主义思潮。这一点至关重要,不可不察。

康德:为捍卫形而上学而生

康德应该是一个多少有些反叛性格的人,他最喜欢做的事情就是"批判",批判是进步的阶梯。在我们的生活中,喜欢批判的人也并不少见。只是,沉思后的批判是对批判对象的尊重,不假思索的批判则是自负和浅薄的表现。

康德看到了前康德形而上学由于反理性、反科学的立场而遭遇世人的抛弃,他本人也极力反对这样的形而上学。而康德的清醒与深刻之处就在于,他清楚地知道不能没有形而上学,所以,他以重建形而上学为己任。于是,在《任何一种能够作为科学出现的未来形而上学导论》中,康德提出:形而上学何以可能?数学何以可能?"不管是证明我们自己的有知也罢,或者无知也罢,我们必须一劳永逸地弄清这一所谓科学的性质,因为我们再不能更久地停留在目前这种状况上了。"②

形而上学是先天的知识,康德如此说

面对世人对形而上学的鄙夷,康德要为形而上学正名。这就是他的《任何一种能够作为科学出现的未来形而上学导论》一书的起因。康德说,在这部书

---

① C.R.劳:《统计与真理》,科学出版社,2004年,第15页。
② 康德:《任何一种能够作为科学出现的未来形而上学导论》,商务印书馆,1882年,第4页。

里,它要告诉大家形而上学"完全是一门新的科学,关于这门科学,以前任何人甚至连想都没有想过,就连它的概念都是前所未闻的"。

那么,康德是如何为形而上学辩护的呢?那就是他希望证明形而上学是一种先天的知识,而先天的知识是不能用后天的标准(经验的标准)加以批判的。他说:"形而上学知识这一概念本身就说明它不能是经验的。形而上学知识的原理(不仅包括公理,也包括基本概念)因而一定不是来自经验的,因为它必须不是形而下的(物理学的)知识,而是形而上的知识,也就是经验以外的知识。……所以它是先天的知识,或者说是出于纯粹理智和纯粹理性的知识。……形而上学知识只应包含先天判断。"①

但是,康德确实错了。不过,为了挽救形而上学的命运,康德顾不了那么多。而且当时,挽救形而上学简直就是挽救康德自己(这时他的《纯粹理性批判》已经与世人见面)。

当然,康德是要为自己的断言寻找证据的。于是,他想到了数学。不仅是因为休谟在批判理性主义哲学时提到过数学,而且因为那个时代的人都有一种认识,数学是自足的科学(当然在很多现代人眼里也是如此)。在康德眼里,似乎数学的命题是不需要依靠"经验"这个拐杖的。

"首先必须注意的是:真正的数学命题永远不是经验的判断,而是先天的判断,因为带有必然性,这种必然性不是从经验中所能得到的。……纯粹几何学的一切公理也同样不是分析的。'直线是两点之间最短的线',这是一个综合命题。……纯粹数学知识的实质和它同其他一切先天知识相区分的特点,在于决不是通过概念得出来的,而永远只是通过构造概念得出来的。数学在命题里必须超出概念达到与这个概念相对应的直观所包含的东西,因此,数学命题都是综合的,永远不能、也不应该通过概念的解析(也就是,通过分析)来得到。……真正的形而上学判断全都是综合判断。……而形而上学判断才是这门科学的唯一目的,它们永远是综合判断。"②

替形而上学正名,康德当然是认真的,所以,这么重大的事情不能求毕其功于一役。然后,他就又想到了时间、空间概念:"我们就只有通过感性直观的形式才能先天地直观物;……这样的直观就是空间和时间,它们是纯粹数学的一切知识和判断的基础,这些知识和判断都表现成为既是无可置疑的,同时又是必然的。因为数学必须首先在直观里,而纯粹数学必须首先在纯直观里建立,也就是构造自己的一切概念。不这样(因为它不能分析地进行,也就是用分析概念的办法进行,而只能综合地进行),因为它缺少纯直观,它就寸步难行。只

---

① 康德:《任何一种能够作为科学出现的未来形而上学导论》,商务印书馆,1982年,第17—18页。
② 同上书,第20、22、23、25页。

有纯直观才提供先天综合判断的质料。几何学是根据空间的纯直观的;算学是在时间里把单位一个又一个地加起来,用这一办法做成数的概念;特别是纯粹力学,它只有用时间的表象这一办法才能做成运动的概念。然而这两种表象都纯粹是直观,因为如果从物体的经验的直观和物体的变化(运动)中去掉一切经验的东西,即去掉属于感觉的东西,剩下来的还有空间和时间,因此空间和时间是纯直观,它们是先天地给经验的东西做基础的,所以它们永远是去不掉的。"①

经过了上面的论证,康德终于舒了一口气,他感觉,在《导论》开始时提出的问题已经得到了满意的回答!因此他说"本编所提出的问题因此已经解决了"②。但是,不幸的是,没有多少人同意他的结论。实际上他提出的问题依然存在;实际上是他自己把问题搞错了,虽然他为此绞尽了脑汁,而且他为形而上学正名的本意是值得肯定的。

在经济学领域,也有康德的信徒。米塞斯就是其中之一。他也坚信有一些先天的知识。例如在《人类行为》一书中,他讨论了"先验和真实"的问题,他说:"人心并不是一张白纸,人外在的事物在这上面写它们自己的历史。人心装备了一套用以理解现实的工具。……这些工具就是他心智的逻辑结构。可是这些工具必然是在任何经验之前的。如果在我们心灵中不具备行为学推理所提供的一些分类表,我们决不能辨识和了解如何行为。"③当然,米塞斯的论证是简单的和粗糙的。

康德错在哪里

问题出在了他的论证里面。

在他求助于数学公理的时候,按照康德的说法,"直线是两点之间最短的线"就是一个先天综合命题,它与经验无关(很明显,他是冲着休谟去的)。那么,康德的这个命题是不是来自经验呢?虽然康德自己是这样看的,但实际上,我相信,这个命题太容易得到经验的支持,以至于根本不需要是"数学家",凡是那些接触过线绳的人都能理解,即使是古人、原始人也会有这样的经验,一根拉紧了的绳子、一段扯直了的布条、一截捋顺了的藤蔓,都可以给人这样的经验。所以,康德的这个证据是完全靠不住的。

康德证明的另一个证据——时间和空间——是如何"先天"地成为"感性

---

① 康德:《任何一种能够作为科学出现的未来形而上学导论》,商务印书馆,1982年,第42—43页。
② 同上书,第43页。
③ 米塞斯:《人的行为》,远流出版事业股份有限公司,1997年,第82、88页。

直观"的？康德没有解释，当然也是无法解释的。能够想到时间和空间，已经够难为康德的了。毫无疑问，他的"因为数学必须首先在直观里，而纯粹数学必须首先在纯直观里建立，也就是构造自己的一切概念"是强词夺理的，是没有道理的。而后面那句"只有纯直观才提供先天综合判断的质料"只是前面的重复，本来是在这里要予以证明的，然而却没有给出证明。再后面的一句"如果从物体的经验的直观和物体的变化（运动）中去掉一切经验的东西，即去掉属于感觉的东西，剩下来的还有空间和时间，因此空间和时间是纯直观"，看似在论证，只不过换了几个说法重复了几次，却什么都没有证明。不仅如此，实际上，"如果从物体的经验的直观和物体的变化（运动）中去掉一切经验的东西，即去掉属于感觉的东西"，就什么东西都没有剩下。那么，"本编所提出的问题因此已经解决了"吗？当然没有！正如克莱因所说："康德在几何上的轻率超过他在哲学上的大胆。他没有到过离东普鲁士城市哥尼斯堡他的家40英里以外的地方，然而他却假定他能决定世界的几何形状。……如果康德对同时代的数学家的工作多加关注，也许他对这一观点不会那样固执己见了。"①

在我看来，康德这里的错误不在于他坚持形而上学的立场，正如前面谈到的，坚持为形而上学立言恰恰是康德超越时代的光辉所在。康德这里的错误在于他要把"形而上学"当作一种外在的、客观的东西加以论证，去寻找它存在的逻辑，就像他去证明外部世界一样。而事实则是对"形而上"问题的处理是健康大脑（显然不是所有的大脑都可以定义为"健康"的）的一种能力——通俗的概念叫作"抽象"和"概括"能力，它不是一个与人相分离的外部事物，也不遵从什么"客观"或"形式"的逻辑。试图在逻辑上寻找和证明它的合法性不仅是徒劳的，而且是无益的（丝毫无助于解释这种现象）。用形而上的逻辑去理解和解释生物、自然现象，用形式逻辑去推导大脑技能，这恰恰是康德在这个问题上的悲剧所在。当然，康德并不是形而上学最后的卫道士。形而上学也不会因为康德的这一错误而退出人类思想的舞台。

人的大脑所具备的思维能力，不仅是它能够抽象和概括，而且可以创造、想象和推理。人类的文化现象和科学活动，如历法、图腾、宗教与巫术，一维空间、二维空间、四维空间、多维空间，复数、非欧几何，甚至黑洞、大爆炸，都是猜想和推理的结果。它们并不是什么"先天直观"，而是想象的产物，不需要更不可能完全证明其"存在性"。实际上，从这里开始，已经进入了形而上学的地盘。在这里，至少有些问题本身是超验的，其答案和结论的证明，也只能借助于那些形而上学的工具——"思维、推理和信仰"——来进行。在这个问题上，康德显然

---

① M.克莱因：《数学：确定性的丧失》，湖南科技出版社，1997年，第70、71页。

是"走火入魔"了,他忘记了,在物理逻辑、形式逻辑之外,还有生物逻辑、涌现的逻辑。他曾经正确地提出了问题:"形而上学何以可能?"不幸的是,他却在回答这个问题时走错了方向。

实际上,早在公元前300年前,在亚里士多德那里,就肯定了我们关于世界的观念是这样得到的:我们从世界中抽象出对于我们所感知的某一类物质客体共同的东西,如三角形、球形、树叶和山。真正的知识是从感官经验、直觉和抽象中得到的。这些抽象物不独立于人的头脑而存在。在《形而上学》一书中,亚里士多德说:"实际是人类由经验得到知识和技术。"①"我们怎能习知一切事物的要素?明显地我们不能先知而后学。……若说知识真的基于宿慧,这很奇怪,我们不知道自己具有这样伟大的知识。"②当然,与柏拉图的"宿慧"③一样,康德的"先天直观"不仅是玄而又玄,而且让人奇怪。这正是亚里士多德所谓的"迷难本起于两类,也许现在的迷难,其咎不在事例而正在我们自己。好像蝙蝠的眼睛为日光所闪耀,我们灵性中的智慧对于事物也如此炫惑,实际上宇宙万物,固皆皎然可见"④。

虽然是在两千多年前,亚里士多德也像休谟一样,充分肯定经验在知识充实中的作用。当然,他是正确的。他说:"大众修学的程序亦必如此——经由个别的感觉经验所易识的小节进向在本性上难知的通理。如同我们的行事应始于个别之小善,而后进于所有个别尽为称善的绝对之大善,我们的研究也当始于各自所能知,而后进求自然之深密。"⑤在近代,当时的数学家们还是相信严格的数学真理和自然界的数学法则。在所有的数学分支中,欧氏几何最受推崇。这不仅是由于它是第一个用演绎方法建立起来的,而且在两千多年的时间里,它的定理一直完美地与客观事实一致。而在当时整个学术界占统治地位的信念是,欧氏几何是唯一可接受的几何。基于这一知识背景,康德当然深信:对几何知识的理解不能依靠后天经验,而是需要一种先天的理解力。在归纳形而上学的总问题时,康德再次强调:"我们有确实的把握能说,某些纯粹先天综合知识是实有的、既定的,例如纯粹数学和纯粹自然科学,因为这两种科学所包含的命题都是或者单独通过理性而带来无可置疑的可靠性,或者一般公认是来自经验又独立于经验的。"⑥这是因为康德有这样的关于时间、空间的认识:他始终坚持,时间和空间只是我们感知的一种模式。这种感知——康德称之为直

---

① 亚里士多德:《形而上学》,商务印书馆,1995年,第2页。
② 同上书,第30页。
③ 柏拉图在"美诺"、"裴多"篇里,曾经提出"宿慧"说,意指知识出于自身,或知识"真属内在"。
④ 同上书,第32页。
⑤ 亚里士多德:《形而上学》,商务印书馆,1995年,第128页。
⑥ 同上书,第31页。

觉——的模式是由人的心智(先天)决定的。实际上,在康德聪明的大脑里,他的空间知识只有欧氏空间,他不能构想出其他的几何空间。但是,康德确实错了,不仅错在了他的空间知识上,而且错在了他对这种知识如何产生的理解上。

亚里士多德早就指出:"几何图解可由实验发现;我们先用分划造成这些图解。……三角形的诸内角何以等于两直角?……凡是见到图的人就会明白。"①这里,亚里士多德所说的"见到图就会明白"非常正确地揭示了这类知识的经验来源。欧氏几何中有一条公理一直在困惑着数学家们,这就是平行公理。但是,正如 M. 克莱因所指出的,时间到了 1763 年,"克吕格尔(Georg S. Klugel)在他的博士论文中提出了引人注意的论点:即人们确信欧几里得平行公理为真理是基于经验的,他熟知萨谢利的书和许多试图证明平行公理的方法,后来他成为海姆斯塔特大学的教授。这一论点首次引进的思想是:公理的实质在于符合经验而并非其不证自明"。② 然后,在高斯关于非欧几何研究的基础上,罗巴切夫斯基和鲍耶创建了非欧几何。这意味着人们认识到了除了欧氏几何之外还可以有他种几何。"欧氏空间不是物理空间所必然有的几何。它的物理真实性不能由任何先验基础得证。这种认识,不需要任何技术性的数学推导(因已有人做过),最早是由高斯得到的。"③后来,由高斯指导,他的学生黎曼创立了黎曼几何。高斯其实与大多数人都接受了伽利略的观点,即力学定律是基于经验的。

康德当然没有看到,后来的科学家们并没有听信康德的教诲,而是更相信自己的判断和理性。"与康德不同的是,数学家和物理学家仍然相信存在一个受独立于人的精神的法则支配的外部世界。人只是揭示其设计规律并用来预测在这个外部世界中将要发生的事情。"④

因此,M. 克莱因正确地评论说:"科学的数学法则又是怎样的呢?由于所有的经验都是时间和空间的精神框架所构成的,数学一定吻合于所有的经验。"⑤1868 年,黎曼连续发表多篇论文,力证数学的经验性,其中以题为《论几何的一些事实基础》的论文最为著名,其综合性、基础性的研究成果令当时的科学界和数学界感到震惊,使得许多数学家相信,非欧几何也可以是物理空间的几何。克莱因指出:到了这个时候,"我们不能再肯定哪门几何一定是正确的。单是还有别的几何存在就已是一个令人震惊的事实了,然而更令人震惊的是你不再知道哪个是正确的,或者究竟有没有正确的。显然,数学家们将基于

---

① 亚里士多德:《形而上学》,商务印书馆,1995 年,第 185—186 页。
② M. 克莱因:《数学:确定性的丧失》,湖南科技出版社,1997 年,第 74—75 页。
③ 同上书,第 79 页。
④ 同上书,第 71 页。
⑤ 同上书,第 70 页。

有限的经验显得正确的命题作为公理,并错误地相信了它们是自明的"。①

我们也可以从康德的前人洛克那里看到知识与经验的关系的论证。在《人类理解论》一书中,他说:"由我们获知知识的方式来看,足以证明知识不是天赋的——据一些人们的确定意见说,理解中有一些天赋的原则,原始的意念和记号,仿佛就如印在人心上似的。这些意念是心灵初存在时就禀赋了的,带到世界上来的。……总的来说,我找不到任何理由可以相信这两条思辨的公理是天赋的,它们不是人类所普遍同意的,因为它们所引起的一般的同意是由其他的方式来的,不是从自然的铭印得来的。在知识同科学方面这些第一原则假如不是天赋的,则我想,其他思辨的公理也并没有较大的权利,配称为天赋的。"②因此,洛克坚决地否认这种观点,这是一种偏见和虚妄。

为了证明自己的观点,洛克在《人类理解论》的第二章中列举了28条理由,用了14 000多字逐条给予说明。之后,又在第四章用了14 000多字的篇幅,做了25条的补充说明。他告诉人们:"一切观念都是由感觉或反省来的——我们可以假定人心如白纸似的,没有一切标记,没有一切观念,……它们都是从'经验'来的,我们的一切知识都是建立在经验上的,而且最后是导源于经验的。……这便是知识底两个来源:我们所已有的,或自然要有的各种观念,都是发源于此的。"③

而另一类观念"知觉(perception)、思想(thinking)、怀疑(doubting)、信仰(believing)、推论(reasoning)、认识(knowing)、意欲(willing),以及人心的一切作用……只是人心在反省自己内心的活动时所得到的"。④ 也就是说,那些形而上的观念,来自人的思维能力,是建立在经验基础上的思考、推理、反省的结果。

不得不承认,洛克通过自己的知识论,为哲学理论、宗教理论、道德科学,为全部人类知识构建了稳固的经验主义基石。而且,到了大卫·休谟那里,他更是用坚定的经验主义怀疑论,毁灭了人类理性推理所建立的一切,同时又强调了理性的限度。休谟既坚持了洛克的观念,又推进了洛克的结论。因此,在休谟那里,诸如数学定理、上帝的存在、外部世界的存在、原因等理性的产物都被拉下了真理的神坛。这样一个结论,这样一种对人类最高能力的怀疑甚至是否定,自然会招致理性主义思想家,特别是18世纪理性主义思想家们的不满。康德就是一位理性主义的复辟者,就像民国初年那个不死心的张勋。当然,我们

---

① M.克莱因:《数学:确定性的丧失》,湖南科技出版社,1997年,第82—83页。
② 洛克:《人类理解论》,商务印书馆,1983年,第6、25页。
③ 同上书,第68页。
④ 同上书,第69页。

必须说,康德不是要挽救那个垂死了的形而上学,而是要还原形而上学的本来面目。后来的哈贝马斯看到了这一点,他说:正是"怀疑论的理性概念使哲学彻底醒悟过来,并且同时明确了哲学作为理性保护神的角色"①。

毫无疑问,康德当然是读过洛克和休谟的著作的,而且无疑也受到了洛克和休谟的巨大影响。他说过:"我坦率地承认,就是休谟的提示在多年以前首先打破了我教条主义的迷梦,并且在我对思辨哲学的研究上给我指出来一个完全不同的方向。"②但是,他接着说:"我根本不赞成他的结论。"作为德国理性主义的代表,康德采取了先验论的知识论立场。这使得他与前面二人的知识观念出现了巨大差别。康德确实在自己的著作中把先验主义的立场坚持到底了。虽然他已经看到:"休谟无可辩驳地论证说:理性决不可能先天地并且假借(因果)概念来思考这样一种含有("因"与"果"——引者加)必然性的结合。"但是,他还是费力地构建了"纯粹直观"、"先天综合判断"等概念,并绞尽脑汁地证明"形而上学"的可能性。但是直到最后,他也没有能够清楚地说明,甚至也无法让人们清楚地理解和接受他的先验论理论体系。从康德为知识和理性代言的立场看,康德无疑是值得尊重的。但是,由于他没有能够找到正确的途径证明自己,又让人感到同情和惋惜。正如于尔根·哈贝马斯所说:"先验意识应当在生活世界的实践中把自己呈现出来,并在历史形态中使自己丰富起来,……并把理性定位在它所特有的活动范围内。"③只有这样,才能赋予自己以灵魂和生命。

形而上学,不变的追求

我们应该肯定:形而上学不过是"诞生于人心深处的"求知活动的产物,是人类认知努力的最悠久、最古老的形式。在古代,它不知不觉地注入神话;在近代,又注入了哲学和科学。

但是,在近代人类思想史上,形而上学可谓是命运多舛,先后遭到了高尔吉亚的批判、休谟的诘难、康德的划界以及实证主义的全面拒斥。这是有原因的。但是,每次对形而上学的批判,都使它获得了新的发展。这丝毫不足为怪。因为人根本就是形而上的动物。"形而上学思想的伟大方案是不太容易被经验所证实或证伪的;它的有效性主要取决于它的原理的吸引力。"④

---

① 于尔根·哈贝马斯:《后形而上学思想》,译林出版社,2001年,第8页。
② 康德:《任何一种能够作为科学出现的未来形而上学导论》,商务印书馆,1982年,第9页。
③ 于尔根·哈贝马斯:《后形而上学思想》,译林出版社,2001年,第7页。
④ 欧文·拉兹洛:《系统哲学引论,一种当代思想的新范式》,商务印书馆,1998年,第350页。

但是,尤其值得关注的是,20世纪后期以来,我们又看到了两种截然不同的态度,这就是理查德·罗蒂所指出的:"目前在西方哲学教授中流行着两种哲学概念。按照第一种哲学概念,存在着由亚里斯多德、笛卡尔和康德之类哲人千百年来讨论着的哲学问题;哲学家们必定会继续努力讨论这些问题,并试图加以解决。按照第二种哲学概念,那些重要的和富于原创性的哲学家们的成就是治疗性的:他们思考事物的新方式在于对那些曾经困扰过前人的问题予以消解,而非予以解决。"①当然,罗蒂自己持有第二种态度,而我们也愿意和罗蒂站在一起。毫无疑问,这一阵营里尚有其他几位著名代表:休谟、费耶阿本德、杜威、维特更斯坦和海德格尔。

理性主义的(或狭义的)形而上学的衰落

在近代以来的文化语境里,科学是实证的,它栖身于经验和实验,得到了确定性的知识(现代思想所推崇的"真理");形而上学则是玄思的,它立足于思辨,也不能被验证。这当然是一种错误认识。但是无论如何,在经验、实证科学成为主流的今天,狭义的形而上学衰落了。

但是,百足之虫,死而不僵。即使是狭义的形而上学,直到今天仍然在各个领域以各种方式发挥着潜移默化的作用和影响。如逻辑经验主义宣称形而上学不是科学,而且坚决地批判形而上学,它要求彻底抛弃形而上学。它们试图维护哲学的科学性,也就是要用他们所理解的、所看到的"科学"去改造哲学,让哲学也以"科学"的方式展开。实际上,这不仅透露了他们对"科学"的迷信,而且他们所要做的,只是坚持了流行的"科学的方法"、"科学的标准",只是努力用"科学"的外观去打败形而上学,而他们丢掉的却是形而上学的精神,丢掉了人性内核,是真正葬送哲学、葬送形而上学的举动。

虽然逻辑经验主义用科学改造哲学的尝试破产了,以至于他们自己在现代哲学中已经"过时"了。然而,这种情况似乎只发生在"哲学领域"。而在经济学、社会学、管理学等其他领域,逻辑经验主义还顽固地活着。在这些地方,仍然充斥着逻辑经验主义的信念、思维模式和求证方法。

但是,长远地看,无论如何逻辑经验主义已成明日黄花。不只是因为它以"科学"作为评判形而上学是否可能的标准,从而认为形而上学没有存在的意义和价值,更因为现代科学自身的发展——相对论、量子力学、系统论和复杂性科学——已经为异想天开的逻辑经验主义掘好了坟墓。

发自人性的形而上学

(广义的)形而上学的意义与价值在于其精神,在于其对人性的坚持。可

---

① 理查德·罗蒂:《哲学的自然之镜》,商务印书馆,2004年,第1页。

以说,它是发自人性的学问。世界上无论什么时候都有形而上学,每个人尤其是思考的人都可能走上形而上学的道路。一部人类思想史,就是一部形而上学的曲折发展史。

在众多的人类文化样式中,与"实证科学"相比,只有形而上学始终以对宇宙和人生的终极关怀为根本目标,为人类寻求安身立命的根基。从这个意义上说,形而上学乃是人的本性。西西弗斯式的对终极存在、终极解释和终极价值的探求,体现了人对真、善、美的向往,也实现了知、情、意的对立统一。

康德是形而上学历史上的一座里程碑,他对形而上学的批判是古典哲学中最深入、全面和系统的。但是,他对形而上学的批判并不是要置其于死地,而是要求其新生。在先验论的基础上,他建立了相当完备的形而上学的纯粹理性体系。

康德说:"人类精神一劳永逸地放弃形而上学研究,这是一种因噎废食的办法,这种办法是不能采取的。世界上无论什么时候都要有形而上学。"①他指出:以往的形而上学虽然是虚假的,但是形而上学作为人类理性的一种自然倾向却是实在的。

海德格尔十分认同康德的观点,在他看来,既然人是形而上学的动物,那么人就一定会继续形而上学的思考。他说:"只要人还是理性的动物,他也是形而上学的动物。只要人了解他自己为理性的动物,像康德所说,形而上学还是属于人的本性。"②"只消我们生存,我们就总是已经处于形而上学中的。"③海德格尔在批判形而上学的同时,要维护的正是形而上学的非科学性。他认为,如果形而上学企图成为科学,就注定了其失败的命运。这是何等深刻的见解!

由于两种形而上学的混淆,广义的形而上学也遭到了冷遇。这是不奇怪的,有多少人能够超越时代呢?人类不可能不关注所谓"终极关怀"的问题,而这正是广义形而上学的生命根源所在。

而且,即使多数人不会同意把现代科学也算作形而上学(当然是广义的)的一种形态,但是,科学何尝不是人类探求自身存在的方式之一?有谁能够否认,科学是人的形而上学性的展开或延伸?又有谁能够否认,科学也成了人的形而上学性的工具,在为人的形而上学性服务?实际上,科学已经成了人的形而上学性的奴仆!科学与形而上学的关系是任何人都抹杀不掉的。

也许,在更深的层次上,这一切只不过是人性中的一个表现。确如尼采所说:"人类长期以来把事物的概念和名称作为永远真实的东西来相信,同样也

---

① 康德:《任何一种能够作为科学出现的未来形而上学导论》,商务印书馆,1982年,第163页。
② 海德格尔:"何谓形而上学",载考夫曼:《存在主义》,商务印书馆,1987年,第217页。
③ 同上书,第152—153页。

养成了他们借以居于动物之上的那种骄傲:他们真的认为在语言中掌握了关于世界的知识。语言的创造者没有谦虚到如此地步,以至于相信他给予事物的只是一些符号,他宁愿认为,他是在用言语表达关于事物的最高知识,事实上,语言只是为科学而做的努力的第一阶段。"[1]人类其实迄今还没有明白过来,在他们的信仰中,他们已传播了一个大谬误。

与形而上学的抗争迄今没有取得过大的胜利。

巫术、宗教、科学与数学本是同根

只要我们不是顽固地坚持先验论的立场,就不难发现,作为人类认识活动的产物,数理逻辑的起源与图腾崇拜、自然崇拜和宗教巫术在起源上并无二致,它们拥有共同的人类精神家园,都是人的思维能力的表现和结果,是形而上学家族中的成员。形而上学,像宗教一样,对关于实在的终极本质的问题做了回答。它与宗教唯一不同的地方在于:它的命题不是建立在信仰的基础上,而是建立在它的答案的内在一致性、简单性和适当性的基础上。

巫术、宗教与人类理性

享有世界声誉的文化人类学家詹姆斯·乔治·弗雷泽认为:人类理智经历了从巫术到宗教、由宗教到科学的发展。他所理解的宗教"指的是对被认为能够指导和控制自然与人生进程的超人力量的迎合或抚慰",从而"宗教包含理论和实践两大部分,就是:对超人力量的信仰,以及讨其欢心、使其息怒的种种企图",巫术则是"用适当的仪式和咒语来巧妙地操纵这种力量","强迫或压制这些神灵"。

宗教是在科学还没有诞生的时代,人类处理自身同自然界关系的一种方式。在人类尚不能理解和控制自然的时候,便幻想是神在主宰着它们,并创造出了各种各样的神,企图通过对神的崇拜来影响和控制这个自身不能理解和控制的自然。但是,宗教巫术等所预先占据的地方正是后来科学所接管的营地。在人类理智之花还未开放的时代,宗教对于人类精神是一剂虚幻的安神药。人类虽然没有从宗教中找到真实的力量,但却找到了精神的皈依。

---

[1] 弗里德里希·尼采:《人性的,太人性的》,中国人民大学出版社,2005年,第17页。

弗雷泽在他的《金枝》①一书中说道:"巫术与科学在认识世界的概念上,两者是相近的。二者都认定事件的演替是完全有规律的和肯定的。并且由于这些演变是由不变的规律所决定的,所以它们是可以准确地预见到和推算出来的。一切不定的、偶然的和意外的因素均被排除在自然进程之外。对那些深知事物起因、并能接触到这部庞大复杂的宇宙自然机器运转奥秘的发条的人来说,巫术与科学这二者似乎都为它们开辟了具有无限可能性的前景。于是,巫术同科学一样都在人们的头脑中产生了强烈的吸引力,强有力地刺激着对于知识的追求。它们用对于未来的无限美好的憧憬,去引诱那些疲倦了的探索者、困乏了的追求者,让他穿越对当今现实感到失望的荒野。巫术与科学将他带到极高的山峰之巅,在那里,透过他脚下的滚滚浓雾和层层乌云,可以看到天国之都的美景,它虽然遥远,但却沐浴在理想的光辉之中,放射着超凡的灿烂光华!……巫术就这样成了科学的近亲。"②

按照弗雷泽的意见,当人们用巫术企图直接控制自然失败以后,就用崇拜与祈祷的方式,祈求神灵给予这种能力,在人们看到这样做也没有效力并且认识到天道不变时,他们就踏入了科学之门。同样,在费耶阿本德那里,"科学同神话的距离,比起科学哲学打算承认的来,要切近得多。科学是人已经发展起来的众多思想形态的一种,但并不一定是最好的一种"。③

所以,应该肯定,科学和数学也并不拥有比宗教、巫术更神圣的地位。实际上,它们是同根生物。既然如此,为什么近代以来的人们极力撇清与宗教的关系,换上科学的旗号?为什么它们相煎太急?一方面,近代之前,宗教曾经与压制、迫害和愚弄结合在一起,给欧洲人类制造了一个"黑暗的中世纪"。近代科学的诞生是人类社会的一个进步。另一方面,也有人性和利益的成分,即那些以宗教、巫术、科学和数学为业的人是不同的一群人。这就是庄子所说的"是其所非,非其所是"。

数学与人类理性

也许人类是唯一一种能够用自己的思维进行推理的动物。用来推理的方法有多种,比如归纳、类比和演绎。看到一万只天鹅都是白天鹅而得出所有的天鹅都是白的这个结论,是归纳,不一定可靠。同样地,由类比推出的结论,当

---

① 《金枝》是现代人类学的奠基之作,一部严肃的研究原始信仰和巫术活动的科学著作,一部在世界范围内研究古老习俗及其有关信仰、观念的科学巨著,一部闻名遐迩的学术必读著作,被称为"人类学的百科全书"。
② 詹姆斯·乔治·弗雷泽:《金枝》,大众文艺出版社,1998年,第76—77页。
③ 费耶阿本德:《反对方法——无政府主义知识论刚要》,上海译文出版社,1992年,第255页。

然也是不可靠的。然而,演绎法能够保证结论与前提的一致性,演绎法推导出的结果和前提一样可靠。因此,如果前提为真,则结论也为真。当然必须强调,这里结论的正确性取决于前提的正确性。

因此,甚至古希腊哲学家们都偏爱演绎推理。特别是当他们致力于理解人类和物质世界的广泛知识的时候,为了获得普遍成立的真理,演绎推理要比用归纳或类比更加可靠。最早从形式结构来论述演绎推理的著作是古希腊亚里士多德的《工具论》。他系统性地创立了演绎方法的基本形式——形式逻辑。

何谓数学

《什么是数学》的作者 R. 柯朗说:"数学,作为人类智慧的一种表达形式,反映生动活泼的意念,深入细致的思考,以及完美和谐的愿望,它的基础是逻辑和直觉,分析和推理,共性和个性。"罗素说:"数学是我们永远不知道我们在说什么,也不知道我们说的是否对的一门学科。"其实,数学就是一种语言,一种思维的工具。

数学是一种特殊形式的逻辑推理,是演绎方法中最严密的一种。它被认为是精确论证的顶峰,是人类理性的最高代表。因此,数学,几乎是从它诞生以来,就被人们赋予了如下的、迄今仍然广为流传的认识:"数学依赖于一种特殊的方法去达到它惊人而有力的结果,即从不证自明的公理出发进行演绎推理。它的实质是,若公理为真,则可以保证由它演绎出的结论为真。通过应用这些看起来清晰、正确、完美的逻辑,数学家们得出显然是毋庸置疑、无可辩驳的结论。数学的这套方法今天仍然沿用,任何时候,谁想找一个推理的必然性和准确性的例子,一定会想到数学。"[①]

数学的神化

早在古希腊人那里,就有这样的观念:大自然是依数学设计的,存在着支配自然现象的数学规律。中世纪,这一思想更是与宗教信念结合,变成了上帝是大自然、整个宇宙的设计者,上帝已将数学规律融入了宇宙结构中,每一个自然法则的发现都在证明上帝的英明。这种观念,在欧洲流传了近两千年。

即使是在启蒙运动的前期,人们(如哥白尼和开普勒)依然相信:是上帝设计了和谐、简单的世界,并且认为自然界的现象是按照有规律的方式运转的,这个规律的基础在他们看来就是数学。这当然是毕达格拉斯学派观点的延续。17 世纪前后的两百多年里,那些科学家个个充满了寻求大自然数学规律的热情。哥白尼、第谷、开普勒、伽利略、帕斯卡、笛卡尔和牛顿等,都一致地谈到上

---

① M. 克莱因:《数学:确定性的丧失》,湖南科技出版社,1997 年,引论,第 3 页。

帝通过他们的数学方案给宇宙以和谐。数学已经被推崇为具有绝对真理的至尊地位。开普勒1619年发表的著作就取名为《世界的和谐》,其中洋溢着他对上帝的赞颂,表达了对上帝辉煌的数学设计的钦佩之情。特别是伽利略,他把宇宙看作一部用数学语言写成的天书,并认为:"数学知识不但是绝对真理,而且像圣经那样,每句每行都是神圣不可侵犯的。实际上,数学更优越,因为对圣经还有许多不同意见,而对数学真理,则不会有不同意见。"①他们深信,上帝不仅创造了世界,而且其创造与人的数学思维相一致。

牛顿用数学概念及量化了的公式,呈现给人类一个崭新的世界秩序,一个用一套普遍的,仅用数学表述的物理原理控制的宇宙。牛顿的成功使世人相信了:自然界是依数学设计的,自然界的真正定律即数学。

几乎与牛顿同时期的一个杰出人物莱布尼茨,主要是个多才多艺的哲学家,他对数学、科学、历史、逻辑学、法律和神学的贡献都是巨大的。莱布尼茨同牛顿一样,视科学为一种宗教使命。他坚信:上帝创造的宇宙是尽善尽美的,数学与自然之间,有一种先天的默契。人类的感觉永远不能教给我们诸如上帝存在,或所有直角都相等之类最起码的真理。因此寻求真理时,数学最为重要。数学的公理是先天存在的真理。这一观念逐渐成为一种知识分子的流行观念。

18世纪的科学家们继承了牛顿、莱布尼茨的想法。克莱洛、拉格朗日、拉普拉斯②等人,借助于数学描述进行研究,从而留给后人一个数学的、定量的世界。特别是伴随着数学逐渐成为探索大自然的强有力的工具,它也被作为真理接受,并由此开启了一场传承至今的对自然的数学化过程。

人类的推理能力在数学及自然科学中,是如此卓有成效,这启发了一些聪明的大脑,为什么不能把这种方法用到由权威、风俗、习惯控制的领域,比如在哲学、神学、伦理学、美学及社会科学中去寻求真理呢?因此,从启蒙时代的理性运动开始,数学方法甚至加上一些数学概念和定理,被用到了人文事务中。"数学支配一切,18世纪最伟大的智者对此深信不疑。"③数学的神化就此建立。

从神座跌落,确定性的丧失

就在数学被人们神化的同时,莱布尼茨注意到在牛顿的《原理》中暗示着:不论有没有上帝,世界依然我行我素。莱布尼茨并没有说错。"牛顿的工作无意中使自然科学第一次从神学中分离或者解放出来。……牛顿的《原理》一书

---

① M. 克莱因:《古今数学思想》,第2册,上海科技出版,2002年,第33页。
② 克莱洛(Alexis-Claude Clairaut)对哈雷彗星回归的预言证明了数学工作在天文学上的精确性。拉格朗日和拉普拉斯证明了木星和土星速度的不规则是周期性变化的。
③ M. 克莱因:《数学:确定性的丧失》,湖南科技出版社,1997年,引论,第60页。

朝着对自然现象给以纯数学的解释迈进了一大步。因此上帝越来越多地被排斥在科学理论的数学描述之外了。"①确实，19世纪的几项数学创造，打破了人们的迷梦。人们发现，几种不同的几何学同等地与空间经验相吻合，它们可能都不是真理，数学并不是真理的化身。显然，自然界的数学设计并不是固有的。特别是"非欧几何，这项发明摧毁了人类自以为推理是自给自足、无所不能的信条"②。

当代数学家们已经看到："事实上，数学已经不合逻辑地发展。其不仅包括错误的证明、推理的漏洞，还有稍加注意就能避免的疏误。这样的大错比比皆是。这种不合逻辑的发展还涉及对概念的不充分理解，无法真正认识逻辑所需要的原理，以及证明的不够严密；就是说，直觉、实证及借助于几何图形的证明取代了逻辑论证。"③

在那场发生在数学领域里的逻辑主义、直觉主义和形式主义的争论过程中，人们终于认识到，数学并不是真理的化身。在19世纪下半叶，在重建的数学中就发现了矛盾。"哥德尔证明了那几个学派所接受的逻辑原理无法证明数学的一致性。这还不包括论文里其他一些意义重大、影响深远的结果。哥德尔表明，对已取得的成功提出质疑不能不用到非常可疑的逻辑原理。哥德尔定理引起一场巨变。随后的发展带来了更大的麻烦。例如，就连过去极度推崇的、被认为是精密科学方法的公理化——演绎方法看来也是有缺陷的。这些新的发展给数学增加了多种可能的结构，同时也把数学家分成了更多的相异群体。"④

到这时，数学家们终于知道："显然，普遍接受的概念、正确无误的推理体系——1800年时的尊贵数学和那时人的自豪——现在都成了痴心妄想。与未来数学相关的不确定性和可疑，取代了过去的确定性和自满。关于'最确定的'科学的基础意见不一致不仅让人吃惊，而且，温和一点说，是让人尴尬。"⑤

20世纪最伟大的数学家之一 H. 魏尔在1944年说了一段非常发人深省的话："数学的终极基础和终极意义尚未解决，我们不知道沿着什么方向可以找到最终答案，或者甚至于是否有希望得到一个最终的、客观的答案。'数学化'很可能是人类原始创造力的一项创造性活动，类似于语言或音乐，其历史观点否认完全客观的合理性。"⑥

---

① M. 克莱因：《数学：确定性的丧失》，湖南科技出版社，1997年，引论，第65—66页。
② 同上书，第71页。
③ 同上书，第3页。
④ 同上书，第4页。
⑤ 同上。
⑥ 同上书，第5页。

现在,即使是数学本身的发展也已经证明,人们以前关于数学的认识是有错误的。"所有领域中的真理都将被数学不是真理这个认识动摇了。人们可能仍然希望或者相信能够找到政治、伦理、宗教、经济和其他诸领域中的真理,然而这种希望的最有力的支持没有了。数学向世界证明了人能获得真理,然后又毁掉了这个证明。……人的精神支柱、推理框架以及所有已建立的思想权威都随真理的丧失而失去了,'人类推理的骄傲'随着真理大厦的坍塌而崩溃了。历史的教训是,我们最坚定的信念不是凭主观所做出的论断。事实上它们是最不可信的,它们标示的不是我们的成功而是我们的局限性。"[①]

当然,"数学家对某种基础的真理的执著探索是可以理解的。多少世纪以来,用数学去描述和预测物理现象一直取得辉煌的成功,这使得任何人,尤其是那些被他们自己的发明陶醉得飘飘然的人来说,要他们接受'数学并不是一堆天然的钻石,而不过是人工宝石'这一事实的确是很难的。然而数学家们还是逐渐开始承认,数学公理和定理并不一定是物理世界的真理。某些领域的经验启发特定的公理,在这些领域,这些公理及其逻辑结果能够非常精确地作有价值的描述。但是,一旦这一领域扩展了,这种适用性就可能会失去"[②]。

但是,在经济学领域就没有这么幸运了。

模仿的科学——现代经济学

我们不得不承认,模仿是一种高度适应性的生存策略。人类是所有动物中最聪明的行为模仿者,无论是在生存实践中还是在科学探索实践上都是如此。而在理论和探索活动中,也许是经济学家们拔得了头筹。说现代经济学是模仿的科学真是最恰当不过的。

前古典经济思想家的人类情怀

18 世纪之前的经济学更关心人世间的事情,属于关于人的科学。色诺芬的著述很多,经济学著作有《经济论》,这是最早用经济一词作为书名的著作,也是古希腊流传下来专门论述经济问题的一部著作。在这一著作中,色诺芬探讨奴隶主如何经营奴隶制经济的问题。柏拉图认为雅典人只应从事农业,而不应从事唯利是图的商业。虽然他看到商品交换中必须有货币充当流通手段,但他反对把货币作为贮藏手段,更反对放款和抵押放债。亚里士多德的经济思想主要体现在《政治学》和《伦理学》两书中。他明确地规定了经济学的研究对象

[①] M. 克莱因:《数学:确定性的丧失》,湖南科技出版社,1997 年,引论,第 93—94 页。
[②] 同上书,第 91 页。

和任务:一是研究家庭成员之间的关系,即主奴、夫妇和父子之间关系,其中奴隶主和奴隶关系被视为首要关系;二是研究致富之术,即探讨奴隶制生产力发展问题。无论如何,他们都坚持了经济服务于人的基本理念。

18世纪经济学创立,这是经济思想史上的古典经济学时期。这一时期的经济学家们(不是全部)更多地是从对人类经济活动的反思中获得灵感和启示,所以它们的理论、思想具有典型的经验主义色彩。但是,与早期思想家一样,他们的经济思想也具有人本主义色彩,最典型的是劳动价值论,如法国魁奈的重农主义,以及历来的斯密、李嘉图、马克思等。但是在他们的理论中已经有了财富高于人的思想苗头。

新古典经济学与人的消失

但是,到了19世纪70年代,经济学潮流发生了重大转折。在这里,新教伦理已经把金钱抬升到了至高的地位,"人服从于经济"被当作了基本生活逻辑和思想逻辑,成为普适的真理。

与哲学领域一样,在经济学领域里,形式主义、逻各斯中心主义之风蔚然兴起。以门格尔、瓦尔拉斯和杰文斯为代表的边际效用学派兴起,这一学派崇尚经济学的逻辑演绎方法。尤其值得一提的是古诺,他是数学家拉普拉斯和泊松的学生,曾以概率论研究开始学术生涯。1838年,他突然发表一部充斥了数学符号的《财富理论的数学原理研究》。当然,这被当时的经济学家们视为一种"胡言乱语"而不予理睬,直到他去世也没有得到重视。其后,是作为工程师的小瓦尔拉斯,他依据有限的数学知识,在1874年前后提出了一般均衡理论(实际上,他的数学论证是完全不可信的,直到1959年德布鲁的《价值理论——经济均衡的一种公理化分析》才正式宣告他所提出的理论得到证明)。其后,经济学的数学化一发不可收,埃奇沃思、帕累托(也是一位工程师[①])、丁伯根……人、人的行为都被抽象化为公式、抽象化为函数。本质上,人已经从经济学家视野中消失了。

毫无疑问,经济学的数学化并不奇怪,实际上,它是那个"科学与理性"时代大潮的产物。由于自然科学的巨大成功,近代自然科学的思维方式、研究方法成为当时许多科学竞相模仿的对象,经济学是其中最为成功的一员。它不仅照搬了物理学中的均衡概念,而且在研究方法上也是亦步亦趋。现代经济学的基本套路就是在给定约束条件下,研究理性经济人如何选择最优化的均衡结

[①] 也许是巧合,两位为经济学初期发展做出了一定贡献的两个人都是工程师:里昂·瓦尔拉斯研究的是矿业工程技术;帕累托1874—1892年在铁路公司当工程师,后成为意大利铁路公司的总经理。不知道可否这样说,工程师的思维方式是有局限的,尤其是在他们转而思考社会问题时。这也许真的是个问题。虽然他们擅长用数学表达思想,但是却不谙熟这样做的局限。

果。"见物不见人"是借用和模仿自然科学方法的必然结果。

新古典时期的经济学家们忘记了,经济毕竟是人的活动,物与物关系的背后是人与人的关系。真正复杂的系统,比如细胞、大脑、草原、经济体或者社会,都需要一种地道的非机械的逻辑。所有那些具有生命活力的系统的特质——自我复制、自我管理、一定程度的自我修复、适度进化以及局部学习——仍然是任何机械或技术系统所不具备的。经济学家更不愿意去认真地理解彭加勒所指出的"数学是一门为不同事物起相同名字的艺术"的含义。他们把那件"皇帝的新衣"安心地披在了自己的身上。上帝打算毁灭哪些人,必先使他们疯狂!

19世纪20世纪之交的科学潮流,主张通过观察组成部分的个体行为去理解其上层的整体模式。当时的科学发展正一头扎进了对物理学、生物学以及所有自然科学的微观细节的研究之中。这种将整体还原为其组成部分的研究方式,在当时被看作能够理解整体规律的最可行做法,持续了整个20世纪,至今仍是科学探索的主要模式。这就是还原主义思潮。

而如果把社会现象的研究视同于物的世界,甚至把人也贬低为机械的动物,这样的经济学无论其模型多复杂,逻辑多严密,终究会流于现象研究而难以触及经济的实质。早在20世纪20年代,奥地利经济学家米塞斯就指出:经济学借用自然科学方法,忽视自然科学与人类经济科学之间研究对象的差异,就是在用一种工程师处理无生命的物质的技术,处理活生生的人的活动,这样做完全歪曲了人类行为科学的方方面面。

现代经济学家的经济学

20世纪的经济学,或现代主流经济学,我们可以恰当地称之为经济学家的经济学。经济学完全成了一些人谋生的工具(职业)。经济学研究已经出现了过分专业化的倾向和过于强调抽象的趋势,而完全忽视了经济学与真实世界的联系,忽视了经济学的应用,忽视了经济学与其他领域的联系,已经进入了封闭的自我循环。

对于多数行业,职业化是一把双刃剑。不幸的是,经济学已经成为一些人的职业。甚至是马克·布劳格都能看到:"'要么发表著作要么完蛋'的职业压力,不断鼓励人们以'博弈'的方法对待经济计量工作,而那种方法丝毫不会改进经常用来检验经济学假说的数据基础或标准技术。"[①]

布劳格还坦白说:"我们似乎正要进入这样一个时代,其中将有太多而不是太少的相互竞争的经济学研究纲领。……经济学方法论不可能告诉我们,这

[①] 马克·布劳格:《经济学方法论》,商务印书馆,1992年,第258页。

些相互竞争的研究纲领中哪一个将在以后几年最可能帮助人们切实了解经济体系的运转的情况。"①如果是这样,方法论的研究就完全失去了意义,就只不过是吃饱了饭的人的一种"自娱自乐"。当然,我们不能指望布劳格先生给出什么有效的建议,因为他自己就深陷在那个没有解释力,也正在失去生命力的旧的世界观和方法论之中不能自拔。

有人做过这样的统计:诺贝尔经济学奖已经颁发了56届,75位经济学家获此殊荣。其中,有超过半数的经济学家都有数学或者理工学位,80%以上的获奖者具有较强的数学运用能力,90%以上的获奖经济学家都是运用数学方法阐释经济理论。经济学群星璀璨?

阿尔弗雷德·S.艾克纳指出:"经济学作为一门科学,正处在危机之中。就这一看法而言,在很多经济学家之间有着井然的一致。关于其他问题,他们则很少一致。……目前在经济学家中流行的看法是,经济学即使还不是科学,也在沿着通向科学的道路前进。甚至批评者的观点也认为,只要在强调重点和方法方面稍加改变,经济学就将最终能解释滞涨和其他经济难题。本书文章的看法则不同,作者们认为问题远不是如此简单。只要经济学家们继续沿着老路去研究经济学,那么社会上其他人最好谨慎地对待经济学家们的建议。"②

华西里·里昂惕夫曾经撰文"学术界的经济学",他指出:"在自然科学和历史学中工作的学者们,传统上被要求一开始就接受严格而系统的调查事实方法的约束。但经济学家们却不曾受此约束。这使得他们对演绎推理产生了一种无可抵御的偏爱。……经济学的专业期刊上充斥着连篇累牍的数学公式;这些数学公式从一堆看似有理、实则完全任意的假设出发,把读者带向了一系列叙述准确但与现实无关的理论结果。"③《美国经济评论》的总编也观察到:"关于数理经济学和经济理论的精细之处的文章,前所未有地占据了越来越显著的地位,而更具实证性质、更以政策为导向、注重解决实际问题的文章则似乎越发少见。"

中国经济学近几年的"进步"情况也完全能够说明问题。清华大学经管学院两位同学成九雁、秦建华曾经考察过"计量经济学在中国的发展轨迹"④,结果显示,《经济研究》1979—2003年应用计量经济学论文和广义数量经济学论文在每年所有论文中的比重的变动如下:

---

① 马克·布劳格:《经济学方法论》,商务印书馆,1992年,第260—261页。
② 阿尔弗雷德·S.艾克纳主编:《经济学为什么还不是一门科学》,北京大学出版社,1990年,第2页。
③ 同上书,第2页。
④ 成九雁、秦建华:"计量经济学在中国的发展轨迹",《经济研究》,2005年第4期。

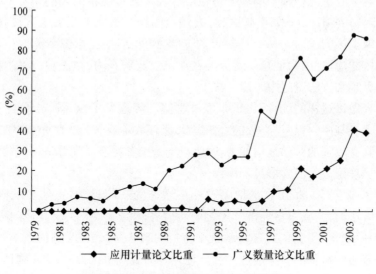

计量经济学论文在《经济研究》中所占比重

《经济研究》《管理世界》《金融研究》《数量经济技术经济研究》和《经济学(季刊)》中数量经济学论文的比重情况如下:

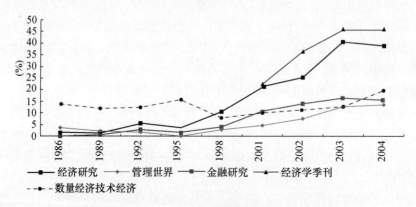

五种刊物部分年份应用计量经济学论文所占比重

乍看起来,我们的经济学研究正在与国际接轨。似乎这样下去,就会进入经济学的中国时代,就会有中国的诺贝尔经济学奖获得者了。把目光瞄准那个"诺贝尔奖",而不是中国的经济问题,这是一种悲哀,一种中国经济学人忘记了经济学宗旨的悲哀。

不知道约瑟夫·熊彼特下面的一席话对当代经济学家们会有什么样的启发?"我愿立即指出,如果我重新开始研究经济学,而在这三门学科(演绎分析、计量分析和历史分析)中只许任选一种,那么我就选择经济史。我有三条理由:首先,经济学的内容,实质上是历史长河中的一个独特的过程。如果一个人不掌握历史事实,不具备适当的历史感或所谓历史经验,他就不可能指望理解任何时代(包括当前)的经济现象。其次,历史的叙述不可能是纯经济的,它必然要反映那些不属于纯经济的'制度方面的'事实;因此历史提供了最好的方法让我们了解经济与非经济的事实是怎样联系在一起的,以及各种社会科学应该怎样联系在一起。最后,我相信目前经济分析中所犯的根本性错误,大部分是由于缺乏历史的经验,而经济学家在其他条件方面的欠缺倒是次要的。"[1]

现代经济学似乎忘掉了它的基本职能是解决现实问题。作为现代经济学所秉持的还原主义、形式主义、逻各斯中心主义方法的必然结果,经济学正在丧失对现实经济的解释力!1991 年 6 月,《斯堪的纳维亚经济学杂志》刊登了劳伦斯·萨默斯[2]的文章"实证宏观经济学的科学幻觉"[3]。萨默斯指出,现在流行的计量经济学虽然使用了看似强大而精致的形式化数学工具,但对做出实质性的经济学发现却毫无裨益;真正管用的,其实是那些只使用简单统计工具的实证性工作。萨默斯讥讽地说:"研究工作者、学术期刊的评议人和主编们,他们通常忘记了问如下的科学问题:'文章所报告的,是一个足以影响我们对经济运行规律的看法的有趣事实吗?它影响我们对一个实质性问题的看法吗?'与此相反,他们会问那些观看杂技的观众们所常问的问题:'文章显示了精湛的技艺和技巧吗?文章做了什么很困难的事?'通常的情况是,即使文章没有任何实质性的贡献,这些问题也可以获得肯定性的答案。相比对知识做出贡献,炫耀技巧要容易得多。但不幸的是,这也没用得多。"

演化经济学家霍奇逊指出:经济学已经成了应用数学家的天堂,滋养了符号而非实质,成就了公式而非现实。严格的假设、严密的逻辑、精确的推理,在把西方主流经济学打造得越来越精致的同时,也把它同现实世界的距离拉得越来越远。

"自马歇尔的《经济学原理》出版后的一百年间,经济学作为一门学科已呈现出急剧的狭窄化和形式化。二十世纪最后三十年,这门学科已经遭受数学形式主义者的蹂躏,他们不去把握和解释真实的经济结构和经济过程,而是潜心于建立方程。那些已经或即将延续一个世纪的权威刊物,如《美国经济评论》、《经济杂志》、《政治经济学杂志》和《经济学季刊》等,表明了这种变化。20 世

---

[1] 约瑟夫·熊彼特:《经济分析史》,第一卷,商务印书馆,1991 年,第 29 页。

[2] 劳伦斯·萨默斯(Lawrence Summers),哈佛大学经济学教授,曾任美国财政部部长和哈佛大学校长。

[3] Lawrence H. Summers, "The Scientific Illusion in Empirical Macroeconomics", *The Scandinavian Journal of Economics*, Vol. 93, No. 2, Proceedings of a Conference on New Approaches to Empirical Macroeconomics, Jun., 1991, pp. 129—148.

纪20年代以前,90%以上的文章用的是文字描述。到了20世纪90年代初,代数、积分和计量经济学在这些权威杂志发表的文章中已超过了90%。"①

最后,再借用一段数学家的话,告诫那些职业经济学家:"目前过分强调数学的公理演绎特点的风气,似乎有强盛起来的危险。事实上,那种创造发明的要素,那种起指导和推动作用的直观要素,虽然常常不能用简单的数理哲学公式来表示,但是它们却是任何数学成就的核心,即使在最抽象的领域也是如此。如果说完善的演绎形式是目标,那么直观和构作至少也是一种动力。……否则,数学将不会吸引任何有理智的人,它将成为定义、规则和演绎法的游戏,既没有动力也没有目标,认为灵感能够创造出有意义的公理体系的看法,是骗人的似是而非的真理。"②

数学为什么居然奏效

到了20世纪,人们已经见证了:"具有奇妙的实用性的欧氏几何学,哥白尼和开普勒的超常准确的日心说理论的模式,伽利略、牛顿、拉格朗日和拉普拉斯辉煌、包罗万象的力学,在物理上不可解释但具有广泛的应用性的麦克斯韦电磁理论,爱因斯坦静止的相对论以及原子结构理论。所有这些高度成功的发展都依赖于数学概念和数学推理。"③现在,人类则凭借建立在数学之上的技术,成功地登上了月球,探测了火星和木星。这难道不是对宇宙中的数学理论的证实吗?

且慢!也许我们太过于急躁,也许这些成就还不能证明什么,也许我们对这个现象的理解还不够深刻。"在这个问题上最深刻的哲学家之一,路德维希·维特根斯坦宣称数学不仅是一种人类创造,而且还深受其所生长的文化环境的影响。其'真理'取决于人,正如对于颜色的直觉和英语这门语言取决于人一样。"④虽然,在古今科学史上,从来都不乏一些这样的人,他们把自己的研究恣意拔高,言必称伟大。但是,和维特根斯坦一样,确实伟大的数学家彭加勒告诉我们:"数学发明的机制与一般发明的机制并没有明显的差异。"⑤

---

① 霍奇逊:《演化与制度:论演化经济学和经济学的演化》,中国人民大学出版社,2007年,第2页。
② R.柯朗、H.罗宾:《什么是数学》,I.斯图尔特修订,复旦大学出版社,2005年,第3页。R.柯朗(Richard Courant)是20世纪杰出的数学家,哥廷根学派重要成员。他生前是纽约大学数学系和数学科学研究院的主任,该研究院后被重命名为柯朗数学科学研究院。H.罗宾(Herbert Robbins)是新泽西拉特杰斯大学的数理统计教授。I.斯图尔特(Ian Stewart)是沃里克大学的数学教授。
③ M.克莱因:《数学与知识的探求》,复旦大学出版社,2005年,第238页。
④ 同上书,第246页。
⑤ 彭加勒:《科学与方法》,辽宁教育出版社,2001年,引言,第2页。

17、18 世纪，人们相信世界是数学化设计的，是上帝的杰作。而非欧几何学的发展则表明，人类的数学并不是替大自然说话的，更不会导向对于上帝之存在的证明。那些经验主义思想家则主张数学知识的经验基础并由经验来检验。如爱丁顿就认为人类经验的宇宙本质上是人类心智的创造。彭加勒也相信数学和大自然的和谐是由人类心智造成的。① 物理学家们的基本观点是："相信数学植根于物理实在，他们召唤数学知识作为辅助。在普朗克、马赫、玻尔兹曼和赫尔姆霍兹看来，数学不过是为物理学定律提供了一种逻辑结构。"② 当然，除了上面的解释，也还有一些不同的认识，那就是还有"其他的思想家认为不得不承认，数学的奇妙力量还不能解释"。

克莱因本人则给出了这样的回答："很可能是这样：人类引入了一些有限的甚至是造出来的概念，只有这样才能成功地在大自然中建立某种秩序。数学可能不过是一种可行的图式。可能大自然本身远为复杂，没有固有的设计。然而，在研究、描述和征服大自然中，数学仍是最佳方法。在某些领域，它是我们所能有的一切；即便它不是实在本身，也是我们与实在的最接近处。……尽管数学描述是人造的，也许是一个神话故事，但它却是一种有教益的神话。对于好思的科学家来说，大自然与他们的数学公式表现出那么大的关联，这是永恒的惊奇之源。"③

最后，克莱因也有些气馁地说："大自然是否有秩序、经设计甚至有目的（如亚里斯多德所认为），这是不能断定的。确凿无疑的是，人类最有效的工具——数学——对于令人困惑的复杂自然现象提供了某种理解和控制。"④

其实，无论早期的经验主义思想家的遭遇如何，它们所指出的方向是正确的，其基本逻辑和基本结论也都是成立的。而克莱因关于数学为什么竟然奏效的回答却没有让我们对问题的理解有所前进，也是不能令人满意的。那么，克莱因的问题出在了哪里？

事实上，他只看到了数学的有效性，而没有看到或是忽略了其他学科也同样有效的事实，即能够称得上有效的学问并不只有数学。在数学之外，物理学、化学、生物学、建筑学等，都与数学一样有效。它们的有效性不是因为它们是理性的"结果"，而是因为它们都是人类经验的总结。在有限的意义上，甚至是心理学、管理学、社会学，当然也包括经济学，都表现出一定的有效性。它们中都有一些部分直接来自于人类经验，凡是那些直接来自社会经验的部分，都在有

---

① M. 克莱因：《数学与知识的探求》，复旦大学出版社，2005 年，第 237—245 页。
② 同上书，第 246 页。
③ 同上书，第 251 页。
④ 同上书，第 272 页。

效地指导着人类的实践活动。而那些与错误的经验相联系的部分,则对人类实践活动起着有害的误导作用。

当然,各门学科的知识体系中也都还有一些内容,它们完全属于理性主义形而上学的范畴。尤其是在现代经济学中,这个部分占据了很大的篇幅,这些内容很难产生实践指导作用,也谈不上有效性。正是在这个意义上,我们强调现代经济学的变革与转向——摆脱逻各斯中心主义,克服理论优于实践的幻想,让思想和理论走向非线性真实世界。

克莱因在《西方文化中的数学》中说道:"到目前为止,那种认为关于人类活动的自然、普遍的规律将被发现的设想——这是一个令人愉快的、过分乐观的设想,以及认为由此将解决一切社会问题的设想,理所当然地是错误的。总的来说,人未能了解和预测自己的行动。人类的肉体、情感、欲望,显然都拒绝服从僵化的规律和数学的约束。至少,不可能有一位思想家能够为整个社会科学创立一种定量的、推理的研究方法,使我们能够指导、控制和预测所有领域的所有现象,特别在经济学中,所取得的辉煌成就也是寥寥无几。"[①]

[①] M. 克莱因:《西方文化中的数学》,复旦大学出版社,2004年,第337页。

第四章
系统科学及其经济学启示

- 前奏:系统科学诞生前的思想准备
- 系统论的提出和发展
- 系统及其特性
- 时间、过程与系统演化
- 耗散结构理论与协同学

千百年来，人们一直渴望了解自然与社会是否有秩序。而伴随着科学与技术的发展，这种渴望中又增添了"改造自然、控制自然"的强大动力。毋庸置疑，主流的自然与社会观是有秩序的世界，其规律可以被人类认识和把握，并最终为人类所利用。当然，人们要回答这样的问题，即这种秩序是如何产生的。对于这个问题，不同的时期有不同的答案——从上帝的安排，到大自然自身的选择，等等。而现在，系统论又为我们提供了一种全新的解释。

在经济学领域也是这样，人们相信社会的经济活动中存在着某种秩序或规律，而对经济秩序的产生，从亚当·斯密开始，多数人相信"看不见的手"，也有人相信政府和计划，甚至有人相信有第三条道路。而根据系统论，这些说法至少都是有问题的。

20世纪是一个革命的世纪。系统理论正在成为新世纪科学革命的领头羊。"系统"概念在现代科学、社会和生活中已经获得了中心地位。许多领域都强调了"系统方法"和"系统思维"的重要性，并诞生了"系统工程"、"系统分析"以及诸如此类新的学科。

那么，系统论都告诉了我们些什么呢？

前奏：系统科学诞生前的思想准备

系统论的创始人路德维希·冯·贝塔朗菲指出："古典科学在它的各门学科中，不管是化学、生物学、生理学，还是社会科学，总是企图把观察对象的种种元素孤立起来，……然后，希望通过概念或实验把它们重新放在一起以产生整体的、可以理解的东西。"[①]

在17—19世纪中，经典科学或牛顿物理学取得了惊人的成就。它向我们描绘了这样的一个世界，其中每个事件都由初始条件决定，这些初始条件至少在原则上是可以精确给出的。在这样的世界中偶然性不起任何作用，世界的各部分聚到一起，就像机器中的齿轮那样。特别是伴随着工业文明的出现，这种机械论的观点被人们普遍接受。机器时代的人们忠实地相信把世界比喻成机器的那些科学理论。

20世纪中叶以来，系统科学得到了蓬勃发展，新的宇宙观——系统论的宇宙观也广为传播。这种新的宇宙观被贝塔朗菲称为"一种新的自然哲学"。而

---

① 贝塔朗菲："序言"，载欧文·拉兹洛：《系统哲学引论，一种当代思想的新范式》，商务印书馆，1998年，第8—9页。

20 世纪 20 年代,英国数理逻辑学家和哲学家怀特海①的"机体论哲学"则是这种自然哲学之先声。

怀特海(1861—1947)

阿弗烈·诺夫·怀特海(Alfred North White-head,1861—1947),这位"过程哲学"的创始人,虽然几近与罗素齐名,但显然有更伟大的成就。他创立了 20 世纪最庞大的形而上学体系。他的名言是:"没有完全的真理;所有真理都是一半的真理。谁想把他们当作完全的真理谁就是在扮演魔鬼。"

怀特海的哲学思想深受柏格森生命哲学②的影响,他强烈抗议科学中流行的、与我们生活现实相背离的、歪曲事实的机械论和抽象化倾向,认为只有把生命体看成是一个有机整体,才能解释复杂的生命现象。他希望能够通过自己的努力引导"人们直接把握具体事实,即把握被科学分析歪曲了的事实"。

在"科学与近代世界"一文中,怀特海提出要用机体论代替机械决定论。他说:"科学的进展现在已经到了一个转折点。物理学的坚实基础被摧毁了。而生理学则第一次站起来成为一个能起作用的知识体系,它不再是一堆支离破碎的东西了。科学思想的旧基础已经无法为人所理解。时间、空间、物质、质料、以太、电、机械、机体、形态、结构、模式、功用等等都需要重新加以解释。"③

在怀特海的思想世界里,人类在自然界中的位置并不特殊,它只是自然界生命活动整体中的组成部分。"我简单地提出了另一种科学哲学,其中机体代替了物质。……整个科学的问题就是环绕着持续机体的问题。……到 19 世纪,社会进入了工业化时期,这些学说(经由笛卡儿所装备起来的科学)的恶劣效果就发生了致命的影响。……由此产生的两个恶果是:(1) 不顾每一个机体和环境的真正关系;(2) 不顾环境的内在价值,而在考虑终极目的时,环境的内

---

① 怀特海是一位兴趣广泛、思想独特,且在多种学科中颇有建树的大师级人物。这突出地表现在,他把数学家的严密与哲学家的智慧天才地融为一体,同时又在自然科学,尤其是理论物理学方面造诣颇深,有资格对爱因斯坦的相对论做出评论,甚至提出不同的见解,从而把数学家、逻辑学家、哲学家、半个科学家、科学史学家、教育家和社会学家集于一身。《过程与实在》是其一生哲学思想精华之集大成,是其名副其实的代表作。

② 生命哲学是 20 世纪传播广泛的一种用生命的发生和发展来解释宇宙、解释知识或经验基础的哲学思想。它是在叔本华的生存意志论、尼采的权力意志论、达尔文的生物进化论和斯宾塞的生命进化学说,以及居约(1854—1888)的生命道德学说的影响下形成的。

③ A. N. 怀特海:《科学与近代世界》,商务印书馆,1989 年,第 17 页。

在价值是必须充分估计进去的。"[①]他的这一思想已经超越了他所生活的那个时代。

到现在,物理学经过了几次革命,每一次革命实质上都具有世界观和方法论革命的意义,它对科学的发展产生了深远的影响。但是,我们却不得不说,在很多领域这种影响是姗姗来迟的。而在某些故步自封的领域,典型的如经济学领域,即使是今天,都看不到太多进步的迹象。

系统论的提出和发展

爱因斯坦曾经说过:提出一个问题比解决一个问题更重要,因为解决问题也许仅仅是一个教学上或实验上的技能而已。而提出新问题、新的可能性、从新的角度去看旧问题,都需要有创造性和想象力,而且标志着科学的真正进步。

系统科学的兴起就是如此。

系统论的提出

我们都生活在"系统"的世界之中,"系统"与我们的生活息息相关,而且普遍存在。比如,当你走出家门,你就进入了"交通系统";当你拿起电话,你就在使用"通信系统";当你去上学,你是"教育系统"中的一员;当然,你还是你所居住的那个城市的"城市系统"中的一个"细胞",是我们共同生活的星球这个更大系统中的一个"分子"。

历史上第一个直接、明确地把"系统"作为研究对象的人是美籍奥地利理论生物学家路德维希·冯·贝塔朗菲。他广泛涉猎医学、心理学、行为科学、历史学、哲学等诸多学科。他提出系统论是从有关生物和人的问题出发的,认为这类问题不能用讨论无机界问题常用的机械论的分析方法。他认为,分析和人为隔离的方法虽然有用,但是要知道,即使是对物理学的实验和理论也还都是不充分的。

1925 年,贝塔朗菲发表"抗体系统论",首次提出了系统论的思想。1937 年,他提出了一般系统论原

贝塔朗菲(1901—1972)

[①] A. N. 怀特海:《科学与近代世界》,商务印书馆,1989 年,第 185—188 页。

理,认为世界是一个有组织的、由实体构成的递阶秩序,在许多层次的叠加中从物理、化学系统引向生物、社会系统,因此,不能把分割的部分的行为拼加成整体,必须考虑各个部分和整个系统之间的关系才能了解各部分的行为和整体。1945年,贝塔朗菲向《德国哲学周刊》投稿一篇名为"关于一般系统论"的文章,提出一般系统论的任务是确立适用于系统的一般原则,并对系统的共性做了一定的概括,如系统的整体性、关联性、动态性、有序性、终极性(目的性)等。虽然这些思想十分重要,但是由于第二次世界大战爆发,他的文章没有问世。1948年,当他在美国再次讲授"一般系统论"时,他的理论才得到学术界的重视。

1954年,贝塔朗菲发起成立一般系统论学会(后改名为一般系统论研究会),并出版《行为科学》杂志和《一般系统年鉴》,促进一般系统论研究的发展。1968年,贝塔朗菲出版了《一般系统理论——基础、发展和应用》(General System Theory: Foundations, Development, Applications),该书总结了一般系统论的概念、方法和应用,被公认为是这门学科的奠基之作。其实,这至多也只能说是开启了具有现代含义的系统思想的时间表。

事实上,系统思想,不仅来自人类的生产实践,并早已反映在古代中国与希腊的哲学思想之中。我们可以说,历史上,系统思想的最早应用当属中国"兵圣"孙子。《孙子兵法》十三篇,言简意赅,博大精深,是国内外公认的"世界古代第一兵书",它还是一部运用系统论思维的经典之作。其中的"五事七计"让古今将领们"运筹帷幄之中,决胜千里之外"。

孙武告诉人们,一次成功的战役,至少需要具备"五事七计"。所谓"五事"即"道、天、地、将、法",分别指政治、天时、地利、将帅素质、军事体制五个方面。"七计"则是由"五事"演绎而来,是指从政治清明、将帅高明、天时地利、法纪严明、武器优良、士卒训练有素、赏罚公正七个方面来分析敌我双方的情况。

我们还可以透过至今仍在发挥作用的都江堰水利工程,了解中国古人运用系统思想的实践历史。都江堰水利工程在四川都江堰市城西,是全世界至今为止年代最久、唯一留存、以无坝引水为特征的宏大水利工程。秦昭襄王五十一年(公元前256年),李冰任蜀郡太守,他为排除洪灾之患,主持修建了著名的都江堰水利工程。都江堰的主体工程是将岷江水流分成两条,其中一条水流引入成都平原,科学地解决了江水自动分流、自动排沙、控制进水流量等问题,这样既可以分洪减灾,又实现了引水灌田、变害为利,使川西平原成为"水旱从人"的"天府之国"。两千多年来,一直连续使用,至今仍发挥巨大作用。目前灌溉范围已达40余县。

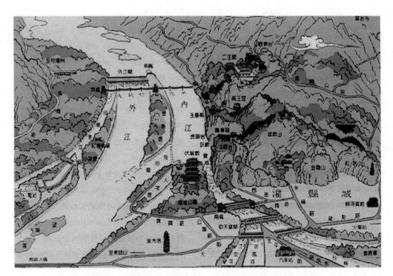
中国古代系统工程的杰作——都江堰水利工程

反观当前,为什么我们的城市道路天天被挖开？是技术不如古代先进？还是现代人不如古代人聪明？都不是！根本原因在于现代城市建设者们缺乏系统思维。实际上,我们的城市管理、社会管理(各级城市政府组织)本身就是按照还原论、机械论的模式和原则构建的。分工的各部门各司其职,它们只对自己的部门、自己的职能、自己的领导负责,分工不合作,这样如何能够产生系统化的思维方式,如何能够有整体性思维、一体化设计和全局性的考虑,又如何能够不头痛医头脚痛医脚、不顾此失彼呢？

系统科学相关学科的发展

系统科学的产生和发展不是偶然的,它是在近30年来各门学科——现代物理学、相对论、量子力学、统计学、现代生物学、协同学与耗散结构理论、控制论以及数学中的分岔、混沌、分形理论、控制论、运筹学——发展以及相互渗透、交叉融和的基础上应运而生的。

系统科学本身也是一个跨众多学科的研究领域。广义的系统科学包括系统论、信息论、控制论、耗散结构论、协同学、突变论、系统动力学、系统工程学等一大批学科在内的综合性科学。狭义的系统科学则是其中的前几项,它们的共同进步,搭建起了现代系统科学的理论大厦。

运筹学

运筹学是一门利用统计学和数学模型等方法,去寻找复杂问题中的最佳或近似最佳解答的应用数学学科。其数学模式:建立联立约束(条件)方程和目标函数方程并求解。现代运筹学起源于第二次世界大战期间,并因其在军事作战方面的大量成功运用,以及一大批著名科学家的参与而得到了迅速发展。

运筹学从开始创建就表现出理论与实践结合的鲜明特点,常用于解决现实生活中的复杂问题,特别是改善或优化现有系统的效率。在它的发展过程中还充分表现出了多学科的交叉结合,物理学、化学、数学、经济学、工程等各领域的专家联合从不同学科的角度提出对实际问题的认识和见解,寻找解决大型复杂现实问题的新途径、新方法、新理论。

美国的阿波罗载人登月计划,于1961年提出,其系统目标:十年内把人送到月球表面并且安全返回地球,并要求在最短的时间内,以最少的费用,胜利完成登月计划。

阿波罗计划的顺利实施是现代系统科学研究的成功典范。此项工程组织了2万多个公司、120多所大学,动用了42万人参加,投入了300亿美元的巨资,用了近10年的时间,终于实现了人类征服地球引力,遨游太空,登上月球探险的梦想。

阿波罗登月计划之所以能如期完成,关键在于运用系统思想、运筹学方法进行了有效的组织。没有这样的组织、协调方法,完成这样宏大的计划是不可想象的。

美国数学家H.韦尔曾经说道:"当一个数学分支不再引起除去其专家以外的任何人的兴趣时,这个分支就快要僵死了,只有把它重新栽入生气勃勃的科学土壤之中才能挽救它。"以此看待运筹学的快速发展,实在是再恰当不过的了。同样,在经济学和其他科学领域,我们也能看到类似的情况:理论经济学市场严重低迷、萎缩,应用经济学则略显兴旺,正是依靠了其与实际生活的紧密联系。

S.邦德(美国前运筹学会主席)在回顾运筹学的重要作用时指出:"对一个过程、一个系统或者一个企业的建模是一种艺术。这项艺术在于确定哪些因素与活动需要包含在模型之中,哪些是变量、常数、随机的、约束等;在建立变量之间关系时,应做些什么假设;以及在逐步运作中,如何排除在建立初始模型时所引入的是某些不切实际的假设。并且,这是一种可以学习的艺术。"[①]这段话,当然不只是适用于对一个过程、一个系统或者一个企业的"建模",而且也完全适用于对任何科学问题的研究。当前国内外正在进行着的许多科学研究恰恰没有遵循这一教诲,主观、武断地假设,生搬硬套的研究方法比比皆是。

---

① 胡晓东、袁亚湘、章详逊:"运筹学发展的回顾与展望",《中国科学院院刊》,2012年第2期。

多年来,运筹学在研究与解决复杂实际问题的过程中不断地发展和创新,各种各样的新模型、新理论和新算法不断涌现,有线性的和非线性的、连续的和离散的、确定性的和不确定性的。至今它已成为一个庞大的、包含多个分支的学科。

控制论

控制论是在20世纪三四十年代自动控制技术和统计数学蓬勃发展的背景下诞生的。美国数学家诺伯特·维纳(Norbert Wiener)是控制论的创始人之一,他于1948年正式发表了《控制论——关于在动物和机器中控制和通信的科学》一书。他把控制论定义为"关于在动物和机器中控制和通信的科学"。这是一部奠基性的著作,它标志着控制论这一新兴学科的正式诞生。

控制论的诞生和发展对于系统论的发展具有重大的意义。因为控制论提炼出了包括生物系统和人工系统中极为广泛的一大类系统的共性和规律,它们实质上也是系统论的研究对象,如目的、行为、通信、信息、输入、输出、反馈、控制等。从这一意义上说,系统科学的发展是和控制论的发展紧密相关的。

从20世纪40年代到50年代末,经典控制理论的发展与应用使整个世界的科学水平出现了巨大的飞跃,几乎在工业、农业、交通运输及国防建设的各个领域都广泛采用了自动化控制技术。

现代控制理论是在20世纪50年代中期空间技术的推动下发展起来的。空间技术的发展迫切要求解决诸如把宇宙火箭和人造卫星用最少燃料或最短时间准确地发射到预定轨道一类的控制问题。

现代控制理论比经典控制理论所能处理的控制问题要广泛得多,包括线性系统和非线性系统、单变量系统和多变量系统。这类控制问题十分复杂,采用经典控制理论难以解决。借助于数字计算机,现代控制理论已在航空航天技术、军事技术、通信系统、生产过程等方面得到广泛的应用。它的某些概念和方法,还被应用于人口控制、交通管理、生态系统、经济系统等的研究中。

在经济学领域,经济控制论把控制论引入了经济学,为经济学分析提供了新的途径和方法,它不再企图把复杂的系统视为简单的系统来近似地说明复杂的系统,力求找到适合于描述复杂经济系统的方法并用于指导经济运行。有关的著作国内外也都有一些。

突变论

在自然界和人类社会活动中,除了渐变的和连续光滑的变化现象外,还存在着大量的突然变化和跃迁现象,如水的沸腾、岩石的破裂、桥梁的崩塌、地震、细胞的分裂、生物的变异、人的休克、情绪的波动、战争、市场变化、经济危机,等等。在此之前,对突变现象严肃的科学研究几乎是空白的。

突变论(catastrophe theory)是研究客观世界非连续性突然变化现象的一门新兴学科,自20世纪70年代创立以来引起了科学界的重视,获得迅速发展和广泛应用。创始人是著名法国科学家和数学家雷内·托姆(Rene Thom),他于1972年出版的《结构稳定性和形态发生学》一书阐述了突变理论,指出自然界或人类社会中,任何一种运动状态都有稳定态和非稳定态之分。在微小的偶然扰动因素作用下,仍然能够保持原来状态的是稳定态;而一旦受到微扰就迅速离开原来状态的则是非稳定态。非线性系统从某一个稳定态(平衡态)到另一个稳定态的转化,是以突变形式发生的。突变理论作为研究系统演化的工具,能较好地解释和预测自然界和社会上的突变现象。

突变论第一次试图探索突变过程的奥秘,大大开拓了人类认识突变现象的视野,为预测和掌握突变现象提供了宝贵的思想和方法。

信息科学与计算机科学

从香农(C. E. Shannon)的信息论(information theory)到信息科学经过了三个发展阶段:

第一个阶段是狭义信息论。香农的信息论以通信系统模型为对象,以概率论和数理统计为工具,主要研究通信过程中消息的信息量、信道容量和消息的编码等问题。没有考虑信息的意义和效用方面的问题。

第二个阶段是一般信息论。主要是研究通信问题,但是新增加了噪声理论,信号的滤波、检测、调制解调,以及信息处理等问题。

第三个阶段是广义信息论。它是随着现代科学技术的发展而逐渐形成的。

计算机科学给人类社会带来的深刻影响,无论作何评价都不过分。相关的信息十分丰富,读者可自行去搜集了解。

因此,第二次世界大战以后,一般系统论、运筹学、控制论、信息科学和计算机科学以及系统工程和管理科学,互相渗透融合,构成了一个从自然界到人类社会,从基础理论到工程应用的广泛的系统科学图景。

系统论的后续发展

继贝塔朗菲之后,一些物理学家、生物学家和化学家还在各自的领域中沿着贝塔朗菲开创的开放系统理论深入研究一般系统论,并取得了一系列重要进展。其中最著名的是:普里戈金的耗散结构理论和哈肯的协同学。耗散结构论、协同学以及信息论一起,把系统的形成、结构和发展联系起来,成为推动系统科学发展的重要学科之一。

耗散结构理论

比利时物理化学家普里戈金于1969年提出了耗散结构理论(dissipative structure theory)。他认为,热力学第二定律以及统计力学所揭示的是封闭系统在平衡态和近平衡态条件下的规律,但在开放且远离平衡的情况下,系统通过与环境进行物质和能量交换,一旦某个参量变化达到一定的阈值,系统就有可能从原来的无序状态转化为在时间、空间和功能上的有序状态。他把这种在远离平衡情况下所形成的新的有序结构称为"耗散结构"。

普里戈金(1917—2003)

协同论

德国物理学家H.哈肯于1969年提出了协同学(synergetics)。他发现,激光是一种典型的远离平衡态时由无序转化为有序的现象,但他发现即使在平衡态时,也有类似现象,如超导和铁磁现象。这就表明,一个系统从无序转变为有序的关键并不在于系统是平衡或非平衡,也不在于离平衡态有多远,而是通过系统内部各子系统之间的非线性相互作用,在一定条件下,能自发产生在时间、空间和功能上稳定的有序结构,这就是自组织(self-organization)。

耗散结构理论和协同学从宏观、微观以及两者的联系上回答了系统自己走向有序结构的基本问题,两者都被称为自组织理论。因此,"现在,我们懂得,对于理解整体或系统来说,我们需要的不仅是理解其元素,还需要理解它们之间的相互关系"①。

复杂性科学

20世纪80年代以来,复杂性科学研究的兴起,对系统科学的发展起了巨大的推动作用。

客观世界的一切事物,从根本上说,都是相互作用的。非线性是数学概念,是相互作用的数学表达。一个系统不是各个部分之和,这意味着叠加原理失效。

20世纪80年代中期,国际科学界兴起了复杂性研究的高潮。一个突出标志是1984年在美国新墨西哥州成立了以研究复杂性为宗旨的圣塔菲研究所

---

① 贝塔朗菲:"序言",载拉洛兹:《系统哲学引论》,商务印书馆,1998年,第8—9页。

(Santafe Institute,SFI)。这是由三位诺贝尔奖获得者盖尔曼(M. Gellmann)、阿罗(K. J. Arrow)、安德森(P. W. Anderson)为首的一批不同学科领域的著名科学家组织和建立的,其宗旨是开展跨学科、跨领域的研究,称作复杂性研究。他们认为事物的复杂性是从简单性发展而来的,是在适应环境的过程中产生的。他们把经济、生态、免疫系统、胚胎、神经系统以及计算机网络等称为复杂适应系统(complex adaptive system),认为存在某些一般性的规律控制着这些复杂适应系统的行为。他们这种认识体现了现代科学技术的综合趋势,反映了不同科学领域的共识。

系统的分类及系统论研究的三个层面

系统论的任务不仅在于认识系统的特点和规律,更重要地还在于利用这些特点和规律去控制、管理、改造或创造一个系统,使它的存在与发展合乎人的目的需要。

系统是多种多样的,要进一步研究、了解系统各自的特点,就需要区分系统的不同类型。根据不同的原则和研究目的,可以将系统划分为以下不同类型:

按人类干预的情况分为自然系统、人工系统;

按学科领域分为自然系统、社会系统和思维系统;

按范围分为宏观系统、微观系统;

按与环境的关系分为开放系统、封闭系统、孤立系统;等等。

根据贝塔朗菲的观点,关于系统论的研究主要在三个层面上展开:

系统的科学:又称数学系统论。这是用精确的数学语言来描述系统,研究适用于一切系统的根本学说。

系统技术:又称系统工程。这是用系统思想和系统方法来研究工程系统、生命系统、经济系统和社会系统等复杂系统的技术。

系统哲学:研究一般系统论的科学方法论的性质,并把它上升到哲学方法论的地位。贝塔朗菲企图把一般系统论扩展到系统科学的范畴,几乎把系统科学的三个层次都包括进去了。

系统及其特性

从系统观点看,世界上任何事物都可以看成是一个系统,系统是普遍存在的。

贝塔朗菲写道:"系统可以定义为相互作用着的若干要素的复合体。……系统可以用不同的数学方法去定义。我们选取一组联立微分方程式作为例子来说明。Q_i 表示要素 $p_i = (1, 2, \cdots, n)$ 的某个量。对于有限数目的要素,处于简单的情况,就有如下形式:

$$\begin{cases} \dfrac{dx_1}{dt} = f_1(x_1, x_2, x_3, \cdots, x_n) \\ \dfrac{dx_2}{dt} = f_2(x_1, x_2, x_3, \cdots, x_n) \\ \quad\quad\vdots \\ \dfrac{dx_n}{dt} = f_n(x_1, x_2, x_3, \cdots, x_n) \end{cases}$$

任何一个量 Q_i 的变化,是所有 Q(从 Q_1 到 Q_n)的函数;反之,任一 Q_i 的变化,承担着所有其他量以及整个方程组的变化。"①

"当然,'系统'的这样一个定义,绝不是普遍的。它抽去了空间和时间的条件,而这些条件是要用偏微分方程来表示的。它也抽去了对于系统以前的历史事件可能有的依赖关系,(广义地说,'滞后作用')如果考虑这一点,就要把系统列成积分—微分方程。"②

实际上,哪怕只是描述一个多元素系统,随着我们关注的元素数量增加,其复杂程度就会呈指数增加,甚至超出我们的计算能力。而生活世界里,小到一个细胞、一个人,大到一所学校、一家工厂、一个公司、一座城市乃至国家经济等,都是系统。

人本身就是一个开放系统。我们无时无刻不在与四周环境交换物质、能量与信息。吸入一口气,就纳进了生命所必需的氧气,吐出一口气,就排出了人体不能利用的二氧化碳;一日三餐,吸收维持一天生命所需要的能量,还得排泄剩余的废物;读书看报、与人交谈,大脑与感知器官在与外界进行着频繁的信息交流。从来没有人曾经异想天开地想象过要与这种情况对抗。人若停止了上述与外界的物质、能量、信息的交换,让自己变成一个封闭系统,这个人也就无法生存了。

人体本身又是一个典型的复杂系统:我们是由各种器官组成的一个整体,各种器官之间相互连接、协调运作、自我调节和成长。从人体生理功能来说,人体有九大系统:运动系统、消化系统、呼吸系统、泌尿系统、生殖系统、内分泌系统、免疫系统、神经系统和循环系统。我们不需要动员自己的大脑命令消化系

---

① 冯·贝塔朗菲:《一般系统论:基础、发展和应用》,清华大学出版社,1987年,第52页。
② 同上。

统、呼吸系统如何工作。

当然不只是我们自身,生活世界中我们遇到的每个组织、每只动物、每个花园、每片森林,都是一个个的复杂系统。系统无处不在。

系统的整体与部分(组分)

系统论在这个问题上提供了最有价值的理念——整体观念。它颠覆了人们长期以来的机械论观念,也否定了还原主义做法的合理性。它告诉人们,认识和研究任何事物,都需要整体性思想的指导。

按照系统论的开创者贝塔朗菲的定义,系统是"相互作用的多元素的复合体"。

通常人们把系统定义为:由若干要素以一定结构形式连接构成的具有某种功能的有机整体。用精确一些的语言(集合论的语言)说,如果一个对象集合中至少有两个可以区分的对象,这些对象以特有的方式相互联系在一起,就称该集合为一个系统。

那么,有什么事物不是一个系统吗?是的,那些没有任何内在联系或功能的随机组合体就不是一个系统。举例来说,奥巴马和一只东北虎就不构成一个系统;喜马拉雅山和京沪高速路,就其本身来说也不是一个系统,因为它们之间没有什么稳定的内在连接,也没有特定的功能。类似地,在一个乡村小镇、一个工厂里,人们彼此熟识、经常交流,就会形成一个相对稳定的社会系统;而一个充满了各色陌生人等的新街区,就不是一个稳定的社会系统,直到这些人之间产生了一些新的连接关系,一个稳定系统才会形成。

但是,我们立刻需要补充说明的是,如果我们是在更大的空间里看问题,即考察更大的系统,那么,那些表面上关系遥远、貌似无关的要素,也会成为更大系统的组成部分。

系统的整体性

贝塔朗菲强调,任何系统都是一个有机的整体,它不是各个部分的机械组合或简单相加,系统的整体功能是各要素在孤立状态下所没有的新质(整体大于部分之和)。"'整体大于部分之和',这句话多少有点神秘,其实它的含义不过是组合特性不能用孤立部分的特征来加以解释。因此,复合体的特征与其要素相比似乎是'新加的'、或'突现的'。"[1]

任何要素一旦离开系统整体,就不再具有它在系统中所能发挥的功能。

---

[1] 冯·贝塔朗菲:《一般系统论:基础、发展和应用》,清华大学出版社,1987年,第51页。

"无论你举出哪一种生物现象,如胚胎发育、新陈代谢、生长发育、神经系统的活动,还是生物群落等等,你总可以看到,一个要素在系统内部的行为不同于它在孤立状态中的行为。你不能从各个孤立部分概括出整体的行为;为了理解各个部分的行为,你必须把各种从属系统和他们的上级系统之间的关系考虑进去。分析和人为隔离的方法是有用的,但是对于生物学的实验和理论却是很不够的。"[1]

由系统所组成的世界并不仅仅是一些事物的简单集合,而是由一组相互连接、功能互补、性质差异的要素构成的,只有这样的系统才是能够实现某个目标的整体。

当若干元素按照某种方式整合为一个系统,就会产生出单个元素和元素总和所没有的性质,如整体的形态、整体的特性、整体的行为、整体的功能,甚至产生整体的困难、整体的机遇以及整体解决问题的特殊途径等。系统科学把这种整体才具有的、孤立的部分及其总和不具有的特性,称为整体的涌现性(或整体的突现性,whole-emergence)。整体的涌现性主要是由它的组成部分相互作用、相互影响而激发出来的。经济学上的规模经济、管理学上的协同效应都是类似的概念。

整体涌现性的通俗表述,就是"整体大于部分之和"。整体中必然存在一些在部分中看不到的属性和特征。按照赫伯特·西蒙(Herbert A. Simon)的说法,就是"已知了部件的性质和它们的相互作用的规律,也很难把整体的性质推断出来"[2]。整体的涌现性也就是非还原性、非加和性,整体特性不能通过还原的方法认识到。系统论研究,很重要的一点就是要发现系统的整体性质。系统科学是关于整体性的科学。

作为特例,在某些特殊情况下,整体与部分具有相同的特性,可以进行量的加总,即整体等于部分之和。

罗素应该算是一位著名哲学家,也还是一位数学家。但是,他也是一位顽固地坚持机械论和还原论的人。他曾错误地指出:"一般说来,科学的进步是由于对科学研究对象进行分析和把研究对象人为地分离开来。像量子论所表明的那样,也许这种方法的合法性是有限度的,但是如果它不是经常或大致正确的话,那么科学的知识就不可能产生。因此把机械论的看法当作一个指导工作的假设,只有在出现了明显的反面证据时才把它抛弃,永远不失为一种审慎的态度。就生物学所研究的现象而论,直到今天我们还没有发现一件这样的证据。……我们没有任何理由假定支配有生命的物质的定律和支配无生命的物

---

[1] 冯·贝塔朗菲:《一般系统论:基础、发展和应用》,清华大学出版社,1987年,第63页。
[2] 赫伯特·西蒙:《人工科学:复杂性面面观》,上海科技教育出版社,2004年,第170页。

质的定律有什么不同。无奈却很有理由认为有生命的物质的一切行为在理论上都可以用物理学和化学解释明白。"①其实,罗素很少是一个严谨的人。他犯任何错误都不足为怪。只可惜,被他误导的人实在太多。

系统的部分(组分)

最简单的系统是二元素系统。但一般说来,所有的系统都是多元素系统。而且元素的各部分之间必须具有相关性,所有元素都按照系统特有的方式彼此关联,相互依存、相互作用、相互补充、相互制约。系统中不存在与其他元素无关的孤立元素。

一些系统的构成要素是比较容易发现的,因为它们是可见、有形的事物。例如,树是由树根、树干、树枝、树叶这些要素构成的。但是,要素并不一定都是有形的事物,一些无形的事物也可以是系统的要素。比如在一所大学中,学校的声誉和学术能力就是该系统中至关重要的两大要素。

事实上,当我们试图想要罗列出一个系统中的所有要素时,就会发现这几乎是一项不可能完成的任务。你可以把一些大的要素分解为若干子要素,并进而细分为子子要素,但是,要素之间的无限联系,很快就会使人迷失在由复杂联系的元素联结而成的系统海洋里,这时,你就可能变得"见树木不见森林"。

子系统、系统的层次与结构

一个系统中通常包含很多子系统,而它本身也可以作为子系统而嵌入到其他更大的系统之中,成为那个更大的系统中的一部分。

人体内的细胞是某个器官的一个子系统,而那个器官又是你身体这一有机系统中的一个子系统;你自身又是一个家庭、一支球队或一个组织的一个子系统,而它们又是一个城镇或城市、国家的一个子系统,以此类推。

系统和子系统的这种包含和生成关系,被称为系统的层次性。而系统内部各个要素或组成部分之间的关联方式(系统把其要素整合为一个统一整体的模式)的总和,叫作系统的结构(structure)。

因此,系统的层次性是指由于组成系统的诸要素的差异性,从而使系统组织在地位与作用、结构与功能上表现出等级秩序性,形成了具有分工、协作性质的系统等级。

以生命系统结构层次为例。

生物学上,整个生命自然界从高到低可以划分为九个层次:生物圈—生态系统—群落—种群—个体—器官系统—器官—组织—细胞。

---

① 罗素:《人类的知识:其范围与限度》,商务印书馆,1983年,第47页。

在这里,我们可以根据系统的层次性特性,重新回答马科斯·韦伯所提出的科层制社会结构。在韦伯那里,科层制是一种"权威"存在的理想模式,是"在大型组织中对工作进行控制和协调的组织原则"。韦伯认为,传统型权威管理不了复杂的事业,无力处理冲突,不能适应新的形势。劳动分工和专业化必须通过组织的等级制(权威)进行协作。现在看来,这些解释虽然有一定道理,却也有些牵强。

而根据系统论,任何系统,如生态的、有机体的、社会的(公司、军队、经济)系统等,都具有层次性。这并不是偶然的。如果各个子系统基本上能够维系自身,发挥一定的功能,并服务于一个更大系统的需求,而更大的系统负责调节并强化各个子系统的运作,那么就可以产生并保持相对稳定的、有适应力和效率的结构。

在具有层次性的系统中,各个子系统内部的联系要多于并强于子系统之间的联系。虽然每件事物都和其他事物存在联系,但不同联系的强度并不一样。例如,在一所大学中,同一个院系或年级的人会更加熟悉,交流更多,与其他年级或院系的交流通常较少;组成肝脏的细胞,彼此之间存在更加密切的联系,而它们与组成心脏的细胞之间联系就较少。如果层级中每个层次内部和层次之间的信息连接合理的话,反馈延迟就会大大减小,没有哪个层次会产生信息过载。这样,系统的运作效率和适应力就得以提高。

系统的关联与反馈

系统既有外在的整体性,也有内在的机制来保持其整体性。这是通过系统的关联与反馈机制实现的。

关联机制(或系统的关联性)是指系统与其子系统之间、系统内部各元素之间、各子系统之间和系统与环境之间的相互作用、相互依存和相互联系。关联性是系统得以存在(或保持生命)的内在机制。离开关联性,系统就无法存在,看不到关联性就把握不了复杂系统的本质。

例如,一个大学系统中,系统要素包括教师、学生、教室、图书室、实验室等元素,它们通过入学考试、专业选择、授课、学术讲座、自习、考试、课余交流等活动联系起来和相互作用,并且通过社会需求、就业等与整个社会联系在一起。当然,最终达成的是知识的传授和技能的获得,这正是整个大学系统的本质所在。

大家知道,宇宙飞船的研制是一个庞大而复杂的系统工程,需要许多学科、许多部门、成千上万的人的共同努力。而学习经济学的人更应该知道,经济现象要比宇宙飞船更加错综复杂。在一个由多变量构成的经济系统中,多个变量之间存在着双向的或多向的关联关系。

　　模拟一个国家的经济运行、一个企业的经济活动,都需要建立最庞大、最复杂的联立方程。所谓联立方程模型是指用若干个相互关联的单一方程,同时去表示一个经济系统中多个变量间互为因果、相互依存性的模型。但是,这几乎是一项根本不可能完成的任务。就目前大家常用的计量经济学建模理论而言,实际上存在许多弊端:在模型建立之初,首先需要明确哪些是内生变量,哪些是外生变量,这其实并不容易;模型参数估计十分复杂,如果错误地指定了系统中的某个方程,这个错误就将传递给系统的其他方程;变量间存在动态联系;等等。由于存在这些局限性,我们看到,那些运用这种方法的政策制定机构、经济咨询机构和金融机构屡屡犯错,甚至是威信扫地。

　　各种系统都能够对各种内外部事件做出反应,也对各种错误或不足进行修补、改善和调整,以实现其目标,并生机勃勃地生存下去。对内部因素的变化所做出的反映,可以使系统自我进化、演变,甚至生成另外一些全新的系统。尽管有些系统本身可能是由各种无生命的要素构成的,但是,所有的系统都会产生各种变化。

　　一个系统之外的一切与它相关联的事物构成的集合,称为该系统的环境。任何系统都是在一定的环境中产生,又在这一环境中运行、延续、演化的,不存在没有环境的系统。前面提到,一个系统还通过能量、信息的输入、输出与外部环境保持联系和相互作用,这是系统与外部环境的关联性,这种关联和相互作用是系统对环境的依存关系,这种环境依存行为叫作适应和反馈机制。

　　反馈既可能使系统整体维持在某一个状态范围内,也可能使系统发生膨胀或收缩(增长或减少)。在任何一种情况之下,只要输入量或输出量发生改变,与之相关的系统规模、系统状态也会随之改变。一旦输入、输出和环境发生变化,系统就会启动一个修正的过程,调节输入或输出的数量或速度(也有可能同时调整二者)。这也可能产生一个新的反馈信号,再次启动一个控制反馈行动,从而形成一系列连锁反应。

　　反馈机制是所有系统,尤其是生物和社会系统存在和发展的基础。我们所做的任何一件事,无论是个人,还是某个行业或社会,都离不开反馈机制。系统的存在和发展是通过系统内部的反馈机制来实现的,包括负反馈机制和正反馈机制。

　　负反馈是一种形式的反馈机制,它通过反馈回路(反馈回路就是一条闭合的相互作用链)使系统达到和保持平衡或稳态,反馈的结果是抑制和减弱最初发生变化的那种成分所发生的变化。例如,如果草原上的食草动物因为迁入而增加,植物就会因为受到过度啃食而减少,植物数量减少以后,反过来又会抑制动物数量,即负反馈的作用是使系统保持稳定。

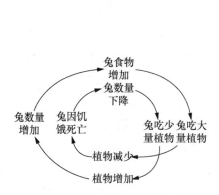
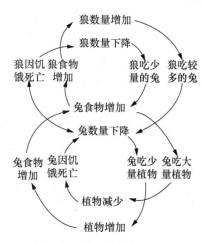

兔种群与植物种群之间的负反馈　　**两个负反馈之间的相互关系**

正反馈是另一种形式的反馈机制。其作用与负反馈调节相反,即当系统中某一元素发生变化时,引起其他一系列元素的相应变化,并反作用于最初发生变化的元素,加速或强化其变化。

因此,正反馈调节的作用往往是使系统远离稳态。

在澳大利亚殖民者拓荒的时代,殖民者把兔子、猫等动物带到了澳大利亚,在繁衍了一百多年之后,它们都成了令澳大利亚头痛的大问题。兔子在澳大利亚已经达到了 40 亿只,这个数量相当于澳大利亚人口的 200 倍。

澳大利亚少见狼等大型肉食动物。兔子的繁殖能力强,在少有自然天敌的情况下,数量呈几何级数增加,而且兔子喜欢到处打洞,破坏土壤表层。兔子泛滥成灾,对草场的极大破坏,造成原有物种的生存空间急剧减少,危害的畜牧业为主的澳洲农业和其他本土食草动物,引发从自然环境到社会经济环境的全面灾难。

澳大利亚泛滥的兔灾

外来生物入侵是一个全球性的问题。联合国生物多样性公约组织2010年3月发表报告说,美国、澳大利亚、英国、南非、印度和巴西每年因为外来生物入侵而蒙受的损失估计超过1 000亿美元。2010年的主题就是"保护生物多样性——防止外来物种入侵"。

正反馈的作用是不断放大、增强原有的发展态势,自我复制,像"滚雪球"一样。其表现是使系统进入一个强化的(良性或恶性)循环,既可能导致系统不断成长,越来越好,也可能使其像脱缰的野马,导致局势越来越差,造成巨大的破坏甚至毁灭。这一类反馈又被称为"增强回路",包括人口增长、技术进步、创新、经济发展、环境变化、感染艾滋病的人数增长、玉米地里的害虫增加,或者军备竞赛过程中的武器装备增长等,都是如此。

在经济系统中,实体资本(如机器设备和工厂等)的存量越大、生产效率越高,产量也就越大。而产量越大,就可以有更多的投资形成新的资本。这是一个增强回路。在这里,投入产出比越高,资本存量的增长就越快。

但是,这里需要强调的是,没有一个系统能够保持简单的线性增长,每个系统不同时期的增长速度不会是固定不变的。另一方面,在现实环境中,相对稳定的系统是非常普遍的,一般说来,没有任何真实的系统可以永无止境地成长下去。一个物种、一个企业、一个国家,莫不如此。

开放系统与封闭系统

秩序是如何产生的?这个问题长期困扰着探索秩序、寻求规律的人们。而系统论给出了迄今为止最为合理的回答。这就是开放系统理论。这是一个理解自然秩序、社会秩序的关键原理。

开放系统是一般系统论中重要的基本概念。在20世纪对于系统的研究中,根据哈肯、普里戈金等人的观点,现代系统科学揭示出两类系统:封闭系统和开放系统。

开放系统的特点是系统与外界环境之间有物质、能量或信息的交换。开放的世界(系统)是有序的。比利时统计物理学家普里戈金称之为"耗散结构理论"。耗散结构理论是一种关于开放系统从无序到有序的演化规律的理论。耗散结构是指处在远离平衡态的复杂系统在外界能量流或物质流的维持下,通过自组织形成的一种新的有序结构。

普里戈金归纳得出,形成有序结构(耗散结构)需要下列条件:

第一,系统是开放的。耗散结构理论认为,对于孤立系统来说熵是增加的,总过程是从有序到无序;而对于开放系统来说,由于通过与外界交换物质和能量,可以从外界获取负熵用来抵消自身熵的增加,从而使系统实现从无序到有序、从简单到复杂的演化。

第二,远离平衡态。远离平衡态是系统出现有序结构的必要条件,也是对系统开放的进一步说明。开放系统在外界作用下离开平衡态,并形成有序结构。

第三,非线性相互作用。组成系统的子系统之间存在着相互作用,一般来讲,这些相互作用是非线性的,不满足叠加原理。正因为这样,由子系统形成系统时,会涌现出新的性质。

第四,涨落。涨落是指对系统稳定状态的偏离。对于远离平衡态的非平衡态系统,随机的小涨落有可能迅速放大,使系统由不稳定状态跃迁到一个新的有序状态,从而形成耗散结构。

开放系统与环境之间有物质、能量或信息的交流,开放系统的稳态是一种动态平衡。开放系统具有一定的自动调节能力,但保持系统的稳定性也有一定的限度。

普里戈金则写道:"我们现在知道,在远离平衡态的地方,一些新型的结构可能自发地出现。在远离平衡的条件下,我们可能得到从无序、从热混沌到有序的转变。可能产生一些物质的新力学态,反映了给定系统与其周围环境相互作用的态。我们把这些新的结构叫作耗散结构,以强调耗散过程在这些结构的形成中所起的建设性的作用。"[①]

用系统思想来观察现实世界,几乎一切系统都是开放系统。开放系统与环境之间有物质、能量或信息的交流,所以开放系统的运动在一定条件下可以是一个减熵的过程,能使系统趋向于组织化和有序化。复杂系统一般具有多目标,甚至互相矛盾的目标,这些目标需要通过各子系统之间的协调或协同作用才能达到。

城市就整体而言是一个开放系统、一种耗散结构,它需要从外界输入各种各样的食品、燃料和原材料,同时也不断地输出大量的"废物"。城市输出的"废物"是城市难以避免的污染源头。同样,地球上生物进化的历程也是开放系统演化的一种重要模式。

封闭系统则相反,它与外界环境之间不存在物质、能量或信息的交换。19世纪热力学的研究已经严格证明,一个系统,如果处于封闭状态,与外界全然没有任何交换,那么这个系统就只会自发地走向混乱无序,或迟或早总会走向"死亡"(或"热寂"),即热力学意义上的均匀无序态或热混沌态。这也正是热

---

① 普里戈金、斯唐热:《从混沌到有序:人与自然的新对话》,上海译文出版社,1987年,第46页。

力学第二定律的熵表述所揭示的内容：一个孤立的系统，其熵增不小于零，系统只会自发地向均匀无序、组织解体方向演化。

例如，当我们把两种液体倒入同一个容器中，都会经过扩散变成某种均匀的混合物；存在温度差的两个物体相互接触，最终温度差会消失而变得均匀。

封闭的世界（系统）是混沌的、无秩序的。热力学第二定律指出：系统处在热平衡态就是有最大的混乱度，此时熵值达到最高，系统即出现所谓"热寂"（不再有"有序"的热运动）。对于一个孤立系统，由于孤立系统与环境之间没有能量交换，系统最终必然要达到平衡态。

热力学第二定律不仅适用于自然界，也适用于人类社会；不仅适用于微观世界，也适用于宏观世界。近代以前，世界各民族分散孤立，更没有快捷的信息传播手段，没有形成一个世界范围的流行观念，是一个封闭、停滞的时代。

热力学中的熵增定律只能适用于孤立系统（即封闭系统），并不适用于开放系统。在严格意义上，封闭的系统是不存在的。所谓的严格封闭系统，实际上只是一种理论的抽象。物理学中的所谓孤立系统（即封闭系统）可看作开放系统的一种特例。实践中，在一定的条件（如实验室）下，我们可以人为地造成近似封闭的条件，得到近似封闭的系统。

时间、过程与系统演化

只要我们观察的时间尺度足够大，就可以看到：任何系统都处在不断的演化之中，系统演化是作为过程而展开的。

系统中的时间

时间是什么？这并不是一个容易回答的问题，也不是一个已经解决了的问题。我们先把它定义为度量"过程"的一种尺度。

"尺度"是度量和评判事物的标准，是工具。工具的意义不言而喻。电脑用来加强人的记忆和计算能力；望远镜、雷达等增强了人的视力；刀具代替了人的牙齿和手指；汽车、飞机、轮船等运输工具加强了人的运移能力及载重能力。我们工作、学习、研究的结果，很大程度上取决于工具的效力。

日常谈到的工具大多是有形的、可见的实物，如通常所称的机器、设备等。随着技术的进步，我们又发明了很多看不见的工具，电、电磁、电脑软件便属此类。当然，必须补充的一点是，在我们的生活中，还有许多"形而上的工具"。

"形而上的工具"是我想到的一个概念,我把它定义为"无法验证的工具"。也就是说,它们之所以是工具,只是因为人们把它们当作工具,它们的意义是帮助我们认识和理解外部世界,如时间、效用、进步、发展等都属于这类工具。

钟表是工具,它是用来表征时间的,钟表把一天的时间分成了24小时,它让大家可以看见并计量时间。但是,时间是非常抽象的事物,人类真的能够用一种可见的工具精确地描述这种抽象的东西吗?换言之,钟表在什么意义上是一个有效的时间尺度?进一步,什么样的时间是一个有效的、合理的时间尺度?

在过去的100年中,人们观测到全球气温上升了约1℃,并伴随有二氧化碳浓度的扬升。这些信息让世界为之震惊,全球气候变化成为当今的热门话题,甚至对政治与经济格局也产生了不容忽视的影响。问题是,这值得让人惊恐吗?我们人类又有多大能力抵御全球的气候变化?

现代气候科学告诉我们:自85万年前开始,地球重复着冰川的逐渐累积、突然的温暖气候和短暂的冰川退缩期,每个冷暖交替周期大约持续10万年左右,每个周期最高与最低温度之差在3℃—5℃,这种周期性的变化被认为主要是由于地球在绕轨道运动时倾斜角度发生变化引起的。

在不同的时间尺度上,全球气温呈现出幅度不同的周期性波动。如果我们再次把时间尺度放宽到数亿年。自现代大气形成后,地球的气候在"冰室"和"温室"中切换,在过去的5亿年间,出现了4个主要的暖期和4个主要的冷期。在冷期,极地以及大量的陆地被冰川覆盖,全球平均温度低;而在暖期,极地冰川很少或消失,陆地冰川消失。

在地球的"冰室"和"温室"面前,一切生命(包括人类在内)都无法阻挡,它重塑地貌,重塑生命,它"随意"地将森林变为草原甚或沙漠,它也能"轻易"地将荒漠染成绿洲。

由此可见,研究任何系统的过程,时间尺度都是一个至关重要的因素。选择了不同的时间尺度,完全可能得出不同的结论。根据海洋科学,海洋表面分为海洋上层和海洋深层。海洋上层的变化受到大气和冰雪圈的相互作用,其特征时间尺度为几个月到几年;而深海,其特征时间尺度则为数百年。实际上,由于时间尺度问题的存在,地球上的许多子系统及其相互作用过程的复杂性与不确定性都难以描述。例如,生物圈及其内部过程复杂性的气候模拟就是一个难题。这里涉及生物界本身的变化,它直接影响到气候的变化;人类活动作为特殊的生物活动对气候产生直接或间接的影响;另外地球自转、公转的速度、角度以及月球的旋转等都有很大影响,并且不同尺度的变化是相互叠加的。"迄今人们已经认识到的气候变化其时间尺度的跨度相当巨大。从长达数百万年、数千年的大冰期和大间冻期循环,到短于几百年、几十年甚至几年或数个月的短期气候振动,全球各地气候变化的时间尺度谱几乎覆盖了全部频率段。若以最短时间尺度取为一个月来描述这些不同时间尺度的气候变化,它可一直延伸到以万年为单位的时间尺度的气候变化。事实上,各种不同时间尺度的变化呈相互叠加、相互交织的状态。"①然后则有从气候变化到生态变化,再从生态变化到人类活动变化的一幅幅错综复杂的系列变化图像。

其实,早在中国古代思想家庄子那里,就有这样的语言:"朝菌不知晦朔,蟪蛄不知春秋,此小年也。楚之南有冥灵者,以五百岁为春,五百岁为秋。上古有大椿者,以八千岁为春,八千岁为秋,此大年也。而彭祖乃今以久特闻,众人匹之,不亦悲乎!"

但是,时间确实是一个有些神秘性质的事物。"它深奥难测的性质,是有史以来人们日夜捉摸的对象。"甚至爱因斯坦常说:"时间是一种错觉。"的确,物理学基本定律所描述的时间,从经典的牛顿动力学到相对论和量子力学,均未包含过去与未来之间的任何区别。

除了上面时间尺度上大小的问题,在现代科学中,更有不同意义上的时间,如生物钟、化学钟等。

无论是在现代科学中还是在习惯观念中,人们都把时间当作均匀的、绝对的概念,这也是经典力学中的时间。但是这样一个时间概念,却只是相对于参照系而言的。在狭义相对论中,光速是测量时间、空间的共同尺子。时间、空间和运动着的物质不可分割地联系在一起,组成四维时空,构成宇宙的基本结构。光速在狭义相对论中是绝对量,对于任何惯性参照系光速都是常量 c。所以,时间、空间的测量数值是相对于具体惯性系的,而且在测量值上也不是绝对的,运动的尺相对于静止的尺变短,运动的钟相对于静止的钟变慢。如果再考虑到量子力学的测不准原理,一些基本量度——如长度和时间等,都具有测不准性。

在经典科学领域中,时间只是一个外在的几何参数,没有方向,而且过去和未来是对称的,也就是柯文尼、海菲尔德所说的"许多科学理论中,时间的方向无关紧要。如果时间倒走,现代科学的几座大厦——牛顿力学、爱因斯坦的相对论、海森堡和薛定谔的量子力学,也都同样站得住脚"②。

"经典力学以特别清楚和显著的方式表达了静止的自然观。这里,时间显然被约化为一个参数,未来和过去是等价的。诚然,量子论已经提出了许多经典动力学未能解决的新问题。但它仍然保留了不少经典动力学的概念立场,尤

---

① 转引自丁裕国:"论地球自然系统的不确定性",http://blog.sciencenet.cn/u/dyg-nuist。丁裕国,南京气象学院环境科学系教授,中国暨江苏省气象学会统计气象委员会委员,在气候概率模型理论与应用、气象场统计诊断预测等领域的研究达到国际先进水平。

② 彼得·柯文尼、罗杰·海菲尔德:《时间之箭》,湖南科技出版社,1995 年,第 2 页。

其是对时间和过程而言。"①的确,有一些人为的过程是时间上可逆的,例如某些封闭环境下的某些实验等。不过,这种时间上可逆的过程恰恰是由人的行为的动机和目的决定的。但是,自然过程却必然包含随机性和不可逆的基本属性。

但是,至少现在我们知道,按照现代科学观点看,这样的时间概念是荒谬的。"牛顿的运动理论,在有些场合之下不适用:当物体的速度接近光速时,它不适用;在大质量、高引力场,包括黑洞的情况下,它也不适用;它也不适用于牵涉到原子和亚原子粒子的极小尺度上。"②时间本性不可逆!

对于热力学、统计物理学和自组织理论等描述的系统,时间描述物体运动的持续性,以及事件发生的顺序。在这里,时间具有方向性,过去和未来不再对称。科学家形象地把它比喻为"时间之箭"(arrow of time)。时间之箭不能被忽略,它指向系统演化的方向。系统科学主要研究不可逆过程,系统演化理论是关于不可逆过程的理论。现实世界中,不可逆过程显然是普遍的和根本的,可逆过程实际上是一些虚拟化模型。任何系统、任何事物都是有历史的。

从更根本的意义上说,时间不可逆还意味着:"人生短促有限,光阴一去不返。时间不由自主地向前走,每个时刻我们都得抢,都得尽情玩味。昙花一现,生命的神秘更加神奇;朝生暮死,更使我们觉得时间的不可逆。……人生的悲哀归根到底来自时间的不可逆转。不言而喻,最后胜利属于死亡。凡是活着的都要死,这事实就是时间流逝的铁证。"③而忘记这一事实,却正是所有形而上学知识和理论的根本特征。

时间不可逆,正是从认识到这一点开始,时间就与演化科学、系统科学挂钩了。

但是,在新古典传统的主流经济学里,它所信奉的教条就是不分过去、未来的可逆时间观。实际上,经济学家所描绘的系统是静止的。其实,说世界由一些简单的、永恒的法则所支配,与"时间可逆"只是同义反复而已。这正是那些"以揭示世界永恒法则"为己任的经典科学的错误所在。

经济学家眼里的世界是一幅什么样的图景呢?

每个个体都追求自己的最大效用,并且具有无限理性,信息是完备的,不存在不确定性和无知;制度是外生的,因此也是无关紧要的;任何调整通过市场相对价格的变化实现,也就是说,价格机制是唯一指引各种经济活动的工具;私人成本和收益与社会成本和收益一致;所有的交易都在零交易成本的背景中发

---

① 普里戈金、斯唐热:《从混沌到有序:人与自然的新对话》,上海译文出版社,1987年,第45页。
② 彼得·柯文尼、罗杰·海菲尔德:《时间之箭》,湖南科技出版社,1995年,第9页。
③ 同上书,第3页。

生,一切的一切都会回到均衡!

同样,在 20 世纪后期发展起来的新制度经济学的世界里,只是比新古典经济学增加了一种影响"因素",这个因素就是"制度"。他们不只是借用了现代经济学的前提假设,沿用了现代经济学的分析框架,而且在方法上也全无变化。而新制度经济学家却要用传统经济学的思维方法来建立一种全新的、可与之分庭抗礼的理论体系,甚至是取代现代经济学(科斯的愿望),如何可能?

在我看过的经济学著作中,好像只有米塞斯认真地谈到过"时间"。他的《人类行为》的第五章,题目就叫"时间"。他说:"'变'这个概念意含着'时序'概念。固定的、永久不变的世界,是脱离了时间的世界,是死的世界。变与时间这两个概念是不可分的。行为的目的在于变,所以行为是在时间的程序中。人的理智无法想象无时间的情况和无时间的行为。"[①]看来是受到了柏格森和怀特海的影响,后面他使用了绵延的概念。

其实,我们需要的是信息经济学,是能理解不确定性的经济学,是基于系统科学、复杂性科学的经济学,而不是基于机械论、还原论的经济学。我们需要的是有助于理解人类如何决策的科学理论。

系统的过程

"过程"概念有何意义?世界中的一切都处于持续变化的过程之中。成长是个过程,学习是个过程,发展是个过程……没有过程的概念,只能静止地看问题,就无法确立动态的观念和理论,就不会看到"历史"的意义,就无法解释变化的世界。正是意识到了经典科学在解释世界时遇到的问题,海德格尔完成了《存在与时间》,怀特海写出了《过程与实在》。怀特海是特别强调"过程"的。他拒斥"理论世界中那些永恒的东西"。其中当然也包含着对"普遍化"各种理论的否定。他强调事物的生成、发展和演化,否定停止僵化、固定不变的宇宙观,反对用孤立、静止、割裂的观点去观察事物。

所有的系统都具有演化过程,包括系统的发生过程、发育过程、相变(从一种结果变为另一种结果)过程、老化过程、消亡过程等。在这个意义上,所有的系统都应该作为过程来研究。但是,在每一种具体情况下即特定的时间尺度下,有些系统变化显著,另一些系统则几乎看不到明显的变化。

如果按照数学特性对过程进行分类,则有连续过程与非连续过程、线性过程与非线性过程、确定性过程与随机过程、平稳过程与非平稳过程、记忆过程与

---

① 米塞斯:《人的行为》(上),远东出版事业股份有限公司,1991 年,第 159 页。

无记忆过程等。

长期以来,经济学太沉迷于系统产生出来的结果,却很少关注系统行为的历史,也不善于从后者中发现线索,去揭示潜在的系统结构。要知道,系统结构和关联才是系统行为与事件产生和演进的根源所在。

杰弗里·M.霍奇逊的《经济学家是怎样忘记历史的》(前两章值得阅读,第1章,一般性理论的局限;第2章,历史特性问题)虽然使用了"历史"概念,他所强调的同样是过程的重要性。

在霍奇逊看来,历史是重要的,每一个复杂的系统、每个人、每个社会都从历史中走来,都带有过去的痕迹。但是,正如霍奇逊所看到的:"好几个世纪以来,科学家们一直对一般性理论羡慕不已。古希腊人……毕达哥拉斯……牛顿……法拉第……爱因斯坦……科学在努力实现统一:它致力于发现一般性理论。……如同在自然科学中一样,一般性理论在社会科学中具有巨大的魅力。……总体来说,在20世纪的后半期,一般性理论已经渗透到了经济学和社会学的各个领域。人们假定了一般性的原则,探索它们的逻辑结果。社会科学至少在这一方面将物理学和其他自然科学作为自己的楷模。理论越具有一般性和概括性,其威望就越大。普适化获得了殊荣。"[1]

对于上述科学梦想,霍奇逊指出:"这样的目标是不可能实现的,至少在社会科学领域中是这样。……人们对一般性理论的迷恋,部分地导致了在现代经济学和社会科学中存在一定程度的忽略历史的现象。本书认为,一般性理论在社会科学中只有有限的作用。具有历史特征的特定理论仍拥有其一席之地。"[2]

系统的自组织与适应性

按照系统动力学,系统演化的动力可以来自系统内部,即系统各要素、组成部分之间的合作、竞争和变化等,引起系统规模、关联方式、功能、特性的改变。系统所具备的这种使其自身结构更为复杂化的能力,被称为"自组织"(self-organization)。无论是从一片雪花,还是窗户上的冰晶,或者是过饱和溶液的结晶体中,我们都可以看到简单的自组织的工作原理和机制。

另外,系统演化的动力也可以来自外部,环境的变化以及环境与系统相互联系和作用方式的变化,都会不同程度地导致系统的内部发生变化,最终导致

---

[1] 杰弗里·M.霍奇逊:《经济学是如何忘记历史的》,中国人民大学出版社,2007年,第4—8页。
[2] 同上书,第4页。

系统的整体特性和功能的变化。这被称为系统的适应性。

系统的自组织

对于一个有机系统而言,自组织是一个普遍的特性。"自组织并没有什么玄奥,……它是在远离平衡态的情况下,含有时间之箭的物理定律的必然后果,尽管这是个出人意料的后果。"①

过去,一些系统理论研究者曾认为自组织是系统的一种复杂特性,不可能被完全理解,人们也曾运用计算机建模技术去仿真、模拟一些系统的行为,当然,这主要针对的是一些内在作用机理清晰、可以定量描述的系统,而不是一些可以进化的复杂动态系统,因为人们会主观地认为后者不易被理解。

然而,新的发现表明,系统通常具有自组织的特性,具有塑造自身结构、生成新结构、学习、多样化和复杂化的能力。即使是非常复杂的自组织形式,也有可能产生于相对简单的组织规则。仅用一些简单的组织原则,就可以引起非常多样化的自组织结构。

例如,所有生命都是基于 DNA、RNA 和其他蛋白质分子等遗传机制中内含的基本组织规则繁衍生息的,从病毒到红树林,从变形虫到大象,均是如此;农业的发展和相关机制都始于一个简单的创意,即人类可以在一个地方定居下来,拥有土地,并选择和培育作物,比如文字的发明、车轮的发明、火药的发明、计算机的发明……

对一个系统来说,要素、内在连接和目标,所有这些都是必不可少的,它们之间相互联系,各司其职,走向一个整体目标。基本上可以说,任何组织,自其诞生的那天起,就会像一个有生命的机体一样,通过学习模仿、自我调整以及组织变革以适应外部变化。这也就是彼得·布劳(Peter M. Blau)和马歇尔·梅耶(Marshall W. Meyer)所说的:"组织一旦建立,就倾向于存在下去。构成组织惯性或长久性的原因对许多人来说是多样的,但是,一旦组织进入常态运作,……维持组织是有好处的。当组织强调的问题不断出现并不断需要解决的时候,就有必要让组织长期存在。"②

现在我们可以回顾一下经济学中的新古典厂商理论,微观经济学上的厂商理论分析考虑了几个变量?只有一个,那就是价格。其他那些内部、外部影响因素——相互联系、各司其职的内部各要素和各子系统——都被还原论的方法论给过滤掉了,或者被"合理地"抽象掉了。

难道企业不是一个具有"自组织"功能的有机体?其各部门、各层级都发

---

① 彼得·柯文尼、罗杰·海菲尔德:《时间之箭》,湖南科技出版社,1995 年,第 187 页。
② 彼得·布劳、马歇尔·梅耶:《现代社会中的科层制》,学林出版社,2001 年,第 194 页。

挥着独特的功能和作用,由此才成为一个具有协同效应的整体系统。像主流经济学一样把企业简化为一个只对价格做出反应的抽象概念,哪里还是真实的企业?难怪科斯称新古典厂商理论是一个完全的"黑箱"。

系统的适应性

不同的系统,由于它们有着不同的结构,因而呈现出不同的演化、适应能力。"复杂的适应系统包括正在学习母语的儿童;正形成对抗抗生素的耐药性的一群细菌;检验新理论的科学团体;一个获得创造性思想的艺术家;一个形成新习俗或接受新迷信活动的社团;被设计用于发展赢棋新策略的计算机;发展各种方法来使本种族和谐地生活在一起,并和地球上其他生物和平共存的人类。"①

我们人类中的每个人除了本身都是单个的复杂适应系统外,每一个人还都在以多种不同的方式发挥着复杂适应系统的作用。如果"大家又组成一个共同的实体,这一实体通过所有这些组成部分为改善他们的地位,或至少谋求经济上的利益,所作出的努力而不断地发生演化。这样一个共同体自身也能够成为一个复杂适应系统。诸如公司或部落这样有组织的共同体,同样可以作为复杂适应系统。从整体看来,人类还没有很好地组织在一起,但在很大程度上,它已经起着复杂适应系统的作用"②。

人类主要靠个人或集体的智慧来获得知识,而其他动物作为复杂适应系统的运作方式是通过直接的基因遗传来获得它们生存所必需的绝大部分信息。它们"本能"地从经验中学习的能力本身就是生物经过数百万年进化的结果。"而且,进化不仅产生了学习,而且还产生了其他的新型复杂适应系统,比如哺乳动物的免疫系统。免疫系统经历了一个与生物进化自身相类似的过程,但是它所需要的时间是以小时或大来度量的,这样使个体能及时地判断出入侵的组织或外来的蛋白质并产生免疫反应,而进化则是以百万年计的。事实表明,复杂适应系统普遍都会产生出其他的复杂系统。"③

例如,生物进化会促使生物"本能"地解决所碰到的问题,而且它还会使生物体产生足够的智慧,从而通过学习来解决类似的问题。"复杂适应系统在各种不同过程中所起的作用,比如地球生命的起源、生物进化、生态系统中各种生物的行为,哺乳动物免疫系统的运作,动物(包括人类)的学习与思考,人类社会的演变,金融市场投资者的行为,以及为发展策略或在以往观察的基础上作

---

① M. 盖尔曼:《夸克与美洲豹:简单性和复杂性的奇遇》,湖南科技出版社,2002年,第10页。
② 同上书,第19页。
③ 同上书,第20页。

出预言而设计的计算机软件及(或)硬件的使用等等。"①

有这样一些系统,即使受到各种冲击,依然在这个充满竞争的世界中顽强地生存着,保持着它们的从容与淡定,保持着稳定和平衡等。这类系统属于适应性强的系统。

地球上多数的动植物具有相当强的适应力,在同一片蓝天下迁徙,随着天气的变化、食物的丰俭以及人类活动的影响而繁衍兴旺或衰败消亡。由于很多种群和整个生态系统具有令人难以置信的丰富基因及变异能力,它们也具备"学习"和进化能力。如果时间足够久,它们就可以塑造出一个全新的系统,以充分利用各种变动的机会,获得生存和发展。

人体就是一个令人称奇的、具有很强适应力的系统。它可以抵御成千上万种病毒、细菌等有害物质的入侵,可以适应各种不同的温度以及差异很大的食物,可以根据需要调整血液供应,可以修补、愈合创伤,可以加快或减慢新陈代谢速度,甚至可以在一些器官受损或缺失的情况下做出适当的调整或补偿。

对于人类来说,很多慢性疾病,如癌症、心脏病等,都源自人体适应力机制的崩溃,这类机制可以修复 DNA、保持血管的弹性,或者控制细胞分裂。往往更加复杂的系统结构,有更强的复原能力,可以学习、创造、设计和进化。这类系统具有很强的自组织性和适应性。

当然,我们也可以看到一些适应性弱的系统,如青藏高原、黄土高原的生态系统。由于自然条件、气候变化、地理位置、人类活动等原因,产生了脆弱的、易受损坏的生态系统。

对于生态系统来说,很多生态灾难的发生也是因为适应力的丧失,例如一些物种的消失、土壤生化机制的破坏或者毒素的积累等。同样,各类大型组织(如企业、政府等)适应力的丧失,也是因为其对环境的感知和响应机制、反馈过程过于冗长、低效,要么存在很多层级,要么有很长的时间延迟或信息失真。最大的威胁在于,人类已经全方位地改变了生态的相互作用,而我们对它们的长期效应还一知半解。

系统之所以会有适应力,是因为系统内部结构存在很多相互影响的反馈回路,正是这些回路相互支撑,即使在系统遭受巨大的扰动时,仍然能够以多种不同的方式使系统恢复至原有状态。

---

① M.盖尔曼:《夸克与美洲豹:简单性和复杂性的奇遇》,湖南科技出版社,2002年,第17页。

耗散结构理论与协同学

耗散结构理论

1969年,在国际"理论物理与生物学会议"上,普里戈金发表了"结构、耗散和生命"一文,提出了耗散结构理论。由于这一重大贡献,普里戈金荣获1977年诺贝尔化学奖。

耗散结构理论说明:一个远离平衡态的非线性的开放系统(物理的、化学的、生物的乃至社会的系统),通过不断地与外界物质、能量和信息进行交换,在系统内部某个参量的变化达到一定的阈值时,通过涨落,系统可能发生突变即非平衡相变,由原来的混沌无序状态转变为一种在时间上、空间上或功能上的有序状态。这种远离平衡系统的稳定的有序结构,由于需要不断与外界交换物质或能量才能维持,因此被称为"耗散结构"(dissipative structure)。

混沌就是一种处于高度不稳定的、杂乱无章的状态。无序是指系统内部的运动无规律可循,完全是一种杂乱无章的运动状态。平衡态自然是一种无序状态。

熵(entropy)是一个反映系统混乱程度的概念。最早是由鲁道夫·克劳修斯(Rudolf Clausius)于1850年提出,并应用在热力学中的。英文"entropy"这个名称是克劳修斯根据两个希腊词发明出来的,意义是"转移的量"或者"发生变化的能力"。一个系统内能量分布得越均匀,熵就越大。当一个系统内的能量完全均匀分布,所有进一步做功的潜力都已耗尽时,这个系统的熵就达到了最大值。一个系统内部的熵永远大于或等于零,也就是说:"对于孤立体系,系统的熵只能向着熵增加的方向运动。"一个孤立系统,如果任其自然发展,最后熵必然要达到最大值,使系统达到平衡态,即死亡状态——"热寂"。这就是热力学上的熵增原理。这种状态在热力学系统中到处可见,如果把它推广到人类历史发展领域,也可以得出一个结论:对于一个封闭的社会,最后也必然会进入平衡、停滞的状态。

协同学

协同学又称协同论,是研究不同事物共同特征及其协同机理的新兴学科。创立者是联邦德国斯图加特大学教授、著名物理学家哈肯。1971年他提出协同的概念,1976年系统地论述了协同理论,出版了《协同学导论》。用哈肯的话讲:"协同学就是'协调合作之学'。"他解释说:"我们可以把协同学看成是一门在普遍规律支配下的有序的、自组织的集体行为的科学。……协同学包含多种多样的学科,如物理学、化学、生物学,以及社会学和经济学。"①

协同学与耗散结构理论及一般系统论之间有许多相通之处,以致它们彼此将对方当作自己的一部分。"自组织理论"又是"耗散结构理论"和"协同学"的总称。自组织就是系统在没有外部特定干预的情况下,依靠相互的协调与合作获得一种功能和结构的有序。"如果在由混沌产生有序,或一种有序性转变为另一种新的有序性的场合中,这样的普遍规律起作用的话,那么,在这类过程中必然有着某种内在的自动机制。……认识这些自动机制,甚至可以使之为我们服务。"②

协同学着重探讨各种系统从无序变为有序时的相似性。近十几年来,它获得了快速发展,成为一个被广泛应用的综合性学科。在自然科学方面主要用于物理学、化学、生物学和生态学等;在社会科学方面主要用于社会学、经济学、心理学和行为科学等方面。

用协同学的观点看经济:"把经济作为一种发展的过程、一种演化来看待的动态观察,已越来越引起普遍的重视。这自然完全与协同学的普遍方法相一致,即不把结构看成一成不变的实体,而是从它的形成中去理解。"③如果我们用协同学的观点研究经济的变化与波动,就不难看到传统经济学的局限。"由于一种现象制约另一种现象,从协同学观点看,寻找一个罪魁祸首是没有意义的。"④

因此,我们应该记住哈肯的警告:"经济不像亚当·斯密所想的那样简单。"⑤这是协同学对于经济学的意义。

---

① 赫尔曼·哈肯:《协同学——大自然构成的奥秘》,上海译文出版社,2001年,第9页。
② 同上书,第11页。
③ 同上书,第122—123页。
④ 同上书,第128页。
⑤ 同上书,第132页。

第五章
非线性世界与复杂性科学

- 非线性、不确定的世界
- 复杂性理论简述
- 有限理性与复杂性社会
- 经济学：行为的科学

也许我们不愿意相信,世界上到处都是非线性现象。特别是,如我们前面提到过,如果我们有一个更长的时间尺度或更大的空间尺度,那么这个结论就愈加显而易见!太多的时候,我们得到一些符合线性的结论,只是因为我们的时间、空间尺度的局限,或者是我们的统计样本不够大。

本质上讲,外部世界的一切都是由不确定、非线性统治的。因此,当我们以线性思维来观察这个世界的时候,或者感到迷茫,或者只看到确定论的幻象。

非线性、不确定的世界

我们的数学工具,从简单的算术、微积分到代数拓扑学,大多数都来自线性假设。大致地说,线性的含义是将各部分的值相加能得到整体的值。一个线性函数,如果对其变量赋值,函数的值都只是这些值的加权求和。假定了系统的线性性质,使用数学就变得简单方便。

非线性方法

两点一直线是个常识。但是,这条直线就是两点间一切曲线的线性特例,它是唯一的、确定性的。因而,两点一直线的理论(譬如,欧氏几何、牛顿力学、代数……),被人类选择作为交流思维的工具,搭建了统一的标准。

什么是线性系统?满足线性叠加原理的系统称为线性系统。例如,

$$\frac{\mathrm{d}x}{\mathrm{d}t} = f(x,t)$$

若 $x_1(t)$、$x_2(t)$ 是方程的解,有 $x_1(t) + x_2(t)$ 也是方程的解,则该方程是线性系统。否则,则为非线性系统。

线性指量与量之间按比例、成直线的关系,在空间和时间上代表规则和光滑的运动;而非线性则指不按比例、不成直线的关系,代表不规则的运动和突变。不幸的是,真实世界多是非线性系统,这是自然界复杂性的典型性质;与线性相比,非线性真实地反映了客观事物本身,而线性理论对真实世界的描述,只能是一种逼近与近似。这样的做法对于处理复杂系统存在很大的问题。

对世界的认识从线性发展到非线性是人类认知发展的一个自然趋势。随着人类对世界的认识深化,线性理论开始向非线性发展。现代科学中,牛顿力学发展到各类非线性的动力学、量子力学、相对论;欧氏几何发展到各类非欧几何、分形几何;代数发展到非线性的抽象代数,数学研究的重点已经不再是算法,而是数的结构、方程的结构、流形、数的连续性;等等。

习惯上,人们的思维倾向于认为单一的原因只会引发单一的结果。同一时间内,人们往往只能考虑一件或至多几件事情。而且,人们不喜欢考虑过多的限制因素或范围,尤其是当人们在制订自己的计划或力求实现既定目标的情况下。造成这种情况主要的、第一位的原因是线性思维方式在作怪。第二位的、并非不重要的原因是,客观上讲,搜集大量信息和资料,也常常受到来自研究者、决策者时间、精力的限制,大量的信息搜集有时甚至是不可能的。而更为重要的是,根据前面所介绍的系统科学所揭示的理论,世界上万事万物的发生、过程和结果都不是单因素影响的,也不是简单地用因果函数可以解释的,很多时候都是随机偶然因素主导的。因此,现实生活中,基于不完全信息的行为和决策是普遍存在的。

非线性世界

当我们习惯于用线性思维去了解、认识这个世界的时候,并不是说我们所生活的这个世界就是如此简单,也不意味着基于这样的研究、决策的结论就是完全可信赖的。我们需要记住:通常情况下,很多因素共同对某一过程产生影响,并且常常也会产生多种结果;多个输入产生多个输出;而且,几乎所有输入和输出,都会受到各种限制。美国哈德逊湾公司每年获得的毛皮记录中,清晰地显示了有关猞猁狲(sun)间相互作用的长达几个世纪的记录。记录显示,从长期看,捕食者与被捕食者相互作用使毛皮产量呈现出强烈的震荡。非线性相互作用使得预测变得复杂得多。[①]

例如,对于城市交通拥堵问题,如果不是全面地考虑到人们的居住、工作、生活模式,这一问题将很难得到有效解决。一些考虑不周的对策甚至可能会引发更大的问题。比如,你建起一些快速路,试图缓解交通压力,但这吸引了一些房地产公司在快速路沿线开发地产项目;相应地,这些地产项目又增加了更多的交通流量,导致高速路也开始拥堵起来。

再如,那些关注到城市环境的人,似乎在一夜之间发现,垃圾填埋场已经被装满了,这让很多人感到诧异和不可理解,因为在他们看来,垃圾丢出去就应该是"消失"了。其实,它们并没有消失,而是从居民的眼前转移到了城市周围。在大城市周围,经常涌现出一座座"垃圾山",这些"垃圾山"天天扩展和扩散,逐步把城市包围起来,并持续不断地散发大量有毒气体。城市污染包括固体废物污染、大气污染、阳光污染、水污染、声光电磁污染等。尤其是水污染,是一个

---

① 约翰·H. 霍兰:《隐秩序——适应性造就复杂性》,上海科技教育出版社,2000 年,第 15—18 页。

非常严重的问题。

同样，很多资源也不是取之不尽、用之不竭的，包括煤炭、金属、石油、天然气和水源等，它们都在以惊人的速度走向枯竭，而危机似乎会在某个早晨突然到来。

再如，一个实际经营企业的人会发现，他的生产过程（系统）需要具备的条件非常复杂、繁多，远远不是经济学中所说的——土地、资本、劳动力，而是需要考虑和处理好近乎方方面面的情况：能源、原材料、水、电、技术、信用、保险、客户、管理、员工和客户的家庭、社区、稳定健康的生态系统、公共基础设施及政府服务（如治安、消防、教育、医疗卫生等）、吸纳或处理生产中的废弃物……而且，这许多因素，都在他能够有效地加以控制的范围之外。任何一个方面存在或遇到问题，都会使企业面临重重困难。用系统论的语言说："无论是生物体、神经元还是公司，任何单个主体的生存都依赖于其他主体提供的环境。每一种主体都安顿在由以该主体为中心的相互作用所限定的合适生态位（niche）上。"[①]只是，在多数场合下，这些因素或某一系统的环境因素的限制不易被人察觉罢了。

任何一个有着多重输入和输出的物质实体，包括人口、作物生长、生产过程、经济发展等，都受到多重限制因素的制约。随着系统的发展，系统自身会影响和改变各种限制因素，也在这一过程中实时地受到各种限制因素的影响。系统与其限制因素之间构成了一个相互作用的动态系统。

事实上，对于每一个工厂、新产品、技术、公司、城市、经济和人口、流行病等，都存在多重限制。植物的生长与土壤的相互作用，公司扩张和市场的博弈，经济发展与资源之间的关系，都是动态变化的。当一种因素的制约被解除了，成长就开始启动，而成长本身会改变各种限制因素之间的强弱对比。因此，你不仅需要知道有哪些限制因素，它们中的哪个或哪些因素起着主要作用，而且需要认识到，如果增长变缓或者约束变强，就说明起主导作用的限制因素正在发生改变。

如果我们从足够长的时间维度上看，整个地球上更大的系统循环驱动着各种物质的转化，沧海桑田，不断变迁。今天垃圾填埋场里的所有东西都可能出现在未来的高山之巅、深海之下，或形成新的金属矿藏或石油煤炭。

[①] 约翰·H.霍兰：《隐秩序——适应性造就复杂性》，上海科技教育出版社，2000年，第27页。

复杂性理论简述

近代科学看待世界的一个基本信念是:大自然本质上是简单的,复杂由简单构成,任何复杂现象及其运动都可化约为简单对象来处理。牛顿曾指出:"自然界不做无用之事,只要少做一点就成了,多做了却是无用;因为自然界喜欢简单化,而不喜欢用什么多余的原因以夸耀自己。"[1]同样,爱因斯坦也一直认为,简单性不仅是自然的本质,它还是科学的本质。

复杂性理论

复杂性科学又被称为整体论科学或非还原论科学,也有人把它看作与线性科学相对立的科学,是当代科学发展的前沿领域之一。复杂性科学的发展,不仅引发了自然科学界的变革,而且也日益渗透到哲学、人文社会科学领域。目前,关于复杂性的研究受到了世界各国科学家们的广泛关注。

复杂性科学的范围

复杂性科学研究的复杂系统涉及的范围很广,包括自然、工程、生物、经济、管理、政治与社会等各个方面;它探索的复杂现象从一个细胞呈现出来的生命现象,到股票市场的涨落、城市交通的管理、自然灾害的预测,乃至社会的兴衰,等等。

如果说你打算正确地理解我们生活于其中的这个社会,或打算成为一位能够适应未来社会这个复杂系统的经济学家,我推荐大家阅读一本书,这就是米歇尔·沃尔德罗普的《复杂——诞生于秩序与混沌边缘的科学》。这本书详细描述了美国"圣塔菲研究所"正在开展的关于复杂性问题的研究工作。

米歇尔·沃尔德罗普这样解释:"复杂性科学,这门学科还如此之新,其范围又如此之广,以至于还无人完全知晓如何确切地定义它,甚至还不知道它的边界何在。然而,这正是它的全部意义之所在。如果说复杂性科学的研究领域目前尚显得模糊不清,那便是因为这项研究正在试图解答一切常规学科范畴无法解答的问题。这些问题只有唯一一个共同点,那就是,它们都有一个共同的答案:'无人知晓。'……它们都属于一个系统,即复杂系统。也就是说,许许多

---

[1] H.S.塞耶编:《牛顿自然哲学著作选》,上海人民出版社,1974年,第3页。

多独立的因素在许许多多方面进行着相互作用。"①

1999年,美国《科学》杂志出版了一期以"复杂系统"为主题的专辑,这个专辑分别就化学、生物学、神经学、动物学、自然地理、气候学、经济学等学科领域中的复杂性研究进行了报道。概括起来,复杂系统有一些共同的特点,就是它呈现出某种捉摸不定的秩序,其中演化、涌现、自组织、自适应、自相似被认为是复杂系统的共同特征。

任何事情都会影响到其他事情

现在,我们已经有越来越细的学科划分,使我们从不同的领域认识了客观世界的一个个组分、一个个局部、一个个事物。但是,这是很不够的。因为,"'通往诺贝尔奖的辉煌殿堂通常是由还原论的思维取道的。'也就是把世界分解得尽可能小、尽可能简单。你为一系列或多或少理想化了的问题寻找解题的方案,但却因此背离了真实世界,把问题限制到你能发现解决办法的地步。'这就造成了科学上越来越多的碎裂片。而真实的世界却要求我们——虽然我讨厌这个词——用更加整体的眼光去看问题。任何事情都会影响到其他事情,你必须了解事情的整个关联网。'"②

复杂性之所以为复杂性,在于它的具体表现具有无穷的多样性和差异性。复杂性科学的兴起,标志着人类对客观世界认识的深化。从局部到整体、从简单到复杂,人类的认识越来越接近世界的本来面目。

皇帝的新衣

亚当·斯密1776年出版了《国富论》,他在该书中称,如果让人们自由地追求他们的个人利益,供求这只"看不见的手"会让一切都朝着符合共同利益的方向发展。很显然,这并非故事的全部。但他的牛顿式经济学观点之简洁、强大,使其从此成为西方经济学思想的主导。现代经济学更是简单地继承了斯密的理论,情愿为他的理论不断地补充一些脚注。

其实,最晚从20世纪中期开始,少数人已经认识到斯密理论的简化性质。但是,却几乎没有人愿意站出来指出这一点。"虽然阿罗是当今主流经济学的创始人之一,但他也像安德森一样,对传统理论持有一些反叛的态度。他太清楚常规经济学理论的弱点之所在了。其实他比任何批评家都能更明确地阐述其弊端。他偶尔也发表被他称之为'持不同意见'的论文,呼吁新的思想方法。他鼓动经济学家把更多的注意力放到人类心理学上来。"③

---

① 米歇尔·沃尔德罗普:《复杂:诞生于秩序与混沌边缘的科学》,三联书店,1997年,第1页。
② 同上书,第76页。
③ 同上书,第189—190页。

与传统的经济学家不同,在圣塔菲,那些研究人员"不是把自己的理论建立在易于用数学操作的假设上,而是力图创建在心理上符合情理的经济学模式。他们不把经济看作是某种牛顿式的机器,而看作是某种有机的、可适应的、令人吃惊的、有生命力的东西。他们不把世界当作深埋在冻土层的某种呆滞的东西来谈论,而是学会怎样把世界当作平衡在混沌的边缘的一个具有动力的、永恒变化的系统来谈论"。

肯尼斯·阿罗曾经在1989年9月对圣塔菲的经济学研究做过这样的评价:"'我想我们现在可以很安全地说,我们已经有了另外一种经济学。我们原来已经有了一种经济学,就是我们大家都很熟悉的常规经济学。'(阿罗-德布鲁体系(Arrow-Debre system),基本上就是新古典经济学和一般均衡理论。)'现在我们又有了另一种经济学,圣塔菲式的进化经济学。'这是研究经济学的另一种有效的方法,其重要性与传统的经济学理论等量齐观。这并不是说常规经济学理论错了,而是我们又探索到了一个新的方法。这个新的方法适用于对常规方法之外的经济学的研究。所以,这个新的方法是对常规经济学的一种补充。我们并不知道这个新的经济学将会把我们带向何方。现在这个研究还只是一个开端。"[①]当然,在我们看来,阿罗这里是有所保留的,"这并不是说常规经济学理论错了",也许并不是他的心里要说的话,他只是不愿意站到主流经济学对立面上去。因为那样做也会否定他自己以前所做的工作和成就。

在许多情况下经济学研究所需要的只是特例而已

现代经济学已经在形式化方面前进了很远,但是,它们并没有让我们对经济现象的理解增进很多,也没有让我们有更多的手段或方法去应对经济危机。

复杂性科学揭示出,在自然界,普遍存在的是"复杂的适应性系统"。这样的系统也包括人脑、免疫系统、生态系统、细胞、发育中的胚胎和蚂蚁群等。人类社会的文化、制度、政党和社团也都是这样的系统。

也只有在有经济学家出席的场合,你才能够看到这样的情形:"当一大堆的原理、定律和证据通过投影仪在屏幕上显示出来时,物理学家们简直就被经济学家的数学才能给镇住了。他们感到既敬佩又惊骇。……一位年轻的物理学家说:'这些理论也太完善了。经济学家似乎是陶醉在自己的数学公式中,以至于到了完全只见树木,不见森林的地步。经济学家耗费了大量的时间,极力将数学融入经济学,我想他们可能完全忘记了创造这些数学模型究竟是为了什么、这些模型究竟是什么、或内含的假设是否有任何意义。在许多情况下,所

[①] 米歇尔·沃尔德罗普:《复杂:诞生于秩序与混沌边缘的科学》,三联书店,1997年,第458—459页。

需要的只是常识而已。'"①事实上，许多正在被经济学家用数学方法证明的问题，也像阿尔钦所说的那样，是"连村妇都知道的道理"。

一旦你学会了用系统的方法看问题，就不难发现这些系统原来无处不在。每一个系统都是一个由许多平行发生作用的"作用者"组成的网络，每一个作用者都会发现自己处于一个由自己和其他作用者相互作用而形成的一个系统环境中。每一个复杂的适应性系统都具有多层次组织，它们都不断在根据其他作用者的动向采取行动和改变行动。

经济预测在什么情况下成为一派胡言

无论是在教科书中，还是在媒体上，我们常常能够看到一些人在兜售自己的"预测"理论和方法，当然，更常见的是预测的一些变形说法或做法。例如，一些企业或组织制定经济战略、编制发展规划、撰写可行性报告、拟订投资计划等。

虽然，我们不能说这些做法完全不合理。但是，事实却常常证明它们与赌博没有本质区别，或者像凯恩斯所说，"有点像买彩票"。当然，如果我们能够肯定当前的一些成规会被维持下去，外部环境在相当大的程度上能够保证事态的连续性和稳定性，那么短期的预测并非完全不可以。

但是，我们不能不看到这种做法的潜在危险。正如米歇尔·沃尔德罗普在《复杂》中说到的："唯一的问题是，人类既不是完全理性的，也无法对未来做出百分之百正确的预测，正如物理学家长篇大论地抨击的那样。更有甚者，就像好几位物理学家所指出的那样，就算你假设人类是完全理性的，再进一步假设人类可以对未来做出完全正确的预测，在理论上也存在漏洞。在非线性系统中——经济学无疑是非线性的——混沌理论告诉我们，你所知的内部环境中的哪怕是最小的不确定性都往往会产生不可逆转的后果，也许仅隔了一会儿，你的预测就可能变成一派胡言。"②

非线性科学

早在伽利略-牛顿那里，就遇到了非线性问题。伽利略的钟摆和牛顿的天体运动，都是非线性力学中的典型问题。19世纪经典力学的两大难题——刚体定点运动和三体问题——就是上两个问题的继续。在计算机还未问世以前，人们采用近似方法粗略描述非线性系统，也就是把非线性问题线性化。其深层

---

① 米歇尔·沃尔德罗普：《复杂：诞生于秩序与混沌边缘的科学》，三联书店，1997年，第76页。
② 同上书，第192—193页。

次的主要原因,在于人们的机械论的世界观和由它衍生出的线性思维方式。而一个次要的原因则是:"线性关系很容易理解:越多越好。线性方程组是可解的,因此广泛存在于各种教科书中。线性系统有一个重要的模块化属性,即你可以把它们拆分成一个个部件,然后重新组装起来。"①

但这种试图把一切尽可能地简化的做法是危险的。差之毫厘,谬以千里!如果把注意力集中在过度简化、能被数学处理的模型上,便会造成忽略真实世界丰富内涵的危险,使我们失掉认识和把握事件真实精髓的机会。但是,一方面,由于"非线性系统通常不可解,不能被拆分和拼装。非线性关系意味着身处其中的参与者可以随时改变游戏规则。变化的不确定性使得非线性关系难以被计算,但它也可以比线性系统产生出更为丰富多彩的行为"②。另一方面,在更深的层次上,更由于在那个科学初创的时代,系统论的世界观和非线性的思维方式还没有充分发展,更不用说占据人们的头脑,因此,简化方法被认为是正确的和恰当的。

19世纪末,彭加勒(H. Poincare)提出许多关于非线性的新的理论和方法,当前非线性科学中的很多概念和思想,都源于彭加勒。所以说,非线性科学的发展应当从20世纪初的彭加勒算起。

例如,早在"1889年,彭加勒惊震了科学界。因为他证明了,连只有三个成员的系统,例如太阳、地球和月球组成的系统,分析它们的运动,都会发现是个根本不可积分的系统。这是用术语的说法,其实就是指数学分析无法给出一个精确解。多过三个成员,更不用说一个气体中成亿成兆的分子,要描述它们的运动,更是困难"③。

作为范例,我们可以看看动态的股市。如果按照传统的经济学模型,股市是不会生成投机泡沫和崩溃的。原因在于,传统理论是按照具有完美理性的行为主体——那些掌握了完全信息并能完美地预见自身行为的后果(而且包括其他主体的反应)的人构建的。不寻常的动态因素被人为地排除掉了。

近年来,非线性科学又由于计算机的广泛使用而兴旺,计算机不仅是数值计算的工具,也为非线性现象和理论分析提供了新的思路。

非线性科学的研究范围究竟有多大,目前没有共同的标准。比如,普里戈金的耗散结构论、哈肯的协同论,以及托姆的突变论,也有人认为应属于非线性科学的范畴。确实,这三"论"中许多定量的分析、一些概念和方法(如分岔、自组织、分数维等),是和非线性科学相同的。

---

① 詹姆斯·格雷克:《混沌开创新科学》,上海译文出版社,1990年,第37页。
② 同上书,第169页。
③ 彼得·柯文尼、罗杰·海菲尔德:《时间之箭》,湖南科技出版社,1995年,第271页。

非线性科学中还有一些可以定量分析、精确计算的数学理论或实验研究中的部分,如分形(fractal)和混沌(chaos)。

分形

分形理论是当今十分风靡和活跃的新理论、新学科。

分形和不规则形状的几何有关。分形理论最基本特点是用分数维度的视角和数学方法描述并研究客观事物,它跳出了一维的线、二维的面、三维的立体乃至四维时空的传统藩篱,更加趋近复杂系统的真实属性与状态的描述,更加符合客观事物的多样性与复杂性。

1967年,芒德波罗在美国《科学》杂志上发表了题为"英国的海岸线有多长?统计自相似和分数维度"(How Long is the Coast of Britain? Statistical Self-similarity and Fractional Dimension)的著名论文。海岸线作为曲线,其特征是极不规则、极不光滑的,呈现蜿蜒复杂的变化。我们不能从形状和结构上区分这部分海岸与那部分海岸有什么本质的不同,这种几乎同样程度的不规则性和复杂性,说明海岸线在形貌上是自相似的(self-similar),也就是局部形态和整体形态的相似。

自然界中的分形图形

事实上,具有自相似性的形态广泛存在于自然界中,如连绵的山川、飘浮的云朵、岩石的断裂口、粒子的布朗运动、树冠、花菜、大脑皮层……

同样,在社会生活领域,如城市管理。城市化过程中,城市快速膨胀,随之而来的是社会治安、交通拥挤、环境污染、人口控制、能源紧缺等一系列问题。用分形论原理管理城市是近年来崛起的管理科学中的一个分支。城市建筑、道路分布、商业网点布局、生活服务设施建设、信息高速公路建设等在一定程度上被纳入了分形结构的研究理论范畴。同样,社会管理、企业管理等也是如此。

当然,正如天下没有绝对圆的东西、几何学里的圆存在于数学家脑海中一样,完全自相似的分形也只是一种数学抽象。如今,概念中的分形对自相似性作了适当的修正和推广,使分形更能接近现实的事物。这套几何工具在处理许多非线性现象时是很有效的。目前它的理论和实际应用之间距离还较大。

混沌传奇

无论什么事,倘若你心中无物,常常会视而不见、熟视无睹。这种情况并不仅仅发生在生活中,而且也会发生在科学领域。"自从世界上有了物理学家探索大自然的规律以来,出现在大气中的、海洋湍流中的、野生生物群体数目涨落中的、心与脑里震荡的……一切无序现象是被忽视了,是被特别地忽视了。大自然不规则的那一个侧面、不连续的那一个侧面、稀奇古怪的那一个侧面一直对科学是莫测之谜,甚至更坏,是怪物妖魔、牛鬼蛇神。"[①]

在经典力学中,虽然几乎所有的系统都显示有混沌运动,如彭加勒在总结天体力学中的问题时,已经对这种现象有了认识,到20世纪50年代,有些物理学家,如波恩也已明确知道经典力学中会有长期动态的不可预测性,但是,人们承认混沌的存在并确认它的重要性和普遍性,一般认为肇始于60年的两件事:一是洛伦兹(E. Lorenz)在天气预报研究中发现,尽管描述的方程是确定性的,天气长期动态却是不可预测的;二是几位数学家证明了经典力学动态的一个定理,即所谓的卡姆(KAM)理论。这两件事也分别代表了混沌理论的两类对象和两种方法:洛伦兹的对象是耗散系统,而卡姆的对象是保守系统(孤立的、封闭的系统,它们在天体研究和统计物理中常见)。

但是,"不管何处开始了混沌,经典的科学也就结束了"[②]。混沌指一种貌似无规则的、不能预测的运动,但支配这种运动的规律却可用确定的方程来描述。

过去,人们对于"确定论"和"随机论"的理解,往往认为是"非此即彼"的,而现在,伴随着非线性系统研究的深入,两者之间正在建立起沟通。确定性混沌使"有序"、"无序"的概念变模糊了。

混沌现象如此基本,以至于一时间,"混沌"概念满天飞,混沌的标签被一

[①] 格雷克:《混沌学传奇》,上海翻译出版公司,1991年,第5页。
[②] 同上。

些人四处滥贴。"近来有一种倾向,用'混沌'(意即决定性混沌)一词来解释一切,不仅用于不可预测的或不稳定的场合,并且用在用'自组织'更为恰当的地方。我们不要被'混沌'这个时髦字眼弄得眼花缭乱。秩序和确定性混沌来源一样,它们都是用非线性微分方程描述的耗散式动力系统。不过,对生物学和生命本身来说,有序的情况往往比混沌的情况更为重要。"①

有限理性与复杂性社会

亚当·斯密曾经提出:只要能让每一个人都按照市场原则,听从利己心的召唤,照顾好自己的利益,就能支持国民财富的持续增长。即使每一个个体主观上并不想提高公共利益,仅仅是考虑了个人的利益,也不知道自己对公共利益有多大帮助,但是,在实现自己利益的过程中,无形之中增进了公共利益。通过追逐个人利益,他可以更多、更有效地促进社会利益,甚至比他真心希望促进社会利益时还要有效。当然,后面大家会看到,斯密并不是这个思想的专利人(参见后文第八章"经济学的初创时期"一节)。

从完全理性到有限理性

如果市场这只"看不见的手"真的能够引导个体在追逐私利的同时也增进集体的福利,那确实是太棒了。那样的话,不只是自利将成为社会美德,对于经济的数量模拟也将变得容易得多,无须考虑他人的利益,或者复杂的反馈系统的运作。难怪斯密的理论在两百多年的时间里一直有着如此强大的吸引力。"传统经济理论假定了一种'经济人',这种人在行动过程中既具有'经济'特征,同时也具有'理性'。传统经济理论认为,这种人具备关于其所处环境各有关方面的知识,而且,这些知识即使不是绝对完备的,至少也相当丰富、相当透彻。此外,这种人还被设想为具备一个很有条理的、稳定的偏好体系,并拥有很强的计算技能;他靠这类技能就能在他的备选许多方案当中计算出,哪个方案可以达到其偏好尺度上的最大点。"②

不幸的是,事实并非如此。事实是人都是有限理性的或非理性的。"我们可以把那类考虑到活动者信息处理能力限度的理论称为有限理性论。构造出有限理性论,我们可以在需求函数、成本函数或它们两者当中,引进风险和不确

---

① 彼得·柯文尼、罗杰·海菲尔德:《时间之箭》,湖南科技出版社,1995年,第208页。
② 赫伯特·西蒙:《现代决策理论的基石》,北京经济学院出版社,1989年,第6页。

定性;……给理性加上限制的另一种方式是,假定活动者仅仅具备有关备选方案的不完全信息。……最后,还有一种给理性加上限制的办法,那就是,认为成本函数或其他环境约束极其复杂,致使活动者无力计算最佳行动方案。"①

即使每个人都倾向于理性地从自己短期的最大利益出发(后面我们将会看到,这个假设并不成立),但每个人的行为汇集起来的结果却往往是所有人都不愿意看到的。个体理性不等于集体理性,而且通常的情况是个体理性意味着集体非理性。建立在方法论个人主义基础上的"理性人"理论,不仅武断地简化了行动者的偏好、欲望以及心理预期,忽视了感性选择、知识局限和信息不充分,而且完全抹杀了社会对个体行动以及社会行动的制约作用。"17世纪的研究者们很快就发现,要寻找像牛顿的万有引力定律那样精确,并且普遍适用的社会规律,从一开始就注定是不可能成功的。暂时来说,当把人类天性的复杂性引入方程式时,要想获得确切的预测,几乎是不可能的。当把人类的思维都纳入考察范围时,就更加没有希望了。"②

当然,以上所表达的是一种现代观念。而在经济学初创那个时期,从亚当·斯密之后,人们一直相信,自由竞争市场是一种设计得当、可以自我调节的系统。在某种有限的情况下,它确实如此;然而,在另外一些情况下,事实就并非这样了,实际上大家都已经发现了许多证据:自由市场经济体系的确允许生产商和消费者,对生产机会和消费选择拥有最好的信息,以做出公平的、不受限制的、理性的决策,但是,这些决策本身并不能纠正整体系统内生的垄断倾向,以及一些不利的副作用(外部性),比如对穷人的歧视,或者经济的周期波动。

因此,赫伯特·西蒙在《现代决策理论的基石》中指出:"具有政策倾向的全部经济学,当然有着一整套令人难忘的描述性理论,或称'实证'理论。这套理论在数学上的精巧漂亮,堪与自然科学的某些最精致的理论相媲美。在此,我只举例提醒诸位,回想一下瓦尔拉一般均衡论,以及亨利·舒尔茨、萨缪尔森、希克斯和其他在其著作中论述的一般均衡论的现代子孙;或者回想一下由阿罗、赫维茨、德布鲁、玛林沃德等人及其同事们所创立的、给人留下难忘印象的深奥理论,它证明了竞争均衡和帕累托最优在一定条件下的等价性。至于这类理论中的某些高深部分是否与现实社会有什么关系,我们可以,而且已经提出了疑问。或许,有人之所以要攀登某些智慧高峰,无非是因为那些高峰存在——无非是因为攀登高峰能使人感到刺激和振奋。"③

由于看到主流经济学家们对自己的理论缺乏解释力的辩解,西蒙真的有些

---

① 赫伯特·西蒙:《现代决策理论的基石》,北京经济学院出版社,1989年,第46、47、48页。
② 李维:《数学沉思录:古今数学思想的发展与演变》,人民邮电出版社,2010年,第133页。
③ 赫伯特·西蒙:《现代决策理论的基石》,北京经济学院出版社,1989年,第65页。

愤怒:"极力主张经济活动者追求最优的那些经济学家,在评价他们自己的理论时,反倒变成了寻求满意者了。他们明白,经济理论家是寻求满意者,可是他们却认为商人追求最优。"[1]对此,我们的评论是:人性有什么缺陷,科学就存在什么缺陷。因为从事科学的主体——科学家(包括经济学家)——不是别的,是人,是一些和你我一样的人。科学现象不过是人性的延伸!

有限理性的经济学

正如西蒙所说,我们并非无所不知的、理性的乐观主义者;相反,我们是浮躁的"自足自乐者"。我们会以理性的方式尽力维护和扩大自身的利益,但是却只能基于自己所知道的信息进行思考。除非他人有所行动,否则我们不会知道他们计划做什么。我们也极少看到自己面前存在的所有可能性,也通常不会预见到自己的行动对于整个系统的影响,甚至有可能选择性地忽略这种影响。因此,我们只能在自己有限的视野范围内,从当前几种很明显的选择中进行抉择,并坚持自己的看法,不会考虑整体的长期最优方案。只有在被迫的情况下,我们才会改变自己的行动。

一些现代行为科学家更认为,我们甚至不能很好地解读自己所掌握的那些有限的信息。例如:

第一,我们会对风险做出错误的估计,将其中一些事情的危害程度估计得过高,或者轻视其他一些事情的危险性。

第二,我们也容易过度夸大当下状况的重要性,对眼前的经验非常重视,而未对过去给予足够的重视。

第三,我们会更加关注当前的事件,而对一些长期的行为不那么关心。对于未来的价值,我们会按照自己的价值判断,打一些折扣,这些价值判断会受到经济或生态等方面的影响。

第四,对于所有输入的信息,我们不能正确地评估它们的重要性。我们不会全盘接受那些自己不喜欢的,或者不符合我们心智模式的所有信息。

由于受到信息、动机、约束因素、目标、压力以及对其他角色的限制等因素影响,系统中的每一个角色都只能是有限理性的,按满意目标行动。这种情况决定了只有在偶然的情况下才能产生促进系统整体福利的决策。也就是说,即使为了最优化自己个体的利益,我们有时也不能做出完全正确的决策,更别提系统整体的利益了。

---

[1] 赫伯特·西蒙:《现代决策理论的基石》,北京经济学院出版社,1989年,第67页。

在更多的情况下,即使在同一个系统中增加新的角色(如政府),也不会改善系统的表现。要想有所变化,就必须对系统的结构进行重新调整,改进信息、动机、抑制因素、目标、压力以及对某些特定角色的限制等。

我们愿意相信至少有些经济学家是有责任的、清醒的。但是,这一部分人的数量无论如何不能夸大。正如马克·布坎南借他人之口所提到的:"阿克塞尔罗德指出:'在我看来,理性选择的研究方法之所以成为主流,并不是因为学者们认为这个方法是符合现实的,相反,正是这一方法不切实际的地方破坏了它作为一种建议基础的价值。其实理性选择假设的真正优势在于,它使推理成为了可能。'假设人是绝对理性的,能使我们单凭逻辑构建理论,而不用再煞费苦心地进行观察。"①阿克塞尔罗德的这个评论是不是一针见血?

经济学:行为的科学

经济学与心理学、行为科学的联姻历史可谓十分悠久。当然,心理学、行为科学与其他社会科学的联姻也十分普遍。而且我们认为,这个方向是正确的,虽然也还嫌不够。如果经济学研究的是人类行为,就不可能与心理学摆脱干系。

早期尝试

在经济学中,最早与心理学建立联系的是德国经济学家赫尔曼·海因里希·戈森(Hermann Heinrich Gossen,边际效用理论的先驱),他的著作《人类交换规律与人类行为准则的发展》出版于1854年。他通过对人的享受过程的观察与分析,提出了几个重要的心理规律(享受定律):"如果我们连续不断地满足同一种享受,那么这同一种享受的量就会不断递减,直至最终达到饱和。""如果我们重复以前已满足过的享受,享受量也会发生类似的递减;重复享受进行得越快,初始感到的享受量则越少,感到的享受的持续时间也就越短。"这种连续享受或重复享受时出现的享受量递减的规律性,后来被称为"戈森第一定律",也就是享受或效用递减定律。

如何避免这种情况,获得最大的生活享受呢?戈森提出了另外一个重要的规律:"为使自己的享受量达到最大化,人们必须在充分满足最大的享受之前,

---

① 马克·布坎南:《隐藏的逻辑》,天津教育出版社,2009年,第52页。

先部分地满足所有的享受,而且要以这样的比例来满足:每一种享受的量在其满足被中断时,保持完全相等。"这就是后来被称之为"戈森第二定律"的享受均等定律。

边沁在《道德与立法原理导论》的开篇就如是阐述:"自然把人类置于两位主人——快乐和痛苦的主宰之下。只有它们才指示我们应当干什么,决定我们将要干什么。是非标准,因果联系,俱由其定夺。凡我们所行、所言、所思,无不由其支配;我们所能做的力图挣脱被支配地位的每项努力,都只会昭示和肯定这一点。一个人在口头上可以声称绝不再受其主宰,但实际上他将每时每刻对其俯首称臣。"在这部著作中,很明显,已经说明他的功利主义原则是建立在苦乐原理的基础上的。他认为,自然将人类置于快乐和痛苦这两个至上的主人的统治之下,只有快乐和痛苦才是人类行为唯一的是非标准。在他看来,快乐的增加或痛苦的免除是人的本性,追求快乐是人的一切行为的初始点与最终目的。

早在功利主义正式成为哲学理论之前,就有功利主义思想雏形的出现。公元前5世纪的亚里斯提卜(Aristippus)、前4世纪的伊壁鸠鲁及其追随者的伦理学中都存在着最大快乐的思维,他们是古人中的功利主义先驱。而边沁的功利主义思想深深影响当时和以后英国及欧洲大陆上许多经济学家如萨伊、密尔、杰文斯、庇古等,而且这种影响持续至今。

现代经济学中的心理学与行为

阿尔弗雷德·马歇尔(Alfred Marshall,1842—1924)则在《经济学原理》一书的开篇绪论中就宣称,经济学与心理学密切相关:"政治经济学或经济学是一门研究人类一般生活事务的学问;它研究个人和社会活动中与获取和使用物质福利必需品最密切有关的那一部分。因此,一方面它是一种研究财富的学科,另一方面,也是更重要的方面,它是研究人的学科的一个部分。因为人的性格是由他的日常工作,以及由此而获得的物质资源所形成的,……经济动机那样普遍地影响人类生活。……他的工作所引起的思想和感情以及他与他的同事、雇主或雇工之间的关系而逐渐形成起来了。"[1]

凯恩斯的三大心理规律也揭示了心理倾向对行为和经济决策的影响:

第一条心理规律:边际消费倾向规律。这条规律是说,居民随着收入的增加,消费也会相应增加,但在增加的收入中,用来消费的部分所占的比例越来越

---

[1] 马歇尔:《经济学原理》,商务印书馆,1964年,第1页。

小,用来储蓄的部分所占的比例越来越大。这样在收入和消费之间就出现了一个越来越大的缺口,有效需求量降低,造成生产过剩和失业增加。①

第二条心理规律:资本边际效益递减规律。投资者心理上的资本边际效益递减,投资者害怕投资越多利润就越低,因此对投资的兴趣降低,导致国民收入水平下降和对原料、消费品的需求下降。②

第三条心理规律:流动偏好规律。是指人们在手边保存一定数量货币的愿望,它是人们对货币的流动性偏好引起的。货币是流动性最大的资产,同其他资产比较,具有使用上的灵活性,因而人们都喜欢保持一定数量的货币在手边。

引起货币需求的有三种动机:交易动机指人们为了应付日常交易而在手边留有货币的动机,因此产生的需求称为货币的交易需求;预防动机也叫谨慎动机,指人们为了防止意外情况发生而在手边留有货币的动机,因此产生的需求称为货币的预防需求;投机动机指人们为了能够及时把握投机机会而在手边留有货币的动机,因此产生的需求称为货币的投机需求。③

路德维希·冯·米塞斯(Ludwig von Mises,1881—1973)是20世纪著名的自由主义经济学思想家,朝圣山学社成员,奥地利学派第三代掌门人。在《人的行为》中,米塞斯把经济学定义为人的行为的科学,而且直接用它作为书名。米塞斯理论中的人是行动着的人,个体的人,有内在意图、目标或目的的人,而不是可以精确地用数量表示的、遵循物理学规律"运动"的石子。应该说,米塞斯这些理解和思想都是正确的,这也是经济学家族中独树一帜的做法。

但是,米塞斯的理论是有矛盾的。一方面,他坚持:人并非物理意义上的原子式的个人,而是根据自己的自由意志在世界上行动的人,因而不能像工程师处理非生命物质的技术那样来处理人。他说:"在做选择的时候,他不只是在一些物质的东西和劳务之间选择。所有的人类价值,都在供他选择。一切目的与一切手段。现实的与理想的,崇高的与低下的,光荣的与卑鄙的,都在一个排列中让人选择。"④而且,经济学中的人是真实的人,"经济学处理实实在在的人、脆弱而会犯错误的人,并不处理只有像神那样的全知而完善的理想中的存在"⑤。

所以说,经济学或者用他自己的概念"人的行为科学——就其不是生理学来讲——不能不涉及意义和目的。它不能从动物心理学以及初生婴儿无意识反应的观察上学到任何东西。人的行为科学与自然科学根本不同,凡是想模仿

---

① 凯恩斯:《就业、利息与货币通论》,商务印书馆,1999年,第112—113页。
② 凯恩斯:《就业、利息与货币通论》,商务印书馆,1999年,第152、157、158、165、200等页。
③ 同上书,第200—203页。
④ 米塞斯:《人的行为》,远流出版事业股份有限公司,1997年,第42页。
⑤ 同上书,第156页。

自然科学来建立一个行为科学认识论体系的人,都犯了可悲的错误"①。

但是,另一方面,米塞斯又坚持要通过演绎方法来找出所谓经济规律,"社会事件发展的过程中,总有个规律在发生作用,如果你想成功,你就得服从这个规律来调整你的行为"②。他又认为,经济学不能有价值判断。他说:"的确,经济学是一门理论科学,因而它不作任何价值判断,它的任务不在于告诉人们应该追求什么目的。它是一门手段科学。手段是为达成已经选定的目的而采用的。……科学决不告诉人应该如何行为;它只指出如果你想达到某一既定目的,你就得如何行为。"③

实际上,我们可以看到,和主流经济学家一样,米塞斯也害怕割断经济学与演绎方法的联系,害怕丢掉经济学的"科学"的帽子。从这里我们再一次看到,走向精确科学(exact science)的趋势势不可挡,而所谓的"精确",又被等同于使用了数学工具。即使是像语言学或心理学这种传统上属于人文领域的学科,现在也越来越依赖数学,并试图让自己看来有着精确科学的样子。"经济学成了一门较普遍的科学——人的行为通论或行为学——的一部分。截至现在,这一部分还是行为学当中最精密的一部分。"④"一些演绎的科学——逻辑、数学,与行为科学——在于探求一种无条件地普遍有效的知识,对于所有具有逻辑结构之心灵的人们,都是有效的。"⑤这些说法体现了物理学观念对米塞斯的影响。

另外,米塞斯的继承人罗斯巴德也简单地重复着他老师的观点:"每个人都有价值观,并赋予物品、人和事件正的或负的价值判断。伦理学为这些价值判断提供道德批判标准。……有一件事情也是肯定的:人类行为学和经济理论自身无法确定伦理判断。当它研究的是一个形式上的事实——人的行动,而不是此类行动的内容时,它如何能够做到这一点呢? 此外,人类行为学不以人类行为学家的价值判断为基础,因为他正在做的事情是分析一个事实,即一般来说人们有价值观,而不是插入他自己的价值观。……像其他科学那样,人类行为学给出关于现实的规律,……他必须利用自然科学规律和发现。这些规律和发现自身是价值中立的。……我却进一步主张,保持价值中立是每位科学家乃至每位知识分子的责任,除非他能够为其提供一个一致的和可辩护的伦理体

---

① 同上书,第73、87页。
② 米塞斯:《人的行为》,远流出版事业股份有限公司,1997年,第40页。
③ 同上书,第49、50页。
④ 同上书,第42页。
⑤ 同上书,第108页。

系。"① 这类观念的虚妄性质我们已经在本书第一章做过分析。

当然还有前面我们提到过的赫伯特·西蒙。他对经济学的研究始终紧扣"行为"的主题——从决策行为到管理行为。

新世纪的进展

现代心理学研究表明,人类在很多活动中都容易存在偏见,而不是理性地行动。人类只是在自己所熟悉的环境和自己专长的领域里才会做出明智的选择,如汽车修理工、资深的医生、电脑专家等。一旦他们涉足其他领域,涉足非专业领域,他们也会和普通人一样,系统性错误、偏见"不仅存在,而且是常态而非例外"②。在经济思想史上,斯密、巴斯夏等都曾注意到社会偏见的存在,并且也看到了它们对人们行为的影响。这些思想和认识当然是非常重要的。"当今的经济学家不仅没能掌握相关学科对此问题的境遇研究的成果及动态,甚至忽略了经济学界自身已有的认识。"③

特别需要指出的是,在刚刚过去的若干年中,心理学家们发现了大量行为非理性的证据,这些证据表明:期望效用理论模型在行为上并不正确,恰恰相反,有时候它可能会产生系统性的错误。第一个明显的行为证据是有些经济个体的行为偏好在概率上恰恰是非线性的。

丹尼尔·卡尼曼(Daniel Kahneman)是2002年诺贝尔经济学奖的获得者,他获奖是因为他"把心理研究的成果与经济学融合到了一起,特别是在有关不确定状态下人们如何做出判断和决策方面的研究"。但是,他的心理学分析还是有局限的,他只关注了"理性"心理现象。而且他所使用的是有问题的统计分析方法,其结论的可靠性也还有待证明。只是,它对经济学的启发意义还是值得肯定的。

第一,不确定性条件下人们使用的启示法。卡尼曼和特维斯基(Amos Tversky)发现了在不确定条件下进行判断与传统经济理论所假定的理性存在系统偏差。基本结论是:人们一般无法充分把握经济的环境。在这种环境中,人们依靠某些捷径或原则做出判断,这些捷径或原则有时与期望效用最大化理论存在着系统偏差。

第二,关于未来判断的行为模式——前景理论。在1979年,卡尼曼和特维

---

① 埃德温·多兰编、伊斯雷尔·科兹纳、穆雷·罗斯巴德等:《现代奥地利学派经济学的基础》,浙江大学出版社,2008年,第173页。
② 布莱恩·卡普兰:《理性选民的神话》,上海人民出版社,2010年,第35页。
③ 同上。

斯基提出了"前景理论"(prospect theory)。他们发现,古典的效用理论不能够准确地反映人们在未来不确定情况下做出的决策。当未来不确定的时候,人们倾向于高估未来的小概率事件的概率。这被称为"卡尼曼定律"。当事件发生的真实概率低于10%或15%的时候,我们对概率的高估特别明显。反过来,当事件发生的真实概率高的时候,我们却倾向于低估它。

第三,指出传统经济学的理性人模型存在不足。传统上,经济学研究通常假设人们受自身利益驱动并能做出理性决策。新古典理论都是基于"理性人"的假设,而且所指的"理性人"为完全理性人,人都希望以尽可能少的付出,获得最大限度的收获。

卡尼曼指出,无论信息是否完全,相关的数学计算是否简单,人们在做出判断并根据判断采取行动时,人的心理因素起了决定性作用。卡尼曼的理论是对理性人假设的否定。

卡尼曼把心理学分析与经济学研究融合在一起,发现了人类决策的不确定性,即发现人类决策常常与根据标准经济理论假设所做出的预测大相径庭。事实上,卡尼曼理论的规范意义大于实证意义,但人们关注的往往是后者(这是现代科学尤其是经济学的悲哀)。

那么,心理学是经济学的救命稻草吗?经济学不研究心理学,但是经济学需要心理学,也需要行为科学,需要社会学、人类学,甚至物理学、生物学,等等,需要吸收他们的研究成果。

可以肯定,只要经济学家们继续顽固地坚持决定论、线性思维,就不可能有说服力地解释真正的经济活动,就没有科学的经济学。

第六章
线性思维让人类行为顾此失彼

- 线性科学所描述的世界
- 自然科学进步的双重影响
- 在现代社会科学的盲区里

这里所说的"现代科学"的范围包括大部分的自然科学和社会科学。所谓的"现代"是指从启蒙运动到现在为止的时代。现代科学主义的盛行把人们对科学的迷信表露无遗,而我们这个时代的悲剧在于,人们甚至把克服科学主义的希望也寄托于科学主义。

这样,当代科学,尤其是其中的社会科学就陷入了脱离实际、自我循环论证、沉迷于"逻辑游戏"的一种符号系统。它与真实世界渐行渐远。这就是我们在这里所说的"现代科学危机"。海德格尔把它称为黑暗而贫困的时代,认为在这样一个黑暗而贫困的时代(指当代),唯有一流的思者或诗人能够帮助我们从对时代偶像的顶礼膜拜中解脱出来,使我们重新看到一个真实的世界。

线性科学所描述的世界

近代科学的进步,给人类留下了宝贵的技术、物质遗产,同时,也留下了其他一些沉重的、负面的精神后果。其中,最主要的是,近代以来的物理学的思维方式已经深入到人们的思想深处,强烈影响科学的过去和现在。

线性思维的特点

何谓线性过程? 气象学家洛伦兹告诉我们:"一个线性过程是这样一种过程,如果初始时刻任何变量的一点变化会使得在以后的时间内这个变量或其他变量也产生一点变化;则在同样的时刻2倍大的变化就会使得在以后的同样时间内也产生2倍大的变化。"[1]正像实际的物理系统很少是具有真正严格的确定性结果一样,世界上也几乎没有严格的线性系统。许多实际的现象都是在限定时间、变量范围内近似地看成是线性系统,这之后就可以用许多方法处理了,而非线性方程却不能。

线性思维是一种直线的、单向的、缺乏变化的思维方式。近代以来的科学家都相信,无论是自然界还是人类社会都是有规律的,即我们的外部世界是有序的,它遵循着自然规律运行。而科学(家)的任务就是寻找和发现规律。正如格雷克所说:"在牛顿的旗帜下前进的科学家们,事实上还挥舞着另外一面旗帜,上面写着:只要近似地知道了一个系统的初始条件和理解了自然规律,就可以计算系统的近似行为。这一假定其实存在于科学的哲学核心里。"[2]今天

---

[1] E. N. 洛伦兹:《混沌的本质》,气象出版社,1997年,第153页。
[2] 格雷克:《混沌:开创新科学》,高等教育出版社,2004年,第13页。

我们的学校教育尤其是大学教育正是在传授各门"科学知识"——物理、生物、化学、经济、社会,等等,让大家认识和掌握各个领域中的所谓"规律"。

线性世界的经济图景

近代科学描绘了简单的线性世界的虚幻图景:同质性,把研究对象当作类似于自然科学中的原子之类的、具有同质性的事物;规律性,自然具有固有的秩序、机械式的确定性、必然性和单一因果关系等;可分离性,即自然与人的分离、自然构成要素与环境的分离;可还原性,包括物质世界的无限可分信念与高层次事物可还原至低层次事物信念。

上述图景在主流经济学中有最典型的表现。

凯恩斯理论相比新古典经济,已经向真实的世界贴近了许多。在凯恩斯经济学中,"人"已经不是完全理性的了。他认为人们对于比较遥远的未来后果的认识往往只有模糊的概念,未来是不确定的、不可知的;经济行为人所获得的信息是有限的。他也还提到,人在决策的时候受到"动物精神"的影响。

凯恩斯不要求投资者去预测市场结果,因为那实际上是不可能的。但是,他认为,预期大多数人的行为是可能的,因此,投资活动就像是参加选美活动,可以分析和依靠他人的判断。当然,这个观点他没有给出证明,实际上也无法证明。

凯恩斯在分析现实经济中国民收入、有效需求和就业水平以及经济波动问题时,强调了经济中的"不确定性"。他强调了人们的心理作用对市场预期的影响。货币的流动偏好、资本资产未来收益等的判断都有决定性影响。因此,投资不时地发生广泛的波动,这样"经济学的规律只是在平均的意义上才是对的,它们并不表现为准确的关系"。

但是凯恩斯却认为市场的"不确定性"可以通过政府的干预而消除,这显然是不正确的。其实,政府干预同样是一种不确定性因素。不只是能否选择和制定正确的政策,政策执行手段、效果都存在同样多的不确定性。从系统论的观点看,政府干预只是在影响市场的诸要素中增加了一种力量,其作用可能是正反馈,也可能是负反馈,并不必然使经济系统走向稳定。

到了20世纪中后期,在一些有限的领域中,人们的认识终于发生了重大变化,甚至是根本转变。"在过去几十年间,一门新学科——非平衡过程物理学——诞生了。这门新学科产生了像自组织和耗散结构这样一些概念,如今它们广泛应用于许多学科,包括宇宙学、化学、生物学以及生态学和社会科学。"①
"我们认为,我们确实处于一个新科学时代的开端。我们正在目睹一种科学的诞生,这种科学不再局限于理想化和简单化情形,而是反映现实世界的复杂性,它把我们和我们的创造性都视为在自然的所有层次上呈现出来的一个基本趋势。"②

正如普里戈金、斯唐热所说:"我们对自然的看法正经历着一个根本性的转变,即转向多重性、暂时性和复杂性。长期以来,西方科学被一种机械论的世界观统治着,按照这种观点,世界就像是一个庞大的自动机。而今天,我们认识到我们是生活在一个多元论的世界之中。"③

大卫·格里芬在《后现代科学》序言中明确指出:"我们可以,而且应该抛弃现代性,事实上,我们必须这样做,否则,我们及地球上的大多数生命都将难以逃脱毁灭的命运。"后面我们将看到,这一切绝非是危言耸听。

正是由于这种认识上的转变,让人们看到了一个不同于以往的世界。

自然科学进步的双重影响

没有人能够否认,近现代科学取得的巨大进步和对改善人类生活所做出的巨大贡献。但是,这并不是它的全部,它同样制造了许多技术、经济、社会的现代问题。

自然科学进步的性质

在我们的生活中,似乎到处都能够看到科学进步的丰硕果实。

但是,也许这些进步并不值得我们庆幸。海德格尔认为,人们关于现代科学的本质问题的几种流行的看法,即所谓现代科学是事实科学、是实验科学、是测量科学等,并没有涉及现代科学的认识方式的基本特征。现代历史绝不是向着光明和幸福的一次胜利进军。相反,现代史弥漫着一种根本的衰落,从前苏格拉底时期一直到当前的时代。④ 人们越是强烈地想用理论概念和技术成就去把握各种本质,就越是会遗忘根本的东西。

---

① 普里戈金:《确定性的终结》,上海科技教育出版社,1998年,第3页。
② 同上书,第6页。
③ 普里戈金、斯唐热:《从混沌到有序:人与自然的新对话》,上海译文出版社,1987年,第26页。
④ 1935—1936年,海德格尔在弗莱堡大学举办的"物的追问——康德关于先验原理的学说"的讲座上的发言。

当代美国物理学家弗里乔夫·卡普拉(Fritjof Capra)在《转折点：科学、社会、兴起中的新文化》中指出："经典科学是用笛卡尔的方法建立起来的，它把世界分解为一个个组成部分，并且根据因果关系来安排它们。这样，形成了一幅决定论的宇宙图示。这个图示是与把自然界比做一座钟表的想象密切联系在一起的。……今天，笛卡尔的关于科学真理的信念仍然广为流行，并且反映在已经成为我们西方文化象征的唯科学主义中。我们社会中的许多人，科学家和非科学家，都确信科学的方法是理解宇宙唯一的方法。笛卡尔的思维方式和他的自然图景影响了现代科学的各个分支，……但是，只有当它们的局限性被认识的时候，它们才会有用。"[1]

阿尔温·托夫勒在为普里戈金的《从混沌到有序》一书题写的序言中写道：西方科学占统治地位的世界观或所谓方法，以17世纪和18世纪的经典科学或牛顿体系为代表。"它们描绘出这样一个世界，其中每个事件都由初始条件决定，这些初始条件至少在原则上是可以精确给出的。在这样的世界中偶然性不起任何作用，在这样的世界中所有的细部聚到一起，就像在宇宙机器中的齿轮一样。"[2]这种世界观把拉普拉斯引向了他那著名的主张，只要给出充分的事实，我们不仅能够预言未来，甚至可以追溯过去。而且这个简单、均匀、机械式的宇宙不仅塑造了科学的发展，它还旁及其他许多领域。

事实上，每一个科学家都摆脱不了不同的宇宙观和价值观，而且，客观性也不是真理或确定性、精密性或精确性的同义词。此外，很多人所不知道的是，"甚至到了今天，尤其是在物理学领域，严格的客观性是否是可能的依然受到质疑"[3]。

自然科学进步的另一面

借助于建立在线性思维基础上的"现代科学"，现代人在不同的领域里——物理学、化学、生物学、遗传学、气象学、建筑学等——取得了大小不一的进步。启蒙运动主张以人为主，以人为中心来规划世界，强调人的尊严。这已经成为现代世界的主导思想。辉煌灿烂的现代科学、文化和工农业，都是启蒙运动凯旋行进的活的见证。

但是，随着人类知识和力量的增强，这种人类中心论的观点就有可能破坏人与整个世界的和谐关系。事实上，由于人类还缺乏对自然、对环境、对知识和

---

[1] 弗·卡普拉：《转折点：科学、社会、兴起中的新文化》，中国人民大学出版社，1998年，第40页。
[2] 阿尔温·托夫勒："序言"，载普里戈金《从混沌到有序》，上海译文出版社，1987年，第7—8页。
[3] 安东尼·阿里奥托：《西方科学史》，商务印书馆，2011年，第13页。

技术的全面认识,知识和技术的应用无一不是问题重重,无一不是引发的问题比解决的问题更多,展示了人类行为的顾此失彼,甚至今天我们面前这个千疮百孔的外部世界也有它的"功绩"。

今天,我们到处都能看到如麦克卢汉所指出的情形:"由于汽车的冲击,现代大城市在无法节制地迅速膨胀。作为对铁路高速度的挑战所作出的回答,郊区和花园城市不是来得太晚,就是赶上了汽车泛滥成灾的时候。因为适应一套强度的功能安排,在另一种强度中会变得令人难以忍受。一种用于缓解身体压力的人体的技术延伸,可能会产生更为严重的心理压力。"[①]

今天,我们到处都能看到资源枯竭、土壤污染、水污染、大气污染等问题在全球的蔓延,人类社会所遭遇的这些都有上述科学各自孤立地进步的"功劳"。1962 年,美国海洋生物学家雷切尔·卡逊出版了《寂静的春天》;1972 年,罗马俱乐部发表了研究报告《增长的极限》,打开了重新认识人与自然关系的一扇窗户。

《寂静的春天》以寓言开头向我们描绘了一个美丽村庄的突变,并从陆地到海洋,从海洋到天空,全方位地揭示了化学农药的危害。"不是魔法,也不是敌人的活动使这个受损害的世界的生命无法复生,而是人们自己使自己受害。……在人们的忽视中,一个狰狞的幽灵已向我们袭来。"[②]这是一本公认的开启了世界环境运动的奠基之作。"当人类向着他所宣告的征服大自然的目标前进时,他已写下了一部令人痛心的破坏大自然的记录,这种破坏不仅仅直接危害了人们所居住的大地,而且也危害了与人类共享大自然的其他生命。"[③]

《增长的极限》是 1968 年 4 月成立的罗马俱乐部于 1972 年提出的第一份研究报告,讨论现在和未来人类的困境,给人类社会的传统发展模式敲响了第一声警钟,从而掀起了世界性的环境保护热潮。报告提出了人口问题、粮食问题、资源问题和环境污染问题(生态平衡问题)等全球性重大问题。1992 年《增长的极限》的三位作者,推出了他们的新作《超越极限:正视全球性崩溃,展望可持续性的未来》,他们再一次对现代人类生存方式、生活方式和生产方式进行了深刻反思,指出人类的经济活动对许多物质的开采和污染物、废弃物排放,已经到了地球无法承受的地步,呼吁从思维模式变革上寻求解决生存危机的突破口。

---

① 麦克卢汉:《理解媒介:论人的延伸》,商务印书馆,2000 年,第 103 页。
② 雷切尔·卡逊:《寂静的春天》,吉林人民出版社,1997 年,第 2、3 页。
③ 同上书,第 73 页。

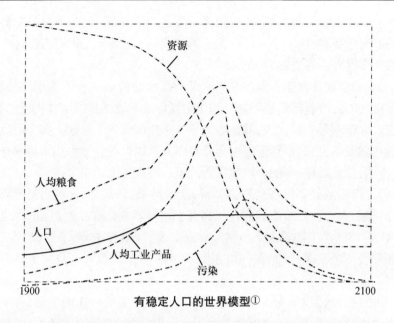

有稳定人口的世界模型①

其后,一系列拯救地球的活动全面展开:1972年,斯德哥尔摩联合国人类环境会议"只有一个地球"发表了《人类环境宣言》;1992年,里约热内卢世界环境与发展大会(UNCED)推出《里约宣言》和《21世纪议程》;2002年8月,约翰内斯堡世界可持续发展大会评估全球变化并提出具体的行动方案,将全球的注意力集中到实现可持续发展的具体行动上;2009年12月,哥本哈根世界气候大会"拯救人类的最后一次机会"达成2012—2020年的全球减排协议……

在现代社会科学的盲区里

俗话说得好:一个人不能看到自己的后脑勺。任何一种教条式的思维方式,都必然会产生基于其自身局限的认识盲区:决定论引导的思维,必然会对不确定性的事物视而不见;机械论导向的思维,会对有机联系的方面熟视无睹;理性主义导向的思维,则会忽略和否定人类的非理性行为。在路灯下面寻找失物,是科学家们也在犯的简单错误。亚里士多德早就说过:对真理的探求,正不容易。"迷难本起于两类,也许现在的迷难,其咎不在事例而正在我们自己。好像蝙蝠的眼睛为日光所闪耀,我们的灵性中的理智对于事物也如此眩惑,实

---

① 丹尼斯·米都斯等:《增长的极限:罗马俱乐部关于人类困境的研究报告》,四川人民出版社,1983年,第139页。

际上宇宙万物,固可皎然可见。"①

"实证"研究贡献了什么

近代以来自然科学的巨大成功,导致了"唯科学主义"的广泛盛行,也导致了在其他领域出现了一种对"科学"方法和语言的"奴性十足的模仿"。在经济学、管理学、社会学甚至历史学中,所谓的"实证研究"大行其道。

基本上,近代以来的社会科学也完全沿袭了物理科学的研究套路,而支撑着人们对于社会科学的信念,仍是因为人们相信:尽管社会科学的各个分支现在还很不成熟,但终归有一天会像自然科学一样成熟起来。这其中,尤其是以经济学最为突出。秉持了机械主义思维的现代经济学试图把人类社会仅仅描述为一组无差异的、逻辑一致又能够解释一切的行为规则,他们要把全部人类行为都塞入由经济学家用自己的大脑创造出来的那个世界。然而,不幸的是,这种努力没有成功也不可能成功。

1964年,德国理论物理学家W.埃尔萨塞指出:"正如量子力学中的不确定性一样,生物学中的不确定性也是根本的。"因为生命系统是非常复杂的非均质、同一性系统,它是与完全均一类的物理系统不同的有机系统,所以埃尔萨塞的结论是:"生命系统的奥秘就在于,它是根本不能用物理系统加以解释的。"②同样,社会系统是复杂的有机、复合系统,试图用机械物理方法和原理去研究和解释它,是一种错误的简化。

近年来,中国社会科学研究正在快速与国际学术发展接轨。十分流行的"实证研究",是一种看似很"科学"其实为投机取巧的研究方法,研究人员坐在电脑前,检索一下期刊网,搜集一堆统计数据就可以写学术文章,这不能不说是另一种幼稚的做法。定量和实证也许是社会科学研究的一条路径,但是,实证方法不能代替深入思考的过程。由于一些研究者不具有解决真实社会问题的动力,以至于得出的研究结论多是放之四海而皆准的空洞"真理"。

无处不在的"分工、专业化"的陷阱

对分工和专业化的崇尚起源于亚当·斯密,或者更早。在《国富论》中,斯密详细地列举了分工的诸多好处,当然它们都是有道理的,但是,我们却不能不说,斯密对分工、专业化的描述是片面的。

---

① 亚里士多德:《形而上学》,商务印书馆,1995年,第32页。
② C.西伯斯马:《生物物理学引论》,科学出版社,1979年,第5、241页。

必须承认,分工和专业化是一把双刃剑!正是这个曾经带来了财富增加、效率提高的分工和专业化,其另一面(即使不能说是负面)的社会影响是巨大的:它从根本上消灭了人的独立性,造成了今天大家习以为常的人与人的相互依赖,让人们只能通过出让自己的独立来换取生存的权利。那些处于这个分工之网上的"相互依赖"的个体彻底地被"套牢"了,不能不承担经济学上所说的被"敲竹杠"的风险。甚至对于那个被潘恩定义为"由我们的邪恶产生的,……即使在它最好的情况下也是一件免不了的祸害,而一旦碰上它最坏的时候,它就成了不可容忍的祸害"①的政府,我们也不能不严重依赖,即使不愿意俯首听命。

当然,专业化也还有其他更严重的不利之处。我愿意再重复一遍,专业化利刃的另一面是非常有害的。它的另一个大的不利之处是在知识的生产上。毫无疑问,现代的知识体系也是建立在分工、专业化原则之上的,知识分工制造了人与人之间的"知识的鸿沟",并以此建立起一些人的"语言霸权"。其实,历史上的巫术、宗教和当今流行的"科学家的科学"都建立在这同一个基础——"分工—专业化"——之上,也都制造了知识上的不对称。专业人士与大众和非专业人士不再有对话的知识基础,这使得一些知识体系中的"错误的证明,推理的漏洞,还有稍加注意就能避免的疏误"难以被发现。

在前文第三章我们曾经介绍过,在(真正的)数学家眼里,"数学已经不合逻辑地发展。其不仅包括错误的证明,推理的漏洞,还有稍加注意就能避免的疏误。这样的大错比比皆是。这种不合逻辑的发展还涉及对概念的不充分理解,无法真正认识逻辑所需要的原理,以及证明的不够严密;就是说,直觉、实证及借助于几何图形的证明取代了逻辑论证"②。但是,这显然只是专业人士能够识破的真相,对于那些对数学了解不多的非专业人士,他们如何能够不对数学表示迷信呢?

同样地,我们在前言里说道:"当前一些经济学家把它视为一种业内人士之间的对话,或者把它当作一种纯粹的学术,经济学其实已经演变成了一种仅仅是由少数人的兴趣、志业所驱动的事业?当它与社会、与大众生活不再发生任何关系,经济学的堕落就开始了,经济学僵死的命运也就由此奠定了。"这种情况的避免,也只有在大家具有了共同的"经济学知识"的时候才成为可能。当一些人或社会大众还是经济学的"门外汉"的时候,他们怎么能够识破经济学家的那如同数学天书一样的"花言巧语"?

特别是受到现代分工、专业化思维的影响,一个专心于自己领域的科学家,

---

① 托马斯·潘恩:《常识》,华夏出版社,2003年,第2页。
② M.克莱因:《数学:确定性的丧失》,湖南科技出版社,1997年,引论,第3页。

不知道、不关心其他领域里的发展和进步是一种极为普遍的现象。这反过来造成了一些领域里根深蒂固的保守观念和方法长期落后,相当一部分人机械地继承了旧的思维和方法。

因此,哈耶克在《科学的反革命》中说道:"在19世纪上半叶,出现了一种新的态度。'科学'一词日益局限于指自然科学和生物学科,同时它们也开始要求自身具有使其有别于其他一切学问的特殊的严密性与确定性。它们的成功使另一些领域里的工作者大为着迷,马上便着手模仿它们的教义和术语。由此便出现了狭义的科学方法和技术对其他学科的专制。这些学科为证明自身具有平等的地位,日益急切地想表明自己的方法跟它们那个成就辉煌的表亲相同,而不是更多地把自己的方法用在自己的特殊问题上。可是,在大约120年的时间里,模仿科学的方法而不是其精神实质的抱负虽然一直主宰着社会研究,它对我们理解社会现象却贡献甚微。它不断给社会科学的工作造成混乱,使其失去信誉,而朝着这个方向进一步努力的要求,仍然被当作最新的革命性创举向我们炫耀。如果采用这种创举,进步的梦想必将迅速破灭。"[①]

现代经济学就是这样一个领域。那些对自己的思维习惯和研究方法毫不怀疑的经济学家们,"他们在生搬硬套,不加批判地把某些思维习惯运用于和形成这种习惯的领域有所不同的领域。唯科学主义观点不同于科学观点,它并不是不带偏见的立场,而是一种带有严重偏见的立场,它对自己的题目不加考虑,便宣布自己知道研究它的最恰当的方式"[②]。

社会系统是人类社会系统与其环境系统在特定时空的有机结合。事实上,一个工厂,一个村庄,一座军营,一所学校,一座商厦,等等,只要有人在其中活动,它们就是某种类型的社会生态系统。生活在这个系统中的组织和个人,都会受到社会环境中与之互动的宏观系统的重大影响。它们是,文化(culture)、社区(community)、习俗(convention)、制度(institution)和机构(organization)。通过人为地剥离,用教条式的线性分析方法去孤立地研究"经济问题",除了让自己成为思维上的"井底之蛙",是不可能得到有效的结论的。

"我们现在生活在一个日常生活中的思想观念与习惯在很大程度上受科学思维方式影响的氛围中。……我们倾向于过度使用一种新解释原则这种现象,大概更常见于特殊的唯科学主义教条,而不是科学本身。万有引力和进化、相对论和心理分析,在某些时期都被发挥得超出了它们的能力。基于这种经验就不必奇怪,对于作为一个整体的科学而言,这种现象继续的时间要更长,并且

---

① 哈耶克:《科学的反革命:理性滥用之研究》,译林出版社,2003年,第4页。
② 同上书,第6页。

有着更深远的影响。"①哈耶克是英明的,现代社会科学,尤其是经济学的发展历程也完全证明了他的判断。这种情况迄今并没有太大改观,近代科学观还在占据着一些重要的研究领域,统治着一些人的思维观念。

对于那些自负的人,要他们看到自己的"思维盲区"和"认识盲区"是困难的。年轻学者要让自己少犯错误,克服这些"盲区"的不利影响,就要不断开阔眼界、开阔思路。我们主张跨学科的知识积累,对其他学科的知识,只有首先看到、听到,才可能产生兴趣去认识、去了解,然后才能发现它们之间的联系。同时,更主张批判性的思考,不要成为盲人式的专家。对于我们看到、读到的东西,不是去一股脑地全盘接受,而是有分析、有比较、有批判,现在各种媒体上垃圾信息太多,不要让我们自己的大脑成为别人思想的跑马场。

戴着"增长"有色眼镜的经济学

工业社会的来临,标志着人类利用和改造自然的能力发生了根本性的变化。这时在人类与自然的关系中,人类稳定地居于主宰地位,科学技术成为人类征服与改造自然最有力的手段。正如马克思和恩格斯在《共产党宣言》中描述这一过程时所说:"资产阶级在它的不到100年的阶级统治中所创造的生产力,比过去一切时代创造的全部生产力还要多,还要大。自然力的征服,机器的采用,化学在工业和农业中的应用,轮船的行驶,铁路的通行,电报的使用,整个大陆的开垦,河川的通航,仿佛用法术从地下呼唤出来的大量人口,……过去哪一个世纪能够料想到有这样的生产力潜伏在社会劳动里呢?"②

启蒙的一个重要成果是实现了"增长与发展"的意识形态全球性合法化,从此,社会无论是看什么问题,都戴着"增长"的有色眼镜,也戴着"理性"的有色眼镜,由此开启了一个掠夺自然的时代。

20世纪以来,越来越多地暴露出了人类的掠夺行为所造成的破坏。资源、人口、生态(环境)危机等问题突出,急功近利的掠夺性开发和改造已使自然变得百孔千疮。作为人类自身生存发展基础的大自然,遭到了前所未有的破坏。它表现为大气污染、淡水和海洋污染以及垃圾成灾,土壤过多流失,草场退化,土地荒漠化,森林资源减少,生物物种加速灭绝。经济增长的头顶上笼罩着生态环境危机的阴影,人类开始受到盲目征服自然所造成的生态环境危机的直接威胁。

自然资源短缺、生态环境恶化是与人口爆炸或增长紧密相关的,是当前人

---

① 哈耶克:《科学的反革命:理性滥用之研究》,译林出版社,第8页。
② 《马克思恩格斯选集》第一卷,中共中央编译局,1994年,第277页。

类社会发展所面临的最大难题。人口迅速增长及人类不合理的行为方式,对生态环境造成了严重的损害,这两者反过来又加剧了对自然资源的掠夺性开采,从而导致自然资源的严重匮乏。人口激增使人与自然的矛盾变得十分尖锐,使对于生态环境的保护失去了回旋的余地,形成了人口、资源、环境失衡的恶性循环。

长期以来,理性力量的一个又一个胜利使人们滋长了一种理性万能的信念。戴维·埃伦菲尔德在《人道主义的僭妄》一书中提出:"凭着理性的力量,人类真的能够懂得无限的知识、克服一切困难、随心所欲地安排大自然和自身的事务吗?"答案显然是否定的。

埃伦菲尔德强调要反思和改变人类对自然盲目征战和掠夺性开发的观念和做法,要求改变以往人们对生态环境恣意妄为和盲目开发的行为方式,着眼于"人—社会—自然"系统的有机协调和良性循环,摆脱人类在生存和发展方面所面临的生态环境危机。确实,我们不得不承认,相信科学万能与相信上帝万能是没有区别的。前者只不过是用美好的幻想编织了一个人道主义的神话。

2000年,经济科学出版社出版了一套"经济学反思丛书",第一批包括《经济学的终结》《经济学的花言巧语》《经济学的两面性》以及《经济学成为"硬科学"了吗》四本。这套丛书介绍了国外学者关于经济学的一些反思,意在促进中国经济学走向注重现实经济问题的研究,而不是形而上学的逻辑推理。丛书主编提到:"本丛书的一些作者指出,尽管经济学的科学化努力给人留下了深刻的印象,无论在理论经济学还是应用经济学领域,数学技巧都得到了极大发展。然而剥开这层科学外衣,经济学除了为经济学家发展了一套更为完善、圆滑的自我辩护技巧外,并没有取得什么实质性进步。经济学仍然只是一种流行的意识形态,其主要功用是为社会既得利益集团提供一种貌似科学、客观因而公正的理论辩护。"[1]

---

[1] "经济学反思丛书",主编絮语,第4页。

第七章
复杂世界中的非线性经济系统

- 真实世界:一个复杂的、非线性的、不确定的世界
- 没有不变的决定因素
- 自组织经济的动态演进
- 整体性经济的互联互动

在开始我们的解释之前,不妨先让我们试想一下下列问题的可能答案:

经济的繁荣或衰退与公司的某个领导人的关系如何?

一家公司市场份额的丧失与竞争对手的关系如何?

石油出口国是不是油价上涨的罪魁祸首?

20世纪40年代普里戈金创立了耗散结构理论,随后在短短的几十年内便相继出现了协同学、超循环等非线性学科。KAM定理和洛伦兹吸引子的发现,微分动力学、分形分维以及自组织理论的发展使本世纪又一重要科学——混沌学的研究取得了突破性进展,大大深化了我们对不确定性和复杂性的认识。人们认识到,对任何系统研究都必须从整体出发,考虑要素间的相互作用,必须对非线性作用认真对待。

真实世界:一个复杂的、非线性的、不确定的世界

真实的外部世界是怎样的?如实地回答这个问题确实有些残忍。但是正如美国气象学家洛伦兹曾经说过的:我们应该相信事实,即使它会伤害我们;我们不应该迷信谬误,即使它在迎合我们的虚荣心。概括地说,外部世界是复杂的、非线性的、不确定的。

世界的复杂性、非线性

毫无疑问,我们生活的社会是一个复杂系统,我们做出的每一个选择,都可以视作对系统的一点点改变。蝴蝶效应告诉我们:在一个非线性的复杂系统中,由于对初始条件的敏感性,一个条件的微小变化,可能会引起整个系统的巨大的不可预测的连锁反应。

从绝对意义上讲,根据非线性系统的特性,我们永远不知道事件(如历史)的真相是什么。为什么?根据蝴蝶效应,一个小小的改变能掀起惊涛骇浪,一个人当下的选择会对你的未来乃至整个人类社会产生不可思议的影响。

极小概率事件会不会发生?数学上认为,如果一个小概率事件的概率太小,比如,低于10^{-5}量级,那么在绝大多数情况下,它对于事件的影响可以忽略,也就是说,这种事件是没有意义的。比如月亮从天上掉下来,这是小概率事件(因为既然地球对月亮有吸引力,它从天上掉下来也是理论成立的)。尽管它的概率不是零,但却足以被认定是无意义的。因此,不会有任何一个国家准

备足够的核弹头,以备万一月球下坠时发射。

在企业活动中,很多企业都会做年度计划书,或做长远的战略谋划。这其中必有一个内容,叫作"风险分析"。它本质上和看水晶球差不多,通过对有限信息的把握,比如企业内部竞争优势和市场分析,对未来做出一个预测。至于执行起来是否成功,则完全是另一回事,失败的战略、计划比比皆是,而且总能找到失败的理由。

有没有人去预测股市呢?过去这是一个很热门、很赚钱的职业,股票分析师把故事说得天花乱坠,有人相信了,跟进了,预测就真的会应验;没有一个人相信,没有人跟进,预测就不灵。现在人们终于知道,股票市场是不可预测的,因为它有两个条件都不能满足——对关键信息的把握,对关键因素的把握——实际上,股市上根本找不到"关键信息、关键因素",或者说,影响它的因素很多、很混乱,因此,股票市场瞬息变化,每次买卖都对他人和整个市场造成了不可预测的影响。

因此,切莫小看股市,股票市场完美地诠释了蝴蝶效应,是复杂性、非线性世界的缩影!

没有不变的决定因素

根据传统的线性思维和决定论观念,任何一个系统中都有一些关键性的决定因素,它们在任何情况下都具有头等重要作用,把握住这些因素,也就抓住了"主要矛盾",其他问题也就能够迎刃而解,从而能够准确地预测、控制系统的变化。这种认识当然是有问题的,用它指导实践也常常会遭遇挫折。

宏观层面

"宏观"与"微观"是人们经常使用的概念,但是它们并不是两个得到了清晰说明和准确理解的概念,因而也不是一对合适的概念。这里更准确的概念应该是整体与个体。

线性思维和决定论观念表现在经济学上,就是在迄今为止的经济学理论体系中,主要的经济变量(或生产要素)始终是土地、资本、劳动,偶尔也会再补充上技术、制度等因素,而它们各自的重要性始终不变,因而在经济分析中,可以赋予它们不变的权重。这其实就是一种线性思维的真实表现。

马克·布劳格在他的《经济学方法论》一书前言中,用自负的语言说:"社会科学的其他研究人员——社会学家、人类学家、政治学家和历史学家——往往不是妒忌经济学家表面上的科学精密性,便是藐视经济学家充当政府的走卒。"①实际上,经济学家们从来没有"表现出科学的精密性",而所谓"其他学科的嫉妒"也不过是一些自我感觉良好的经济学家的错觉。

事实上,许多其他学科的人们深知经济学的要穴。正如迈因策尔看到的:"在经济学史上,20世纪30年代的经济大萧条引起了试图从理论上解释经济的不规则性。但是,那些模型(例如卡莱斯基和汉森-萨缪尔森模型)都是线性的,难以解释振荡现象的形成。因此,经济学家们就假定,外部的冲击引起了所观察到的振荡。假如那时经济学家对于数学的发展更熟悉一些,他们就会早些了解到非线性的数学模型会导致循环限制,从而得出解答。"②

在人类经济发展史上,确实有一段时期,制约经济发展的主要因素是资本和劳动力。解决了这两个问题,就能推动经济发展。因此,各国大多数经济发展措施也只重点关注这两个因素(有时候也会考虑技术因素)。然而,复杂性科学告诉我们,系统中各种因素的重要性是会随着条件、环境的变化而变化的。所谓此一时,彼一时。随着昔日资本和劳动力"瓶颈"的突破,经济进一步发展,大约到了20世纪中期,技术进步的重要性上升;但是,到了20世纪后期和21世纪,经济发展日渐与生态系统息息相关,限制因素也开始转变为清洁的水源、空气、垃圾填埋场、能源以及原材料供应等。在这种情况下,如果还是按照只关注资本和劳动力的传统,就事倍功半了。

微观层面

企业层面的情况也是如此。企业系统包含多个要素或子系统,例如人才、技术、管理、资金、质量、市场等。在其成长过程中,系统的每个要素既对其他要素产生影响,又依赖其他要素生存,不同要素之间存在复杂的作用关系,表现出要素的非线性作用。

早在20世纪50年代,麻省理工学院的杰伊·福瑞斯特开发了一个公司成长模型(也叫作系统动力学或工业动态学模型)。在该模型中,一家初创企业非常成功,快速成长,而问题的关键是认识并处理各种限制因素,这些因素会随着公司自身的成长而不断变化。例如,如果公司雇用了更多的销售人员,订单就会大量增加,从而超出工厂的产能,导致交货延迟、部分客户流失。此时,产

---

① 马克·布劳格:《经济学方法论》,商务印书馆,1992年,第4页。
② 迈因策尔:《复杂性中的思维:物质、精神和人类的计算动力学》,上海辞书出版社,2013年,第398页。

能成为最主要的限制因素。于是,管理者决定投资建厂,以缓解欠货压力。新厂建设过程中,需要雇用大量的新员工,并对其进行培训,而这通常慢于厂房和机器设备安装、到位的速度,并不受太多的重视,因而效果欠佳。于是,开始出现一些产品质量问题,再次导致客户流失。此时,员工的技能成为最重要的限制因素。所以,管理者又开始加强对员工的培训。逐渐地,质量得以改善,新的订单又大量增加,但是这时候,订单执行和跟踪系统又出现了拥堵,如此等等,不一而足。

事实上,每一个工厂、新产品、技术、公司、城市、经济等都存在多重限制。我们不仅需要知道有哪些限制因素,以及它们中的哪个或哪些起着主要作用,而且更需要认识到,如果增长变缓或者约束变强,就意味着起主导作用的限制因素正在发生改变。无论是自然界的植物生长与土壤的相互作用,还是社会经济中的公司扩张和市场博弈,不同要素之间的关系都是动态变化的。当一种要素的制约被解除了,事物的变化、成长就开始启动,而这个过程本身会改变各种限制因素之间的强弱对比,因此,相对最为稀缺的一种因素开始逐渐表现出限制作用。

自组织经济的动态演进

抽象方法是一种有用的方法,但是抽象方法更是一种危险的方法。抽象方法至少存在双重危险:第一,人们在思考时,将事物的重要信息遗漏;第二,抽象过程中假设一些因素保持不变,有可能割断事物之间实际存在的内在联系。

"厂商"是一个复杂系统,不是一个方程式

在现代经济学里,"厂商"的概念似乎是清晰的,它被充满智慧地定义为一个"投入产出的机制",是一个生产函数。但是,赫伯特·西蒙诚恳地指出:"教科书中介绍的企业理论说,'企业家'以追求最大利润为目标,在如此简单的环境(经济学假设的环境——引者加)中,求出最大利润所对应的计算能力是不成问题的。成本曲线反映了支出额与产品产量之间的关系,收入曲线反映了收入额与产品销量之间的关系。将收入与支出之差最大化这一目标就完全规定了企业的内部环境。成本曲线和收入曲线确定了外部环境。初等微积分告诉我们,通过求导(求出利润随产量变化而变化的速率)并令导数为0,就能求出

使利润最大的产量。……天知道,这幅图景太简化了,根本不符合现实。"①那么,一个基于线性思维的数学公式能够给人什么教益呢？它唯一的教益是可以让人变得头脑足够简单。

非线性经济学在方法论上的一个革命性观点在于它强调企业是一个开放的复杂性系统,强调内外部因素对企业命运的共同影响和作用。社会经济系统是一个复杂的非线性系统,其中存在着复杂的非线性相互作用。整体经济系统由数以百万计的个体和组织组成,也由这些个体和组织的相互作用所决定,又涉及数以万计的商品和数以万计的生产者。

如果说企业是一个开放的经济系统,那么系统论所揭示的各种现象也必然适合于企业。因此,现代企业理论研究必须以非线性思维为指导。外部或内部的多重、复杂因素支配了企业经济的发展。

非线性企业经济学认为企业的兴衰变动既可以是由内因引起,同时也受外部因素的影响。非线性企业经济学正是考虑到这种因素才解释了许多传统经济学不能解释的现象。如一种生产模式(如机械化的问世、流水线的诞生)、一种技术(如通信技术)、一种新的组织方式(如超市、电子商务)等的问世,它们都可以造成一类企业的兴衰和市场主体的交替。这些都不能被抽象为"价格"变动。

非线性企业经济学看到,一个管理上的失误、一个战略上的偏差、一个内部冲突和混乱,等等,都决定和影响着一个企业的命运。非线性经济学强调:一个小小的扰动都可能会改变企业的命运,使一个企业走向混沌即崩溃,这就是企业中的"蝴蝶效应"。这些情况也无法概括为企业生产函数的变化。

当然,对于上述这些重要事实,主流经济学并没有给予应有的关注,因而这些现象也一直没有得到经济学的解释。由于把企业当作一个"黑箱",主流经济学实际上并没有深入企业内部的理论分析,因此,他们在解释企业兴衰的原因时,就只剩下了一个维度——外部市场。也就是说,企业兴衰的原因只能在企业外部去寻找,这个原因很幸运地被找到了,那就是竞争对手或市场结构！斯蒂格勒则更干脆,直接把经济学叫作"价格理论"。

虽然我们可以对企业运行进行建模,也可以强调非线性分析,使用非线性差分方程和非线性微分方程,但是,复杂系统对初始条件的变化极为敏感。在各类经济预测中,初始数据的质量通常都非常不尽如人意——模糊的概念、不完整的信息、不断变动的数据以及重要信息的缺失,等等。如果我们试图把经济当作一系列变量和方程式,而不能看到其深层结构和复杂联系,那么就更容

---

① 赫伯特·西蒙:《人工科学:复杂性面面观》,上海科技教育出版社,2004年,第25页。

易对经济运行中各种情况的因果关系仍然模糊不清(实际情况正是这样)。即使所谓的大数据技术也只能做有限的事情,从某种意义上讲于事无补。因为现代大数据所能捕捉到的是信息和噪音杂陈的资料。

非线性科学的兴起对经济学产生了巨大的影响,经济学的应用学科中采用了非线性科学,出现了经济控制论、信息经济学等。特别是20世纪70年代以来,混沌学的兴起对经济学的影响更为深远。

企业自组织系统的自组织与动态演进

应该说,表面上严谨的经济学普遍缺乏演进的思维。现代经济学试图揭示一个普适的真理:在一个资源稀缺的世界里,人们如何配置资源,追求效率(虽然"效率"是一个光鲜的词汇,但是,它里面包藏着的内涵却主要是单一的、赤裸裸的"物欲")。人们不只是用它解释当前,而且是用它解释全部人类历史。

经典科学本质上是关于存在的科学而不是演化的科学,它所强调和追求的是世界的确定性和稳定性。反映到经济学中,便是现代经济学的稳定、均衡导向。但是,经济系统内部各个市场供求的非平衡状态甚至远离平衡态,使均衡成为一种非真实的现象。所以,均衡分析首先是在理论上,特别是在指导实践上并无太多参考价值。

正如迈因策尔曾经指出的:"要描述经济的动力学,就需要有包含许多经济量——也许来自数千个部门和数百万角色——的演化方程。经济学如同其他领域一样,一切事物都依赖于其他事物,为了尽量地模拟经济复杂性,这种方程就将是耦合的、非线性的。但是,甚至是完全确定论的模型也会产生出高度不规则的行为,这样的行为是不可能做出长期预测的。经济学如同气象学一样有同样的缺陷。"①

现已确认,经济系统中的非线性机制是一种普遍的现象,由于经济系统中的时间不可逆、多重因果反应及不确定性的存在使经济系统本身处于一个不均匀的时空中,具有极为复杂的非线性特性。

非对称的供给和需求、非对称的信息、异质化的产品、非齐一的技术以及动态的外部环境等,正是造成经济非线性特征的原因。非线性经济学得出了这样的结论:在随机的经济波动、非均衡的经济常态下,杂乱无章、兴衰交替的企业、市场等经济现象背后隐藏着非线性系统的作用机制。

系统论的发展使我们能够重新审视传统经济学的基础结构和概念体系。

---

① 迈因策尔:《复杂性中的思维:物质、精神和人类的计算动力学》,上海辞书出版社,2013年,第398页。

与其他系统一样,经济系统也有一个不可逆性问题。时间要素同样是每一个经济学问题中的核心问题。对时间的考察促进了经济学的动态分析,由此导致对传统均衡理论的批评。经济系统的不可逆过程如创新扩散、比例失调、技术外溢、利息与债务增长、通货膨胀等,使系统远离平衡态,经济现象具有自组织性。

即使从一个均匀的初始状态出发,仅仅是一个小小的偶然因素变动就足以造成对称性破缺(失去原来的平衡),产生出经济活动高度集中的地带和经济高速增长期,并产生累进的竞争优势。这种情况已经被经济波动发展和产业集群生长所证实。当然,相反的情况也可能发生:一个决策失误、一项不成功的创新、一次错误的领导人更迭,都可能使情况变坏。

自组织理论对经济和产业演化问题的研究也是有指导性的,有助于科学地说明新兴产业与传统产业的交替过程。其实,熊彼特从一开始就有与主流经济学完全不同的视野,他的《经济发展理论》的第一句话就是"社会观察实际上是一个不可分割的整体。在它的洪流中,研究工作者的分类之手人为地抽出了经济的事实。把一个事实称为经济的事实这已经包含了一种抽象,这是从内心上模拟现实的技术条件迫使我们不得不做出的许多抽象中的头一个。一个事实绝不纯然是经济的;总是存在着其他的——并且常常是更重要的——方面"[①]。

熊彼特所看到的企业的创新活动就属于这种情况,不断地打破均衡,动态地推动着企业和整体经济的发展。正如他在《经济发展理论》书中指出的,由创新所引发的全部经济变动,"这种情况,即使在经济学范围之外,在我们可以称之为文化演化的理论中,也被证实是这样;而这种演进理论,在重要方面,与本书的经济理论,有着惊人的相似之处"[②]。创新也存在一个自组织机制。

整体性经济的互联互动

当年,牛顿是根据自己的日常体验与直觉认识假定,空间的部分之和等于整体,由此出发推导出求解曲线包围面积的微积分公式。当牛顿运用相同的方法推算物体间相互作用力时,实际上假定了,自然作用也与时间空间关系一样,是部分之和等于整体的(在牛顿之前,伽利略已经做出了相同的假定:合力等于各分力之和)。牛顿说:"我希望我们可以用同样的推理,从机械的原理推演

[①] 熊彼特:《经济发展理论》,商务印书馆,1991年,第6页。
[②] 同上书,英文版序言,第4页。

出其余一切自然现象。"①

但是,任何系统都不是各部分的简单总和。"要求'整体地看待事物'和把世界看作相互关联、相互依存的领域或连续系统,其本身是对因为过分的分类研究和零碎的分析所造成的意义丧失的一种健康的反应。"②系统之所以成为系统,不仅在于它是各个要素的集合,而且在于它具备了一种高于各要素功能的整体功能,即它的整体功能应"大于"各部分功能的"总和",而不是其各部分的简单迭加。(例如,一个原子不等于其单个组分粒子加在一起的总和;一个国家不等于社会的个人之和;等等。)

我们处处可以看到办公楼、住宅,它们是由砖、混凝土、钢筋和玻璃等材料盖起来的,它们确实可以分解、还原为砖、混凝土、钢筋和玻璃等要素。但是,我们并不会通过把这些建筑物分解成一块块的砖、一桶桶的混凝土和一条条的钢筋,来认识这栋建筑物的价值、功能、作用。因为作为建筑物,最本质的东西不是这些材料,而是它的结构、功能。

大家都在使用、非常熟悉的计算机,就是一个整体(机械)系统,它是由硬件和大量功能软件整合在一起的。计算机的性能,决定于机器内的每一个单元电路、每一个微小的元器件,决定于每一行程序指令。没有对这些细节的透彻认识与刻意安排,没有这些细节的通力配合,计算机的运算功能就无从实现。

在一群人的行为中,有些东西取决于群体的结构,而不是取决于群体成员的个性。群体的性质不可能还原成它的各个成员的性质。由于它是某种群体,它就表现出作为那个群体所具有的特征。即使它所有的成员都被替换了,它也仍然能够保持这些特征,而我们仍然可以把它作为原来的群体来研究。例如,大学生群体就是这样的群体,无论其中具体的学生怎样一届一届地流动,大学生这个群体始终具有它自己的特征。

当然,也有一些系统,即使每个要素都是优良的,由于结构不当,这个整体失去了正常的性能,即不构成一个完善的、有生命力的系统。如一些内耗严重的行政系统(或企业系统)、一盘散沙的军队或劳动者队伍等,都是如此。

总之,在我们认识世界、研究问题的时候需要记住:每一个事物都可以看作一个系统;一个系统中有子系统,系统外又有一个更大的系统将它包含;系统有简单的,也有复杂的;整体大于部分之和,系统具有它的组成部分所没有的特性;越是复杂的系统对初始值就越是敏感,一个小小的变化会带来令人意想不到的变化结果。

---

① 牛顿:《自然哲学的数学原理》序言",转引自丹皮尔:《科学史》,商务印书馆,1975年,第248页。

② 欧文·拉兹洛:《系统哲学引论,一种当代思想的新范式》,商务印书馆,1998年,第19页。

迈因策尔说:"从个体的实践观点看,它究竟是面对一个随机的线性过程还是一个混沌的非线性过程的问题,都是无关紧要的。这样的两种系统都使得它难以做出精确的预测。当混沌模型敏感地依赖于起始条件,再精确的数字计算机原则上也不可能计算出这种系统的长期的未来演化。"[①]

经济系统不仅并不例外,而且是更复杂的系统。在这里,存在各种各样复杂联系、无限扩张着的关系之网,或内或外,向着所有的方向开放延伸,你永远都不能找到一个没有关联关系的某个事物。复杂的分工协作之网,复杂的政治、文化、制度乃至自然的相互交织,复杂的行为主体,以及复杂的竞争格局,各个系统交叉重叠,互联互动,决定了任何经济系统只能是复杂适应系统。

[①] 迈因策尔:《复杂性中的思维:物质、精神和人类的计算动力学》,上海辞书出版社,2013年,第405页。

第八章
现代经济学：
传统思维的重灾区 I

- 传统物理学的思维遗产
- 经济学初创时期：朴素却先天不利
- 那些自说自话的"主流经济学家们"
- 新面孔却是旧相识

17世纪兴起的近代科学大潮,彻底改变了人们的思维模式,改变了人类历史的演进方向。迅速崛起的科学世界观和方法论席卷了世界各国和科学的各个领域。一切科学领域——自然科学、社会科学和精神科学,包括宗教、哲学、历史、法律、伦理、心理学、社会学、经济学等,无一不受近代科学方法论的影响。

传统物理学的思维遗产

现代经济学起源于18世纪的欧洲,以英国、德国、法国和意大利为主要发源地,经过两百多年的发展和演变,逐渐成为一种居于支配地位的全球性经济思维模式。追根溯源,现代主流经济学是西方总体思想的一个组成部分。经济学的世界观和方法论直接来自西方科学的世界观和方法论。决定论和机械论的基本信念塑造了经济学的基本性格,牢牢统治着我们的理论思维和政策模式。经济学是近现代传统观念与方法的重灾区!

到了20世纪30年代,出现了新经济学(以马歇尔为代表),它提供了一种"摆脱了价值判断的、客观的"经济学,而认为那种包含了价值判断的"规范经济学"不值得一提,应该被扔进历史的垃圾堆。结果是,经济学研究的范围和经济学家的视野越来越狭窄,而且越来越偏离了人文关怀——人、企业与政府都简单化为财富的奴隶,简化成了赚钱机器。

虚构的前提

现代经济学的理论体系是建立在一系列假设基础上的:准确无误、无所不知、无穷多的无差异的消费者;理性的生产、决策者;价格、产量的瞬时调整;没有不确定性;纯逻辑的"时间"概念(长期、短期);零交易成本;纯逻辑的"收益"、"利润"(与会计利润相对)概念;可比较的效用;可比较的机会成本;线性齐次生产函数;劳动与资本的完全替代性、完全信息和对称信息;等等。可以说,没有了这些假设,现代经济学理论大厦就会轰然倒塌。

许多对现代经济学的批评指向了上述假设,即它们是不真实的。所谓的不真实当然是指与现实不符。但是,难道这些假设只是不真实吗?显然不是这样,实际上,毫无疑问,许多假设是形而上学的。经济学中的个人、企业、政府甚至是市场都不再是具体的事物,而是抽象的概念。只有形而上学的东西可以任凭形式化的推理。因此,我们相信,流行的现代经济学,就是经济的形而上学。也许海德格尔是对的,在《同一与差异》一书中,他指出:"通常看起来,'存在学'和'神学'这两个名称仿佛就像其他一些熟悉的名称,诸如心理学、生物学、宇宙学、考古学等。'学'这个后缀的意思完全是大概的和熟悉的,表示关于心灵的科学、关于生物的科学、关于宇宙的科学、关于古代文物的科学。但在这个'学'中,不仅隐含着在合乎逻辑的和一般地合乎陈述的东西意义上的逻辑上的东西,后者分划并且推动一切科学知识,保证和传达一切科学知识。'学'始终是论证关系的整体,在其中,诸科学的对象在它们的根据方面被表象和理解……它们面对逻各斯做出答辩,并且在一种本质意义上是遵循逻各斯的,也即是逻各斯的逻辑学。"①

与海德格尔的说法相比,尼采说得更直白一些。他说:"所有哲学家(这里的"哲学家"是指那些做着形而上学学问的人,也包括经济学家在内——引者注)都有自身的共同缺陷:他们想要从现代人出发,并通过对现代人的分析,来达到目的。他们不自觉地认为'人'是一种永远真实的事物,一种在一切流变中保持不变的事物,一种可靠的事物尺度。哲学家关于人所说的一切,归根结底只是关于一段非常有限的时间过程中的人的一个证明。缺乏历史感是一切哲学家的遗传缺陷;有些人甚至不知不觉地将人的最新形式,如在某些宗教影响下,甚至在某些政治事件影响下产生的人,视为人们必须从其中出发的固定形式。他们不知道,人是生成的,认识能力是生成的;而他们当中某些人则甚至认为整个世界都是从这种认识能力中产生出来的。"②

不难理解,弗里德曼就是尼采所说的那类"哲学家"中的一个。他曾经在"实证经济学方法论"一文中说:"实证科学的终极目的就是要发展这样一种'理论'或'假说',使之能够对尚未观察到的现象做出合理的、有意义的(而不是老生常谈的)预测。总体说来,这样一种理论是一个由两种元素构成的复杂的混合体。部分地说,它是一种'语言',旨在促进'系统的、有组织的推论方法'。部分地说,它是一系列假说的综合体,旨在从纷繁复杂的现实中抽象出事物的本质特征。"③从弗里德曼这篇"实证经济学方法论"中,也从他的其他研究成果中,我们能够看到,弗里德曼正是上面尼采所说的那种人。这就不难理解,为什么人们总不愿意同意他,原因只有一个,弗里德曼在这里标榜的"实证科学",只不过是冠以"经济学"名义的"形而上学"罢了。

如果确实按照弗里德曼的评判标准,"作为一种实证假说体系,理论应该通过其对它意在加以'解释'的那一类现象的预测能力来检验。唯有实际证据才能表明该理论是'正确的'还是'错误的'。或者更为准确地说,唯有实际证

---

① 马丁·海德格尔:《同一与差异》,商务印书馆,2011年,第62—63页。
② 弗里德里希·尼采:《人性的,太人性的》,中国人民大学出版社,2005年,第16页。
③ 米尔顿·弗里德曼:《弗里德曼文萃》,首都经贸大学出版社,2001年,第123页。

据才能表明该理论是否被作为合理因素而暂时地得到'接受'呢,还是遭到了'拒绝'"。① 那么,结论就变得再清楚不过了,因为我们已经看到,几乎没有证据表明主流经济学的那套"实证的"假说体系提供了准确的预测。相反,倒是有大量的证据证实,它们从来没有准确地预测过。

在经济学传统智慧的指导下,"效率"被赋予了至高无上的地位,然后在逻辑演绎过程中进一步地把"效率"转化(或偷换)为"利润"中心论。其实,富兰克林曾经说过的"时间就是生命,时间就是金钱"已经道出了效率的重要性。提高效率不仅能够战胜贫困,还能消除不平等。效率成为衡量社会文明和进步的标杆。技术进步以及现代生产方式推动了效率的提高和生产的快速增长,而持续快速增长的结果带来了全社会物品的极大丰富。这是何等标准的线性思维标本?它当然不可能如其所愿地变为现实。

法国哲学家、现代社会思想家、后现代理论家让·鲍德里亚(Jean Baudrillard,1929—2007,另译波德里亚)批判说:消费社会进入一个由效率引发的对增长崇拜的恶性循环中。他对当前社会的评价是:"我们处在'消费'控制着整个生活的境地。"在这种消费社会里,一种由不断增长的物、服务和物质财富所形成的惊人的消费现象,构成了人类自然环境中的一种根本变化。商品的堆积、丰盛,造就了消费社会的特殊景观。② 而这些"增长的计算和国民生产总值"只不过是"现代社会最不寻常的集体性欺骗,是'数字'上面的'神术般的'操作。实际上,它掩盖了一种集体迷恋的巫术。……计算的幻影,全国财务换缪的体操动作。根据理性标准——即这个魔术的原则——除了看得见摸得着的要素外其他什么也没有算进去"。③

但是,我们所看到的经济学,无论如何都不是真实世界的经济学。赫伯特·西蒙在《人工科学:复杂性面面观》④中辛辣地讽刺到:"一个抽象化和理想化的壮举——被现代经济理论(特别是所谓新古典经济理论)奉若神明的人类理性的理想化。我们之所以说这些理论是一种理想化,是因为它们的主要注意力是人类思想的外部环境,是对于实现适应系统的目标(效用或利润的最大化)而言的最优决策。"⑤虽然西蒙说得不是完全准确,但是,基本上指出了主流经济学的问题所在,即现代经济学理论体系,说到底就是一个"抽象化和理想

---

① 米尔顿·弗里德曼:《弗里德曼文萃》,首都经贸大学出版社,2001年,第125页。虽然弗里德曼后面狡辩说:"实际证据永远也不可能'证实'某一假说的正确性,它只能通过无法将该假说驳倒来显示该假说的正确性。当我们说到某一假说已经在实践中得到了确认时(并不十分准确),我们通常所指的就是这个意思。"
② 让·波德里亚:《消费社会》,南京大学出版社,2001年,第2、3页。
③ 同上书,第22页。
④ 本书译者武夷山将作者赫伯特·西蒙译为"司马贺"。
⑤ 赫伯特·西蒙:《人工科学:复杂性面面观》,上海科技教育出版社,2004年,第23页。

化的壮举"。

那么,我们对经济学应该有怎样的期望?彼得·伯恩斯坦在《与天为敌》中的说法是正确的。他说:"奈特教授在1921年写道:'这个世界到底在多大程度上是可知的还是一个问题,……只有在极端特殊和关键的情况下才有可能进行类似数学研究这样的工作,'……约翰·梅纳德·凯恩斯对奈特的悲观思想产生了共鸣:'在每一个历史转折时期,我们都面临着组织的统一性、个别性和不连续性的问题——总体不能等于各部分的加总,数量的比较没有丝毫意义,微小的变动会带来巨大的影响,关于一个同质闭集的假设已不再成立。'"①可悲的是,诸如奈特、凯恩斯、伯恩斯坦这些思想家的这些观点,从来没有得到应有的重视,没有产生应有的反响。

线性的推理游戏

现代经济学越来越像"科学"了。在众多教科书、学术著作以及研究论文中,经济学俨然成了"纯数学的一个分支。作为经济学基础理论而著称的'新古典'经济学,已经把这个多姿多彩而又错综复杂的世界简化成了用几页纸就能写尽的一系列狭隘、抽象的法则。所有的教科书都充满了数学等式。最优秀的年轻经济学家们好像都在把自己的学术生涯献给对一个个定理的证明,而不顾这些定理和现实世界是否有任何关系"②。

数学模型完全支配了经济学,哲学、历史和人文思考退居次要地位,甚至被完全漠视。自1969年创立诺贝尔经济学奖,就有一些人自以为经济学已经获得了与物理学一样的"硬科学"地位,获奖者们多是数学模型高手和数学家。这些人并不在意数学方法的局限。美国当代数学家约翰·塔巴克指出:"概率论作为一门数学分支,虽然和其他任何数学分支一样严格,但是这种严格性并不能保证它的结果是'合理的'。任何一个数学理论对实际问题的应用,都需要对理论和应用之间的关系做某种补充假设。数学推导出的结论,也许是这些假设的严格逻辑推论,但是并不能保证结论本身和现实保持一致。"③

约翰·布拉特在"经济学家是如何滥用数学的?"一文中指出:"数学毕竟是一门纯粹的逻辑科学。它以一套初始公理(假设)开始,运用逻辑法则推出结论。当数学推理被运用于数学自身之外的问题时,其结果不会比初始假设好。计算机科学家有一个生动的警句'废料进,废料出',意思是由计算机(或

---

① 彼得·伯恩斯坦:《与天为敌》,清华大学出版社,1999年,第208页。
② 米歇尔·沃尔德罗普:《复杂:诞生于秩序与混沌边缘的科学》,三联书店,1997年,第12页。
③ 约翰·塔巴克:《概率论和统计学:不明确的科学》,商务印书馆,2009年,第59页。

者数学)得到的结果并不比原始输入好。如果初始假设是错误的,那么无论在假设和结果之间用了多少和多复杂的数学,结论就不可能作为正确的而被接受。"①

在芝加哥大学从教12年之后,黛儿德拉·迈克洛斯基终于理解了正在大学里传授的"实证经济学"是一门怎样的"科学":"经济学是文学。在人类观念发生作用的领域,无所不在的是说服,而不是庄严的证明。"②当经济学家们把数学用于经济学时,他们完全无视数学家的警告。"原美国统计学会主席威廉姆·克拉斯卡尔(William Kruskal)一度曾大呼'像区分统计学的意义与现实的意义这样基础性问题,对于那些准备掌握极大似然估计和效用函数的计量经济学家来说,无疑应该是其一项基本功。'不幸的是,它没有成为计量经济学家们的一项基本功。……几乎没有一本计量经济学的教科书提到统计意义与现实意义的差别。"③经济学家既不在意统计分类上的模糊不清,似乎也不在意"统计数字会撒谎"④,经济学家只需要一个"统计显著"!经济学家就是要"用数字讲话",因为经济学家自己除了摆弄、卖弄数字,已经不会说普通语言了。

中国数学家史树中教授在《数学与经济》中指出:"尽管我们在一定条件下也可以用数学来研究生产关系和其他人与人的关系,但一般说来,其中的数量关系十分简单,中学生的数学就能解决;或者是,其中的变化过程过分复杂,今日的数学还远不足以把握其关键;或者是,或许永远也不可能产生诸如能精细刻画阶级斗争的数学、能严格论证人性的数学、能确切预测社会未来的数学等等。对于经济学提出的课题,硬要套上似是而非的数学框架,搬弄什么'函数'、'方程'、'超稳定'之类的术语,多半只能故弄玄虚,大搞文字游戏,得不到任何真正的科学结论。当前国内外都有不少这类充斥各种古怪名词、符号和图表,但无任何深入数学分析和真知灼见的'经济学著作'。"⑤

不真实的结论

我们看到,虽然有像哈耶克、奈特、凯恩斯、熊彼特、伯恩斯坦这样的经济学

---

① 约翰·布拉特:"经济学家是如何滥用数学的?",载阿尔弗雷德·艾克纳主编:《经济学为什么还不是一门科学》,北京大学出版社,1990年,第146页。
② 黛儿德拉·迈克洛斯基:《经济学的花言巧语》,经济科学出版社,2000年,第2页。
③ 同上书,第144—145页。
④ 美国统计专家达莱尔·哈夫的《统计数字会撒谎》一书是一部传世之作,该书引发的"编造虚假信息"话题受到美国社会持续普遍的关注和美国权威媒体的激烈争论。它自50年代出版以来就不断一版再版,并被翻译成多种文字,在世界的影响力持久不衰,被誉为美国商业人士、研究人员的重要入门必修书之一。
⑤ 史树中:《数学与经济》,湖南教育出版社,1990年,第24页。

家强调经济生活中的风险、不确定性问题,但是,从现代经济学基础教科书以及那些所谓的实证经济学著作的字里行间,我们不难看到这样一些共同的结论:

第一,社会发展有一个确定的方向。今天,我们已经建成了一个消费社会。"我们处在'消费'控制着整个生活的境地。所有的活动都以相同的组合方式束缚,满足的脉络被提前一小时一小时地勾画出来。……我们处在作为日常生活的整个组织、完全一致的消费场所。在这里,一切都容易捕获和超越。抽象的'幸福'半透明性是由解决压力的唯一办法所确定的。"①原来这就叫进步?这真是人们想要的吗?"实现最大多数人的最大幸福"的市场制度,建构主义的理想社会,均衡导向的经济体系,人类社会的演进规律,直到20世纪后期的所谓"历史终结论",只不过皆源自人们内心深处的决定论信念。

第二,经济学能够准确预测人类行为之结果。实证经济学方法论的主旨,就是准确推测经济趋势。弗里德曼的《实证经济学方法论》(1953)浅薄地宣称检验经济理论正确性的唯一标准就是预测的精准。他甚至不知道,早在32年前,弗兰克·奈特就曾经说道:"只有当我们的研究机制在一个事物的非常狭窄的方面时,并根据其规模、质量、坚固程度、弹性等物理属性做出判断,理论上的准确定义和阐述才是可能的。而且,只有借助于精确的实验技术,才能如实地做出界定。日常生活决策所依据的'估计'往往是粗劣的和肤浅的。一般说来,我们未来活动环境依赖于无穷多事物的行为,有影响的因素是如此之多,以至于我们根本不会去费力将它们全部考虑进去,很少估计和加总它们各自的影响。只是在特殊情况下,我们才会做出像数学证明那样的全面而定量的研究。"②事实上,确有一些经济学者喜欢动辄就以"预言家"自居。但是,迄今没有成功的先例,当然也包括弗里德曼自己。

我们相信,萨缪尔森要比弗里德曼坦白得多,他坚决地对预测说法予以驳斥,他认为,科学只提供描述,最多是在描述的基础上进行解释,而不能提供任何预测。经济学理论只是对经济现实进行的解释,严格检验那些依照这个理论的逻辑推演产生的推论是否与经验事实相一致,如果一致,这个理论就是可以接受的;如果不一致,这个理论就必须受到修正和摒弃。③

第三,决定论和机械论思维经过复杂的数学模型,终于蜕变成为有效市场假说。他们将市场描绘成为一架精巧的机器,总是可以自动迈向均衡,给人类创造出最大的福利——物的堆积、产品的包围。"在以往的文明中,能够一代

---

① 让·波德里亚:《消费社会》,南京大学出版社,2001年,第5、7页。
② 弗兰克·奈特:《发现、不确定性和利润》,中国人民大学出版社,2005年,第156页。
③ Panl Samuelson: "Theory and Realism: A Reply", *The American Economic Review*, Sep. 1964, Vol. 54; Paul Samuelson: "Professor Samuelson on Theory and Realism: Reply", *The American Economic Review*, Dec. 1965, Vol. 55.

一代人之后存在下来的是物,是经久不衰的工具或建筑物,而今天,看到物的产生、完善与消亡的却是我们自己。"①

直到上个世纪,经济学家们还提供经济预测,特别是80年代以前,现在则少了很多。在经历了无数次失败之后,他们也终于看到了经济预测的虚妄、自负性质,但是仍然有少数人希望自己成为预言家。说到底,经济学家在骨子里依然固守着线性的思维观念,向学生和外界传授着线性的理论知识。而正如前面指出的,在当前的一些主要的自然科学领域中,从量子物理、气象学到化学、生物学,非线性复杂性观念已经成为一种基本的观念和思维方式。

经济学初创时期:朴素却先天不利

自从文明开始,人们即不甘心于将事件看作互不相关而不可理解的。他们相信世界是有秩序的,并渴求理解世界的秩序。从某种意义上说,人类对任何领域的探求都是对那个领域的秩序形成的追问。当然,经济学也是如此。但是,对"经济秩序"是如何形成的却全无解释,是现代经济学很大的败笔。实际上,早在经济学的古典时代,就已经深深埋下了使经济学理论方向走偏(通往形式主义)的种子。它只是简单地假定,它的理论正在描述一个领域(经济)里的有序现象。

关于"经济秩序"的两个早期版本的比较

在休谟和斯密那里,我们能够看到关于"经济秩序"的两个早期版本,当然,两个版本的深度很不相同。下面就让我们来了解、比较一下两种说法。

休谟对经济秩序的诠释

休谟关于经济秩序的解释见于他的《人性论》一书,《人性论》写于1732—1736年,1739年后分卷出版,比斯密早了四十多年。在《人性论》一书中,他细致地分析和解释了"经济秩序"的产生。

经济秩序是人类经济活动的秩序。所以,对经济秩序的理解必须从对人的理解开始。人的全部行为都源自也归于人对幸福生活(人类的福祉)的追求。关于人类的福祉,休谟提供了迄今仍然是非常全面的回答。他说:"人类所有的福利共有三种:一是我们内心的满意;二是我们身体的外表的优点;三是对我

---

① 让·波德里亚:《消费社会》,南京大学出版社,2001年,第2页。

们凭勤劳和幸运而获得的所有物的享用。……最后的一种,既可以被其他人的暴力所劫取,又可以经过转移而不至于遭受任何损失或变化;同时这种财富又没有足够的数量可以供给每个人的欲望和需要。因此,正如这些财物的增益是社会的主要有利条件一样,它们的占有的不稳定和它们的稀少却是主要的障碍所在。……我们也不能希望,人类心灵中有任何一个自然的原则,能够控制那些偏私的感情,并使我们克服由我们的外界条件所发生的那些诱惑。"①在这里,我们看到,休谟对"人类福祉"的理解完整地包括了精神的和物质的两个方面。这比后来那些古典经济学家的理解和解释要真实得多。而且,他强调,在我们思考人类的经济秩序的时候,不能够忘记历史上那些未开化的或尚武的民族用战争和暴力对他人财富的劫掠,也不能够忘记贪婪的社会上层对下层百姓的巧取豪夺,一句话,不容许对"那些偏私的感情"视而不见地虚构历史。

休谟相信,人类绝不可能长期停留在以前的那种野蛮状态。克服人类自身缺点、寻求解决问题的办法正是人类不同于动物的特点。"当人们注意到,社会上主要的乱源起于我们所谓的外物,起于那些外物可以在人与人之间随意转移而不稳定的:这时人们就一定要去找寻一种补救方法,设法尽可能地把那些外物置于和身心所有的那些固定的、恒常的优点相等的地位。"②因此,"方法不是由自然得来,而是由人为措施得来的"。

休谟非常正确地指出,正是在人类寻求解决之道的努力中,生成了财产权利和正义观念,"财产权利和正义"同源,它们是"经济秩序"得以形成的基本条件,也是我们理解"经济秩序"的基础性概念。在第二篇"论情感·论财产权与财富"部分,休谟就给出了财产权的定义:"财产权可下定义为:在不违犯正义的法则和道德上的公平的范围以内、允许一个人自由使用并占有一个物品、并禁止其他任何人这样使用和占有这个物品的那样一种人与物的关系。"③那么,人们通过什么途径建立这个财产权呢?休谟接下来指出:"要达到这个目的,没有别的办法;只有通过社会全体成员所缔结的协议使那些外物的占有得到稳定,使每个人安享他凭幸运和勤劳所获得的财物。通过这种方法,每个人就知道什么是自己可以安全地占有的;而且情感的在其偏私的、矛盾的活动方面也就受到了约束。这种约束也并不违反这些情感:因为如果是这样,人们就不会投入这种约束,并加以维持;这种约束只是违反了这些情感的轻率和卤莽的活动。我们戒取他人的所有物,不但不违背自己的利益或最亲近的朋友的利益,而且还只有借这样一个协议才能最好地照顾到这两方面的利益;因为我们只有

---

① 休谟:《人性论》,商务印书馆,1996年,第528页。
② 同上书,第529—530页。
③ 同上书,第345页。

通过这种方法才能维持社会,而社会对于他们的福利和存在也和对于我们自己的福利和存在一样,都是一样必要的(着重号为引者所加)。"①因此,休谟进一步解释说:"我们的财产只是被社会法律、也就是被正义的法则、所确认为可以恒常占有的那些财物。"②确实,在这里我们清楚地看到,关于社会经济秩序如何产生,又发挥了什么样的社会功能,休谟早在两百多年前就做了最出色的回答。

财产权与正义观念确立之后会发生什么?休谟说:"人们能够观察到,让别人占有他的财物,对我是有利的,假如他也同样地对待我。他感觉到,调整他的行为对他也同样有利。……我们双方各自的行为都参照对方的行为,而且在做那些行为时,也假定对方要做某种行为。"③这段话,大家是不是觉得非常熟悉?是的,这段文字其实只需稍加变换,就是我们所熟悉的在斯密《国富论》中的说法了。我相信,亚当·斯密不可能没有读过休谟早在四十多年前就出版了的《人性论》。几乎可以肯定,他在《国富论》中的有关说法出自休谟。其实,在斯密的《道德情操论》中,也有大量休谟的痕迹。实际上,斯密与休谟相识于1746年,从那之后,他们就成为至交,经常一起讨论政治、哲学以及经济学问题,还经常交换研究心得,交换论文手稿。也许是因为不断受到抄袭的指责,所以斯密一生都对"抄袭"二字非常敏感。不管斯密承认与否,休谟的自由主义经济思想对斯密的影响是直接而重要的。

可以再补充的一点是,在说明了财产权、正义观念与经济秩序的关系之后,休谟紧接着指出:"有些人不先说明正义的起源,就来使用财产权、权利或义务等名词,或者甚至在那种说明中就应用这些名词,他们都犯了极大的谬误,而永不能在任何坚实的基础上进行推理。"休谟的这几句话虽然是针对当时的一些人的做法;但是,即使是用在今天,不也是十分恰当的吗?不是也有太多的人,他们对经济秩序的产生问题都没有只字片语、没有正确的认识和充分的理解,就忙于构建经济学理论体系,这样的理论哪里谈得上"坚实的基础"?

休谟这样告诉人们,财产权与由它产生的正义具有强大的社会功能,它使得人们能够对财产行为产生稳定的预期,从而形成稳定的社会经济秩序。首先,"这种经验还更使我们确信,利益的感觉已成为我们全体社会成员所共有

---

① 休谟:《人性论》,商务印书馆,1996年,第530页。在休谟的这段话中,我们可以看到他对社会秩序的解释,在这段话之后,休谟又说:"我观察到,让别人占有他的财物,对我是有利的,假如他也同样地对待我。他感觉到,调整他的行为对他也同样有利。……我们双方各自的行为都参照对方的行为,而且在做那些行为时,也假定对方要做某种行为。"这种解释比亚当·斯密的解释——"看不见的手"——更准确。

② 同上书,第531页。

③ 同上书,第530页。

的,并且使我们对他们行为的未来的规则性发生一种信心;我们的节制与戒禁只是建立在这种期待上的"①。其次,"没有人能够怀疑,划定财产、稳定财物占有的协议,是确立人类社会的一切条件中最必要的条件(着重号为引者所加),而且在确定和遵守这个规则的合同成立之后,对于建立一种完善的和谐与协作来说,便没有多少事情要做的了"②。再次,"财产必须稳定,必须被一般的规则所确立。……由于这个规则的坚持执行,由于这个规则在社会中所确立的安宁与秩序,而得到了充分的补偿。甚至每一个人在核算起来的时候,也会发现自己得到了利益;因为如果没有正义,社会必然立即解体,而每一个人必然会陷于野蛮和孤立的状态,那种状态比起我们所能设想到的社会中最坏的情况来,要坏过万倍"③。

我们看到,休谟的这一认识,即使是现代主流经济学家都不曾达到过。也正因如此,现代新制度经济学的著名代表阿尔钦和德姆塞茨特别强调"产权的社会功能"。

斯密关于经济秩序的回答

在《国富论》第一章中,斯密先分析了分工的一些方面。(不幸的是,他的分工理论也与休谟的说法颇为相似。④)在《国富论》的第二章,斯密就说:"引出上述许多利益的分工,原不是人类智慧的结果,尽管人类智慧预见到分工会产生普遍富裕并想利用它来实现普遍富裕。它是不以这广大效用为目标的一种人类倾向所缓慢而逐渐造成的结果,这种倾向就是互通有无,物物交换,互相交易。……这种倾向,为人类所共有,亦为人类所特有,在其他各种动物中是找不到的。其他各种动物,似乎都不知道这种或其他任何一种协约。"⑤

然后,就是斯密所说的那几句经常被人引用的"看不见的手"的"名言",即人类的"利己心"基础上的交易所产生的"经济秩序"。"人类几乎随时随地都需要同胞的协助,要想仅仅依赖他人的恩惠,那是一定不行的。他如果能够刺激他们的利己心,使有利于他,并告诉他们,给他作事是对他们自己有利的,他要达到目的就容易得多了。不论是谁,如果他要与旁人作买卖,他首先就要这样提议。请给我以我所要的东西吧,同时,你也可以获得你所要的东西:这句话是交易的通义。我们所需要的相互帮忙,大部分是依照这个方法取得的。我们每天所需的食料和饮料,不是出自屠户、酿酒家或烙面师的恩惠,而是出于他们

---

① 休谟:《人性论》,商务印书馆,1996年,第531页。
② 同上书,第532页。
③ 同上书,第538页。
④ 可参见休谟:"论商业",载《休谟经济论文集》,发表于1757年,比斯密的《国富论》早了19年。
⑤ 亚当·斯密:《国民财富性质与原因的研究》,商务印书馆,1983年,第12—13页。

自利的打算。我们不说唤起他们利他心的话,而说唤起他们利己心的话。我们不说自己有需要,而说对他们有利。"①

我们暂且把斯密说法上与休谟的雷同放到一边。与休谟不同,斯密令人费解地把交易定义为人性中的"自然倾向"。他说:"人类如果没有互通有无、物物交换和互相交易的倾向,各个人都须亲自生产自己生活上一切必需品和便利品,而一切人的任务和工作全无分别,那末工作差异所产生的才能的巨大差异,就不可能存在了。使各种职业家的才能形成极显著的差异的,是交换的倾向;使这种差异成为有用的也是这个倾向。"②毫无疑问,这个"交易倾向"完全是一个没有历史观念的概念。如果人类真的有这种"自然倾向",历史上何来那么多的战争与劫掠?又何来那么多被压迫得喘不过气来、被剥削得活不下去的人的造反、起义?前面我们看到,休谟曾经特别提醒不要忘记历史,不要虚构社会。这些提醒太容易被遗忘了。当然不只是斯密,众多的现代经济学家也是如此。

我们已经看到,甚至与休谟相比,斯密对"经济秩序如何产生"的认识也是十分粗陋的。休谟已经把交换秩序的产生令人信服地追溯到了更深层次的财产权以及在此基础上产生的正义观念和可执行的协议、契约。而斯密还仅仅停留在简单的"利己心"上,并错误地编造出一个"自然倾向"的概念。如果人类的经济活动仅仅是由这个简单的"利己心"来驱动,正如后来霍布斯在《利维坦》中所证明的,不仅不可能产生"秩序",而且,没有对财产权的尊重,人类社会就会陷入"人人为敌"的纷争。

当然,对于斯密的理论来说,上述缺陷尚属其次。重要的是,他的理论受物理学的影响。斯密生活的时代是一个普适性规律观念已经相当流行、相当深入人心的年代,而经济学则属于初创时期,处于它的幼年。因此,斯密的思想深受当时流行的物理学世界观念——普适规律——的影响就不足为怪了。

另外需要指出,斯密的思想比现代经济学要朴素得多,他的目标也有限得多——探求财富的性质和原因。特别需要强调的是:读过的人应该都知道,亚当·斯密在《国富论》中使用的修饰语都是"一般"、"一些"、"许多"、"大部分"、"大约"、"多数场合"、"常常"、"大量"等,换言之,斯密从来没有打算建立一门精确的经济科学。而现代经济则不然,试图把它建成像"物理学"一样精确的"科学"。所以,读斯密不会被误导,而读现代经济学,则不可能不被误导。

近300年停止不前

虽然从形式上看,与现代经济学相比,古典经济学家(不包括李嘉图)的经

---

① 亚当·斯密:《国民财富性质与原因的研究》,商务印书馆,1983年,第13—14页。
② 同上书,第12—15页。

济学说要朴素很多。但是,在关于"资本主义秩序如何产生"的认识上,他们的结论大致正确,原因在于他们把经济系统理解为一个开放系统。现代经济学却始终没有任何进步——即还是简单地重复着斯密的"看不见的手"。

斯密坚信,人类社会存在着与牛顿定律一样普适和永恒的自然规律——"看不见的手"原理。它是支配人类经济活动的"自然铁律"。《国富论》因此成为经济学史上的重要著作,"看不见的手"原理则成为经济学最根本的精神支柱。当然,如果"看不见的手"要起作用,它必要的前提是有一个理性的"经济人"。虽然这个概念是以后出现的,但是,实际上它早已经包含在斯密的学说中了。难怪有多位诺贝尔经济学奖得主如此宣称:全部经济科学,只是斯密《国富论》和"看不见的手"原理的一系列注脚。

但是,正如休谟、哈耶克以及后来的西蒙等人所指出的,市场只不过是社会所依赖的许多协调机制中的一种,虽然是很重要的一种。除了它以外,社会还用权力机制(行政方式、科层制)协调,用制度、法律的机制协调,也用民主的机制(投票)协调社会活动和资源配置。几乎在任何社会我们都能发现这些协调机制,只是那些戴着简单化眼镜的主流经济学家看不见罢了。

迷失于形式主义中的主流理论

1817年,李嘉图的代表作《政治经济学及赋税原理》出版,这是一本标志着英国古典经济学最后完成的著作,它把经济理论研究推上了一个新阶段。李嘉图独创性地运用了演绎分析体系,这种分析体系基于相对少的原理而获得广泛的结论,目的是追求逻辑上的严谨与科学性的法则,李嘉图对许多概念和范畴如价值、工资、利润和地租都进行了重新界定和改造,特别是对价值范畴进行了深入研究,确立了其在经济学中的核心地位,然后通过概念范畴来演绎经济学体系。李嘉图形式主义推理过程带有完全的机械决定论的特征。李嘉图的抽象演绎方法引导了通向现代经济分析的道路,并产生了最终转化为数学形式的理论。

如果说斯密经济学方法的基本特征是经验倾向的,那么,李嘉图则把经济学带入逻辑形式主义的推理的泥沼。在他的抽象分析里,既不需要有历史,制度也不重要,逻辑则成为唯一重要的因素。而最根本的错误则在于李嘉图把"经济"当作一个封闭系统。而且,他的这一错误完全被今天的主流经济学忠实地继承下来。从这种抽象、简化、只遵循逻辑的模型中推论出具体的政策结论,是一件危险的事。

早年瓦尔拉斯提出了一般均衡理论,当然,它所做的假设之远离现实显而易见。但是,有限的数学知识使瓦尔拉斯没有令人信服地给予证明,而是后来的阿罗和德布鲁两人,通过1954年的那篇著名的文章,给出了多个市场一般均衡存在性的证明。实际上,阿罗-德布鲁的证明完全是数学逻辑证明而不是经济学证明。这篇文章不久就成为经济学家模仿的表率。"只有极少数读者认识到,阿罗-德布鲁事实上已经抛弃了最早触动瓦尔拉斯的洞见。对于瓦尔拉斯来说,一般均衡理论的确试图达成某种抽象,但仍然是对资本主义经济运行功能的现实描述。……然而,到了阿罗-德布鲁这里,一般均衡理论已经不再对现实经济体系做任何描述上的要求了,而是变成了一堆纯粹的规范性工具。"[1]毫无疑问,阿罗-德布鲁的工作只是一种工程师型的智力成就。他们的错误与李嘉图的错误完全相同。

如今,构建抽象模型已经成为经济学家必备的技能。而在那些抽象模型里,真正能操作的只有少数变量,必须假设其他变量都不会变动。用熊彼特的话来说:"这是卓越的理论,永远无法驳斥,除了意义之外什么都不缺(也就是说完全没有意义)。"[2]凯恩斯批评这种分析优雅但不实用,科斯则称之为"黑板经济学"。

另外,也还有埃奇沃思、帕累托、希克斯……他们都是一些对经济学发展有"贡献"的人,都是把经济学引向物理学歧途的人。瓦尔拉斯由于他的数学和工程训练背景,想到了用一些数学方程来刻画商品的供求,大胆地提出了一般均衡模型。而一般均衡的证明,则是到1959年的事情,即德布鲁在他的《价值理论,经济均衡的一种公理化分析》一书中完成的,由此也宣告了数理经济学的诞生。帕累托这位"帕累托最优条件"的创始人,则想到了把幂函数的表达式用于经济学上的收入分配,即 $N = Ax - \alpha$,其中的 N 是收入高于 x 的人数,而 A、α 是常数。1969年颁发的首届诺贝尔经济学奖,就被授予了两位创立了计量经济学的人——弗里希和丁伯根。

于是,现代经济学很简单地回答了"经济秩序"问题,哈耶克对此讽刺地写道:"当我们试图建立一个合理的经济秩序时想要解决什么问题呢?根据某些常见的假设,答案十分简单。即,假如我们具有一切有关的信息;假如我们能从一个已知的偏好体系出发;假如我们掌握现有方式的全部知识,所剩下的就纯粹是一个逻辑问题了。换言之,什么是现有方式的最好利用这一问题的答案,已隐含在上述假设中了。解决这个最优化问题所必须满足的条件已全部列出,它们能用数学形式得到最好的说明。最简单地说,这就是:任何两个商品或两

---

[1] 乌斯卡里·迈凯编:《经济学中的事实与虚构》,上海人民出版社,2007年,第43页。
[2] 约瑟夫·熊彼特:《经济分析史》第二卷,商务印书馆,1992年,第147页。

个要素间的边际替换率在所有不同的用途中必须相同。"①

现今的经济学界更热烈地拥抱"李嘉图恶习",许多主要期刊的论文都属于这一类型。霍奇逊在《经济学是如何忘记历史的》中,尖锐地指出了各个时期经济学代表人物思想的科学性与缺陷所在,并在此基础上提出了重建社会科学的研究任务。他提出一个主要论点:一般化的理论方法是重要的,但是其价值有限。这些一般性方法必须使用对于特定的历史背景、制度背景和文化背景保持敏感的分析方法加以补充。

那些自说自话的"主流经济学家们"

整个20世纪,经济学曾经风光无限、繁荣一时,甚至成了今天"社会科学的明珠"、一个真正意义上的"显学"!一些人相信经济学提供了关于人类经济体系、经济活动的正确解释。

例如,据说已被哈佛、耶鲁、斯坦福等美国六百余所大学用作经济学原理课程教材的曼昆《经济学原理》"前言:致学生"中,曼昆告诉大家:"作为一个21世纪初的学生,为什么你还应该从事经济学的学习呢?原因有三个。……学习经济学的第一个原因是,它有助于你了解你所生活在其中的世界。"此言有多少道理?现代经济学用简单化的方式,"抽象出"一个经济世界。这如何能够"有助于你了解你所生活在其中的世界"呢?而关于学习经济学的第二个原因,曼昆说:"它将使你更精明地参与经济。在你的日常生活中,你要做出许多经济决策。当你是学生时,你要决定在学校学习多少年。一旦你参加了工作,你要决定把多少收入用于支出,多少用于储蓄,以及如何将你的储蓄用于投资。有一天你会发现你要管理一家小企业或一个大公司,而且你要决定为你的产品制定多高的价格。本书各章提出的观点将使你从一个新角度去思考如何最好地做出这些决策。学习经济学本身不会使你富有,但它将提供一些有助于你努力致富的工具。"②这些说法有多少是符合事实的呢?

经济学"语言社区"的建立

曾几何时,经济学者似乎无所不能:经济学者声称自己可以解释和推测经济体系的运行规律,可以设计经济持续稳定快速增长的大政方针,可以制定摆

---

① 哈耶克:《个人主义与经济秩序》,北京经济学院出版社,1989年,第74页。
② 参见 N. 格里高利·曼昆的《经济学原理》第五版"前言"。

脱金融危机和经济危机的财政政策和货币政策,甚至可以帮助人类实现长期繁荣和持久和平。一些更为大胆的经济学家早就走出了自己的传统范围,进入了法学、社会学、历史学的领地——法律的经济分析(波斯纳)、犯罪经济学(贝克尔)、婚姻经济学(贝克尔)、量化历史研究(陈志武)……

事实上,现代经济学已经构建了一个单独的"语言社区"[①],以至于经济学成了一个"经济学家"对另一个"经济学家"所说的话。在这里,大家共享一种语言系统,使用着外界和普通百姓听不懂的术语,故弄玄虚。这一点,也许只有经济学大师才敢于承认。萨缪尔森曾经指出:"长期来看,经济学家进行工作仅仅是为了获得我们自己的掌声。"[②]实际上,在当前经济学思维和语言中大量应用的基本概念和观念,许多是含糊的、模棱两可的——效用(基数效用与序数效用)、时间(长期与短期)、利润(经济利润与会计利润)、企业目标(利润与规模)……它们迫切需要澄清其意义,而不是滥用。

常常见到有人引用马克思的话:"任何一门科学只有充分利用了数学才能够达到完美的境界。"(据说保尔·拉法格在《忆马克思》中提到过)如果马克思真的说过这样的话,这也只能证明马克思没有摆脱时代观念的影响,具有对数学的迷信。可以肯定,经济学并不必然如此,就如赫尔曼·哈肯所说:"科学的语言——尤其是用到数学时——与日常用语相距太远,以至于转译甚为困难。我倒认为,无论是在自然科学或者如经济学中的一个过程,科学家往往只有在无须借助任何公式,单凭日常语言就能予以说明时,才算完全理解了它。"[③]尤其是在没有解决概念的模糊与混淆问题之前,经济学的数学化只能使经济学沦落为无聊的智力游戏。

与其他现代科学中复杂的专业语言一样,当前经济学中的专业化语言,其性质正如戴维·罗杰·奥尔德罗伊德指出的:"那被算作科学知识的东西是科学共同体通过其各种刊物、评论、教科书和诸如此类的途径所批准的东西。因此,至少存在着一种无可非议的论据,它表明科学知识中含有一种社会成分,这是因为它如同其他知识形式一样也是从一个社会环境中涌现出来的。"[④]

而当前经济学所面临的更大的问题还在于,经济学家们无视这样的事实:人类面临的各种主要问题都是全球性的、复杂性的和非线性的。生态、技术或

---

① 在这里,"语言社区"是借用人类学上的一个概念。最初是由戴尔·海姆斯(Dell Hymes)于1972年提出的。它是指一个具有共同的概念体系和共同判断与解释规则的人群。一个语言社区将会决定哪些讲话的方式是正确的。

② Paul A. Samulson: "Economists and the History of Ideas", *American Economic Review*, 52 (March 1962):18.

③ 赫尔曼·哈肯:《协同学——大自然构成的奥秘》,上海译文出版社,2001年,前言,第3页。

④ 戴维·罗杰·奥尔德罗伊德:《知识的拱门:科学哲学和科学方法论历史导论》,商务印书馆,2008年,第578页。

政治系统中的局部性变化,都可能引起一场全球性经济危机、金融危机(从这个意义上说,毫无疑问,经济学应该有一种跨学科的方法论)。曾经,每一次遭遇经济、金融危机的时候,人们都被告知,我们正在做得越来越好,我们会变得聪明起来,我们会吸取过去的经验教训……结论是,"这次不一样!"而事实上,情况从来都不是像经济学家、金融学家所解释的那样,也没有一次情况是和上一次一样的,更不会是像两位美国学者莱因哈特和罗格夫最近所说的那样,"每次都一样!"[1]虽然两位作者研究方法的特点非常突出——"收集整理的数据量之巨,堪称恢弘"。但是,在充满不确定性的世界中寻找确定性,在周而复始的变化中寻找恒常,在历史的多棱镜中探求规律,只不过是重复一种荒唐的举动,就像两千多年前的古希腊毕达格拉斯学派,要通过数字可以发现宇宙的奥秘一样。我们特别同意三位译者的这一句评价:"再庞大的数据集也只是时间的截图,置于历史漫漫长河,亦不过是沧海一粟。"

从深层次上讲,让经济学陷入尴尬境地的基本原因,是现代经济学的世界观和方法论。恰恰是被现代经济学自己固守的机械的、决定论的世界观和方法论,最终将现代经济学引入了死胡同。在真实的经济世界里,从经济循环到金融危机,它们只可能通过消费者和生产者、财经政策、股票市场、失业等的非线性相互作用来解释。甚至在国家和企业的管理领域,也需要复杂管理模型,以通过所有层次上的管理和生产的非线性协同来支持创造性和创新,来实现秩序和繁荣。

主流的经济学学问,"玄"得不可思议,"玄"得超越现实。他们所建构的经济学世界是一种与现实完全不同的"理性世界"(经济人世界),他们的经济学理论描述了一个完全模型化了的、非道德的、技术化了的想象世界。这是一个苍白的道德真空、文化真空、思想真空中的理论体系,外表上绚烂,骨子里却空洞无物,以至于一只鹦鹉都可以成为出色的经济学家。[2] 与古代那些热衷魔法、妖术的神婆、巫师一样,他们借方法或逻辑上的魔幻"模式",来掩盖自己思想的严重贫乏。

无望、无益的"价值中立"

弗里德曼的"实证经济学方法论"(1953)一文,在一些人看来已成为经济

---

[1] 卡门·M. 莱因哈特、肯尼斯·罗格夫:《这一次不一样:800年金融荒唐史》,机械工业出版社,2010年。

[2] 据说19世纪早期英国经济学家麦克库洛赫(J. R. McCulloch)讲过一个段子,说把一只鹦鹉训练成一位经济学家只消教它一句话——"供求"——就行了。

学方法论经典的论文,引导了战后经济学研究的方法论潮流。但是,这篇文章从它发表以来就饱受争议。当时的不少人,如萨缪尔森、库普曼斯、西蒙等,都曾直接撰文与其论战。时至今日,有关这篇文章的各种争论、解读和再解读仍在继续。

早在19世纪上半叶,就存在一种社会科学研究"去哲学化"和"去价值化"的思潮。孔德在建立社会学之初提出"社会学作为一门实证性的科学,只问'是什么'而不问'应该是什么'","是"的问题就牵扯到客观性和价值中立。孔德的实证主义科学观,实际上是要在社会科学中模仿自然科学的做法,使用量化手段,关注纯粹事实,寻求普遍规律,自然不涉及价值的问题。

近代科学在形成之初就包含了两个方面的基本规定,即"经验科学"和"事实科学"。一方面,培根以来的经验论传统强调在方法论层面的形而下,这就摆脱了各种缺乏经验基础的哲学思辨、观念论及形而上学对科学的束缚;另一方面,休谟倡导的关于"是"和"应该"的二分法,把各种涉及价值问题的思考和判断从科学领域排除出去,即研究领域里的"上帝的归上帝,凯撒的归凯撒"。

马科斯·韦伯的《社会科学方法论》是一本关于方法论和哲学方面的著作,其中收录的三篇论文分别讨论了"客观性"、"因果关系"和"价值中立"等问题。韦伯一直的立场是,任何一门科学都不能告诉人们该怎样生活,也无法揭示社会该怎样组织;任何一门科学都无法指出人类会有什么样的前途,即科学研究应该恪守"价值中立"原则。韦伯认为可以通过"理想类型"(ideal type)"以抽象的方式把在时间的'材料'中发现的一部分'条件'分离出来,使之成为'可能性判断'的对象",以"可能性"来探究"现实性"。要保持研究者在研究中的不偏不倚的态度,一是通过"逻辑整理"客观化的"概念",二是通过因果分析的研究方式。因果分析涉及的是客观的推理过程,产生有关"可能性"的结果。因此,逻辑推演因果分析是能够保持"价值中立"的。

在经济学领域,先有英国经济学家莱昂内尔·罗宾斯1935年发表"关于经济学性质与意义",强调规范经济学与实证经济学的区别,极力主张在经济学中排除价值判断。1953年,弗里德曼在他的"实证经济学方法论"中重复了孔德、韦伯和罗宾斯的观点。"从原则上说,实证经济学是独立于任何特别的伦理观念或规范判断的。正如凯恩斯所说,它要解决的是'什么是',而不是'什么应该是'一类的问题。它的任务是提供一套一般化体系,这个一般化体系可以被用来对环境发生变化所产生的影响作以正确的预测。……简而言之,实证经济学是,或者说可以是一门'客观的'科学,这里'客观'一词的含义完全等同于任一自然科学上的定义。"① 弗里德曼这段老生常谈的表达充分地显示了他的立场。

"实证科学的终极目的就是要发展这样一种'理论'或'假说',使之能够对尚未观察到的现象做出合理的、有意义的(而不是老生常谈的)预测。……对某一假说的合理性的唯一有关的检验,是将其预测与实际情况所作的比较。如果该假说的预测('频繁地'或比来自于另一假说的预测更为经常地)与实践相抵触,那么该假说则遭到了否定;如果该假说的预测没有与实践相抵触,那么它则为人们所认可;如果该假说业已多次成功地避免了可能出现的抵触现象,那么它则具有极大的可信赖程度。"②

人人知道,物理学的研究对象是没有感觉和思维的物质,每一个基本粒子都具有相同的性质。而作为经济学(社会科学)的研究对象,却是具有复杂行为特征的人,假定它们具有相同的性质就是不真实的,更是不恰当的。与孔德一样,弗里德曼所倡导的实证经济学,就是将经济学的研究对象看作完全同质的对象,把人纯粹当作一个抽象的对象来研究,如同物理学家研究原子、电子一样。当然,弗里德曼还是知道:"不幸的是,我们很少能够通过进行精心设计的、希望消除那些被认为是最重要的干扰性影响的实验,来检验社会科学中某些特定预测。一般情况下,我们必须依靠偶然发生的'实验'所提供的证据来进行检验。我认为,社会科学中无法进行所谓的'受控控制'的实验,这并不表明社会科学与自然科学之间的根本区别。"③

澳大利亚新南威尔士大学历史和哲学学院教授戴维·罗杰·奥尔德罗伊德批判说:"假如实证主义能够行得通的话,那么,科学的方法就应该产生确定而可靠的知识。这一直是实证主义自从问世那一天起就一日不曾丢弃的希望。例如,……孔德希望做到消除知识的主观因素,从而造成一种纯粹客观性的条件。这一希望支撑着后继的实证主义者,即使它们中某些人(像在马赫的情形中那样)致力于通过现象主义在科学中建立确定性——现象主义与设想人能够获得'客观'(或主体间地相容的)知识这种设定并非显而易见地相容。然后,到了20世纪,逻辑经验主义者的目标是寻求那建筑在逻辑分析的结果应用于经验科学的产物之上的科学的客观性。"④

---

① 米尔顿·弗里德曼:《弗里德曼文萃》,首都经贸大学出版社,2001年,第120—121页。
② 同上书,第125页。
③ 同上书,第127页。
④ 戴维·罗杰·奥尔德罗伊德:《知识的拱门:科学哲学和科学方法论历史导论》,商务印书馆,2008年,第570—571页。

"假设人们真的严肃地看待曼海姆①,且不把数学和自然科学当作例外(甚至也不把逻辑学作为例外);假如人们同意一切知识都以社会为中介,从而受到其历史的、文化的和语言的因素的影响。那么,很显然,将数学和科学包容进知识社会学的疆界会敲响实证主义的丧钟,一切知识都将被看作是相对的、主观的、转瞬即逝的……确实,这似乎蕴含着这样一些不受欢迎的悖论,以至人们绝不情愿沿着这个方向前进。"②

科斯也是一个对经济学有着独立思考的人,这使得他能够在一定程度上摆脱主流经济学的思维框架的束缚。他当然不同意弗里德曼的关于实证主义的说辞。在"经济学家应该如何选择"一文中,他尖锐地批评到:"在我看来,弗里德曼给我们的根本就不是一个实证理论。我相信,最好把它解释成规范理论。它不是关于经济学家事实上是如何在竞争性理论中进行选择的理论,而是——除非我是完全错误的——关于他们应该如何选择的理论。当我看到弗里德曼说,'实证科学的最终目的是发展出一个能产生有效的、有意义的……对还没有观察到的现象进行预测的理论或假设',就禁不住想到,科学是没有目的的,仅仅是个人有目的而已。"③科斯的话有一定道理,我们也愿意相信:弗里德曼的实证经济学方法论,除了一堆"然而"、"但是"、"不过"和口号式的"对尚未观察到的现象做出合理的、有意义的预测",并没有说明什么是实证经济学方法论。而且,确如科斯所说,"科学是没有目的的,仅仅是个人有目的而已"。

"实证"研究让经济学成为科学了吗

马克·布劳格不仅依然对预测和解释的经济学抱有信心,他看到了"在20世纪60年代的十年里,经济学深受公众尊敬,经济学工作者春风得意,这一切都达到了登峰造极的地步"④。而且,他在《经济学方法论》的前言中说:"用不着浪费时间为经济学是一门科学的断言辩解。"⑤

事实果真如此吗? 当然不是。马克·布劳格也不得不也承认:到了20世纪70年代,"危机"、"革命"与"反革命"就充斥了街谈巷议,远远超出了经济学专业中一些主要代言人的自我批评。"用华西里·里昂惕夫的话(1971年,第

---

① 卡尔·曼海姆(Karl Mannheim,1893—1947),社会学家,生于匈牙利。他是经典社会学和知识社会学的创始人之一。著有《意识形态与乌托邦——知识社会学导论》(1929)、《重建时代的人与社会》(1940)、《知识社会学论文集》(1952)等。
② 戴维·罗杰·奥尔德罗伊德:《知识的拱门:科学哲学和科学方法论历史导论》,商务印书馆,2008年,第572页。
③ 罗纳德·科斯:《论经济学和经济学家》,上海格致出版社,上海人民出版社,2010年,第22页。
④ 马克·布劳格:《经济学方法论》,商务印书馆,1992年,第250页。
⑤ 同上书,第1页。

3页)来说:'根据想象、假设,而不是根据观察到的现实不断形成的先入偏见,导致了评价和区分学术团体成员实绩优劣的日常价值尺度的混乱。根据这种尺度,经验分析的地位还不如数学公式的推理。'里昂惕夫并且认为,经济学家们对他们所用的数据的质量太不关心,他把这种态度归罪于工具主义的或'如果……则……'理论模式的方法论之灾难性影响(第5页)。H. P. 布朗(1972年,第3页)比里昂惕夫走得远得多。他提出,现代经济学的根本错误在于,它关于人类行为的假设全都是随意而定的,那些文献则是飞机上吹喇叭——唱高调,他把建立虚构世界这种习惯的缺陷,归咎于历史研究对经济学家的熏陶。"①

虽然布劳格自己也是主流经济学的坚定的支持者,但是,他也对现代经济学的某些流行做法心存不满。所以,他还注意到了,"D. 华斯威克(1972年,第78页)持类似的见解,并且指出:'现在存在一整批抽象经济理论的分支,它们已经脱离具体的现实,与纯粹数学几乎没有二致。'本杰明·沃德曾用整本书的篇幅致力于研究'经济学出了什么毛病'这个问题,其答案扼要来说是,经济学基本上是一门规范性的政策科学,但用冷静的实证主义装饰它自己"②。只是,布劳格对上面罗列的这些观点并不赞同。

由于现代经济学中存在的上述问题,下面的状况就不足为奇了:虽然我们有貌似科学的现代经济学和自以为高明的经济学家的"指导",世界各国的人们却依然挣扎在困难重重、问题如山的现代经济社会。

我们仅仅把下面这些经济学"热词"罗列一下,就知道布劳格所言非真:经济波动、金融危机、通货膨胀、产品过剩、高位失业、贸易冲突……不需要一一解释,无论是哪一个关键词,都可以找到海量的研究文献,都可以让我们作为今后乃至此生的研究主题。

一些主流经济学家也承认上述事实,它们确实不容易否认。但是,这些主流经济学家同时又坚信实证主义经济学。在他们眼里,出问题的是经济事实而不是他们的理论。实际上,他们不愿意承认理论的虚构性质,不愿意承认他们的理论是空中楼阁,不愿意承认他们只是故弄玄虚地卖弄一些名词术语。他们不愿意承认那似乎无所不能的经济学理论,其实什么也解释不了,什么也预测不了,既是欺人又是自欺。

科斯对此的说法是:"大多数经济学家都作这样的假设,即人是理性地追求效用最大化。在我看来,这个假设既没有必要,也会引入歧途。我已经说过,在当代制度经济学中,我们应该从现实的组织体制出发。同样,让我们从现实

---

① 马克·布劳格:《经济学方法论》,商务印书馆,1992年,第250页。
② 同上书,第250—251页。

中的人出发。"①应该说,科斯的这个说法是没有错误的,但是,要在实际研究中完全摆脱现代经济学在思维上的影响,确实不是一件容易的事。

另外,我们看到,物理学、化学、航空、军事等领域,可以实现相当准确的预测和控制。为什么会是这样？因为它们借以实现的条件和技术都是真实的,没有半点含糊。差之毫厘,就会失之千里。因此,大家通常不用怀疑发电、钢铁冶炼、机械制造这些行业的生产过程,也不用怀疑美国的空中打击能力。那么,经济学也可以吗？

例如,每当金融体系轰然崩溃,经济体系陷入危机,经济增长急剧放缓和衰退,失业人口数量飙升,社会矛盾不断恶化之时,经济学者却突然变得束手无策。经济、金融体系的突然变化,让貌似高深的经济学理论变得荒谬绝伦,让经济学家颜面尽失。事实上,迄今为止,没有一次经济危机被准确地预测到,当然也就没有一次金融风暴被提前防范(我们当然不否认会有巧合)。

无论是在什么学科领域,对于那些一直打着"科学或真理"旗号来宣传自己理论的人,我们还是应该用当代美国哲学家理查德·罗蒂的理论去告诉他们,不要再做自欺欺人的事情了！罗蒂在他的论文集第一卷《客观性、相对主义和真理》(1991)中表达了这样的思想："科学并不是要发现'真理'和'客观的'、独立于心灵和语言的实在,而是要获得与世界打交道的行为习惯。"在第三卷《真理与进步》(1998)中,他进一步说明,人类研究的目标不是发现真理,而是解决问题。因为在罗蒂眼里,"真理"从来只是被我们想象中的"无条件性"和"无限对话共同体"所证明,它会随着我们与具有不同视野的人的对话而发展、完善和修正,甚至被放弃。② 我们相信罗蒂是正确的！

新面孔却是旧相识

在各个领域,都可以见到一种穿新鞋走老路的现象。换个包装,看起来华丽变身,跟以前不同,但实际没有变化,新瓶子装了旧酒,内容跟原来完全一样。这已经成为那些深受"创新"折磨的知识人最喜欢的游戏。

新制度经济学,穿新鞋走老路

在主流经济学中,制度是外生变量,制度是不重要的,因而它没有进入经济

---

① 罗纳德·科斯:《企业、市场和法律》,上海三联书店,1990年,第254页。
② 理查德·罗蒂:《后形而上学希望》,上海译文出版社,2009年,第5—6页。

学家的视野。以新古典经济学批判者面目出现的新制度经济学,的确在个别方面实现了理论突破,它拓展了经济学的研究领域——制度、法律,它也试图让经济学回到现实。尤其是在科斯、诺斯、威廉姆森、奥斯特罗姆等人获得诺贝尔经济学奖之后,新制度经济学的传播大大加快了。

但是,新古典的理性人还是它们的主人,交易成本不仅是一个更加模糊、更加难以度量的概念,更是一个具有新古典精神的概念,即它决定了厂商的全部行为选择。唯一的不同是它把主流经济学的"利润最大化"改换成新制度经济学的"交易成本最小化"。如果我们承认真实世界是不完全信息、不对称信息的,那么交易成本就是一个完全无助的概念。虽然如此,新制度经济学却希望以它为基础,重新建立一个新的演绎理论体系,在新制度经济学里我们又见到李嘉图的灵魂不死。科斯以为加入了"交易成本",就解释了企业的起源,这完全是一种错觉。新制度经济学还有一个重要主题"委托—代理"理论,它强调了对信息不对称的分析。但是,它们从这里却走向了"机制设计"的思路,即通过设计激励合约,使信息优势一方在满足激励相容约束的条件下,主动显示私人信息或行为。委托—代理理论假设合约方能够准确预测未来可能发生的情况并签订第三方可执行契约,属于契约经济学的完全合约理论。因此,新制度经济学并未改变理性假设,主流经济学很容易将其吸收为新古典理论中的信息经济学部分。

因此,说到底,新制度经济学家所做的事情,只是在新古典经济学中加入了一个变量——制度变量,新制度经济学并未真正突破新古典分析框架,是完完全全的穿新鞋走老路。如果说主流经济学体系是一种抽象化的形而上学,那么新制度经济学家也正在沿着这条路走下去。

新制度经济学者大胆预言"新制度经济学时代"即将到来。科斯在"新制度经济学"一文中这样说:"当代制度经济学应该从人的实际出发来研究人,实际的人在由现实制度所赋予的制约条件中活动。"[①]人类自身的福利依赖于整个社会所能提供的产品与劳务,而后者又取决于经济制度的运作效率。……交易成本越低,制度的生产效率就越高。但是,交易成本依赖于一国的制度,如法律制度、政治制度、社会制度以及教育文化等诸多方面的制度。制度决定着经济绩效,这是新制度经济学为经济学家所给出的重要结论。时间将会证明,科斯言之过急了。

当然,我们不能否认,新制度经济学对现代经济学的进步是小有贡献的,而且在新制度经济学家中,也有像阿尔钦这样的经济学家。但是,新制度经济学

---

① 罗纳德·科斯:《企业、市场和法律》,上海三联书店,1990年,第255页。

完成不了经济学改造的任务,也不能给经济学以新生的希望。

博弈论玩的是旧游戏

博弈理论研究当然走过了一个不短的历史。但是,它成为正规的理论却是晚近发生的事。"博弈论几乎是为先导经济学家们量身定做的:它假设理性的参与人寻求个人收益的最大化,也当然地认为对手的动机同处于此。而且,对经济学家而言,博弈论所展示的技术要求,较之一般均衡理论更为诱人,这进一步激励了现代经济学家们偏离真实世界的趋势,使他们转而从事安坐于扶手椅中的理论演绎。"①

我们必须认识到,人类社会实际上总是面临着各种两难的选择,或者说"不得不"的选择。在不确定性、不完全信息、有限理性的世界里,没有也不可能有泾渭分明、对错殊分的选择。

赫伯特·西蒙指出:一百多年前的古诺,然后是冯·诺伊曼和摩根斯坦把博弈方法引进经济学分析,他们的贡献只不过"表明,在利益对立、涉及多人的情况下,要想指出合理的行动有多么困难。这种困难在称为'囚徒的难题'的游戏中清楚不过地表现了出来。……博弈论的最宝贵的贡献是证明了,在相互竞争的行动者拥有在相互斗智方面的无限计算能力的情况下,理性实质上是不可定义的"。② 博弈论研究者阿里尔·鲁宾斯坦在《经济学与语言》(2000)中指出:"我相信,博弈论的模型只是被用来描述和分析人的理性,而不直接与现实有关。"③确实,博弈论离其解决实际问题还差得很远。

2014年,让·梯若尔(Jean Tirole)因为对市场力量和监管的分析获得诺贝尔经济学奖。众所周知,这位新晋诺奖得主的成名作是《产业组织理论》,他的主要"贡献"是把博弈论分析方法引入了他的产业组织理论之中。学习经济学的人应该都知道:"在经济学的各个分支中,产业组织领域里的博弈论色彩最为浓厚,而博弈论在该领域的基本效果也无非是新瓶装旧酒:从博弈论发展出一套与研究商业行为的'旧'产业组织理论(以所谓的'结构—行为—绩效'方法为基础)有相当不同的'新'产业组织理论,看来不仅是困难的,甚至可以说是难以实现。(原脚注:在老风格的教科书如 Scherer 和 Ross(1990)和新风格的教科书如 Tirole(1988)之间所做的比较可以说明,后者没有什么实际内容,

---

① 乌斯卡里·迈凯编:《经济学中的事实与虚构:模型、实在论与社会建构》,上海人民出版社,2006年,第46页。
② 赫伯特·西蒙:《人工科学:复杂性面面观》,上海科技教育出版社,2004年,第36、37页。
③ Ariel Rubinstein: *Economics and Language Five Essays*, Cambridge University Press, 2000, p.34.

而前者虽然也不如人意,但在内容上要远较后者充实,相似的判断参看 Fisher (1989)。)"①而毫无疑问的是,"科学思维的过程构造了一个以人为的方式抽象出来的非现实的世界,这种人为的抽象根本没有能力把握真正的生活"(马克斯·韦伯,《以学术为业》)。

所以,年轻学子可以去学习但不要去迷信博弈论。实际上,博弈论仅仅是由于获得了诺贝尔奖而广泛流传。它让一些不明就里的人趋之若鹜。从这个意义上说,对诺贝尔奖的迷信是可悲的,把它当作标准已经是"让自己的大脑成为了别人思想的跑马场"了。

博弈论中,纳什均衡告诉我们,如果我们与对手有相似的目标,并且希望达到最好的结果,那么我们应该采取什么策略。且不说双方都可能不知道对方的均衡矩阵,仅就实际的情况看,如果一方博弈者采取的是一种非均衡策略,那么另一方的最优反应也是采取非均衡策略。这里,关键的问题出现了,即一种均衡策略的计算,并不比确立一个一般均衡体系的计算少。它不仅需要完全信息,而且需要的是确定的信息。这说明博弈论不仅是"游戏理论",而且本质上只不过是智力游戏的成果。博弈论研究及其应用研究的泛滥,更充分地说明了这样的问题。

早在 1994 年,克劳斯·迈因策尔就曾指出:"博弈论只是一个精密的数学理论,其在经济学上的应用有时被高估了。其缺点主要是它关于社会的典型现象假设。"②张五常也断言:博弈论从来没有解释过一个现象!"我看不到,或不能肯定,博弈专家所说的事实是事实;看不到,或不能肯定,博弈理论有什么含意可以明确地被事实推翻。"③

由于博弈论试图用数学的方法精确演绎经济博弈,即使是使用了复杂方法,也依然掩饰不住它线性思维的本质,在复杂性世界面前,它注定是明日黄花。只不过,在当下这个"眼球经济"时代,它尚能够以一身新装,博取人们关注,这代表不了它的生命力。

---

① 乌斯卡里·迈凯编:《经济学中的事实与虚构:模型、实在论与社会建构》,世纪出版集团上海人民出版社,2006 年,第 47 页。
② 克劳斯·迈因策尔:《复杂性思维:物质、精神和人类的设计动力学》,上海辞书出版社,2014 年,第 397 页。
③ 张五常:"博弈理论的争议",http://blog.sina.com.cn/s/blog_47841af7010005c2.html。

第九章

现代经济学：
传统思维的重灾区 II

- 单向度的"物化"社会
- 形而上的同质性、普遍性
- 逻辑中心主义的统治
- 原子论的个人主义方法

启蒙运动中,西方社会的主流思维模式受到了深刻的影响。如果说它有积极的一面,那也只是问题的一个方面,而另一方面,"启蒙的纲领是要唤醒世界,祛除神话,并用知识代替幻想。'经验哲学之父'培根早就归纳了启蒙的主旨。培根蔑视那些所谓的传统大师们,他们最初'相信,他人知其所不知,他们又相信自己知其所不知。但事实上,盲听轻信,满腹狐疑,草率结论,夸夸其谈,惧怕反驳,不思进取,漫不经心,咬文嚼字,一知半解——所有这些都阻碍人类心灵与事物本性的和谐一致;相反,却使人类心灵与空洞的观念及盲目的实验结合起来;不管这一结合有多么体面,其后果与结局都是不难想象的'"①。

单向度的"物化"社会

近代物理学思维方式对经济学的影响首先表现在单向度的"物化"思维。这使得现代经济学见物不见人,这是一种根本的偏离——本来关于人的行为的科学却演变成了机械的经济物理学。

可以说迄今为止的经济学理论中包含一个十分错误的世界观或社会价值观,可以称之为"资本主义的社会伦理",它大致上等价于马科斯·韦伯所说的"资本主义精神"。这种世界观的特点是用"资本"的眼光看世界,资本成了衡量一切的标准,也成了基本的社会伦理。需要强调的是,这种"资本主义的社会伦理"并不仅仅存在于那些实行了"资本主义制度"的国家,而是已经成为一种普适的观念和标准流行于当今世界。

在这里,我们准备指出其中两个重要的、基本的方面。

社会尺度、标准和社会源动力的偏离

19世纪以来,资本主义在全世界的扩张,也建立了"资本主义的社会伦理"对现代社会的统治,它给人类社会带来的改变是全方位的。正如韦伯在《新教伦理与资本主义精神》中所说,当资本主义精神通过新教伦理"被带入日常生活,并开始统治世俗道德时,它在形成庞大的近代经济秩序的过程中就会发挥应有的作用。而这种经济秩序现在却深受机器生产的技术和经济条件的制约。今天这些条件正以不可抗拒的力量决定着降生于这一机制之中的每一个人的生活,而且不仅仅是那些直接参与经济获利的人的生活。也许这种决定性作用

---

① 马克斯·霍克海默、西奥多·阿道尔诺:《启蒙辩证法》,上海人民出版社,2003年,第1页。

会一直持续到人类烧光最后一吨煤的时刻"。①

新教伦理就是资本伦理,就是金钱伦理。它不仅改变了人们的价值观念,甚至改变了人的心智模式。在前资本主义社会里,我们还能看到有独立的文化传承,独立的精神世界,独立的艺术追求,独立的教育、医疗活动……现在,它们全都置于金钱的指挥棒下,全都变成了"经济"的仆从,就像中世纪科技是神学的仆从。甚至是权力也在金钱面前低下了高贵的头,违规和犯罪也可以用经济手段予以惩罚或补偿。

新教伦理与资本主义精神的胜利,把人类社会变成了一个资本维系的社会。劳动果实兑换为金钱,智慧结晶为金钱,知识、技术转化为金钱。金钱为全部的个人和社会行动提供了衡量尺度和比较标准,甚至为思想、文化和理论的交流提供了理解的基础,为个人及组织的相互依赖提供了合作基础,为个人和社会发展提供了一致的原动力。现代社会中,人类近乎唯一地把鲜花和掌声都给予了金钱或资本。

在通往现代经济与社会的道路上,也在"通往现代科学的道路上,人们放弃了任何对意义的探求。它们用公式代替概念,用规则和概率替代原因和动机。原因只被当作衡量科学批判的最后一个哲学概念:或许因为它是唯一能够继续为科学批判提供参照的古老概念,是创造性原则的最后一个世俗化形式"②。实际上,生命的内涵远比"富裕"丰富得多,人类的生活远比"科学"丰富得多。

但是现在,对人的评价标准扭曲了,剩下了一个标准——"钱"。"赚钱"几乎是全人类参与的一种游戏。除了房子、车子、日用品可以而且必须用钱买以外,休闲可以用钱买,旅游、娱乐可以用钱买,健康可以用钱买,公平可以用钱买,知识可以用钱买,名誉、地位、爱情、家庭、婚姻也都紧紧地与钱联系在一起了。这是人类历史上最大的"异化"。钱统治了一切,人变成了金钱的奴隶。这也许就是尼采所说的:"当今的奴隶制:是野蛮的表现!奴隶为之劳动的奴隶主在哪里?人们不必总是期待两个相辅相成的社会等级并存。利益和享乐是生命的奴隶理论。……我们的时代,由于它不分青红皂白,一心要消灾免祸,所以它是穷人的时代。我们的富人——他们成了穷光蛋!一切财富的真正目的被忘得一干二净!"③

有的人在忍受贫穷、饥饿、失业和死亡的苦难,有的人在忍受加班、失眠、身心疲惫和精神空虚的苦难,也有的人在忍受嫉妒、争夺、暴力和恐惧的苦难,所

---

① 马克斯·韦伯:《新教伦理与资本主义精神》,三联书店,1987年,第142页。
② 马克斯·霍克海默、西奥多·阿道尔诺:《启蒙辩证法》,上海人民出版社,2003年,第3页。
③ 弗里德里希·尼采:《尼采文集,权力意志卷》,青海人民出版社,1995年,第3页。

有的人都在忍受污染、疾病、拥挤和战争威胁的苦难……难道是我们没有足够的经济、技术、文化能力去开创一种更好的全球秩序吗？非也，是这个时代错把"利益和享乐(当成)是生命"，使"一切财富的真正目的被忘得一干二净"。

除了上述关于人的评价标准上的偏离与扭曲，我们对经济与社会的评价也都存在和出现了问题。例如，我们对经济发展与增长的判断标准，只剩下了GDP，它成了现代经济活动的指挥棒。法国前总统尼古拉·萨科齐说得好："我们的统计数字和账目反映我们的渴望、我们赋予事物的价值。它们与我们对世界和经济的看法、对社会的看法以及我们对人类和我们相互关系的看法是分不开的。把这些视作客观的数据——就好像我们外在的、无可置疑和反驳的东西——无疑令人安心和舒服，但却是危险的。之所以危险是因为我们到了不再自问我们的行动是为了什么、我们究竟要衡量什么和我们需要汲取什么教训。"[①]不仅我们的生活已经被财富数字所包围，而且我们的头脑、我们对外部世界的认识也简化为数字，到处都盛行着对数字的崇拜。

确实，由于分工、分化以及技术进步在各个领域、各个层面上展开，现代社会比起前资本主义社会复杂了很多。而越是复杂的社会，社会目标越容易被手段所遮蔽；越是间接、迂回的行动，人类的整体和长期利益越容易被局部的、眼前的利益所遮蔽。

如果我们承认，人类当前驾驭复杂性的技术和能力还嫌不足，干预型政府只是一种无奈的选择。人类社会当前所面临的一些主要威胁——气候变化、恐怖主义、流行病毒和核扩散等都具有全局性和复杂性，即使是"专家"也已经难以在"问题实质上是什么"、"我们应该如何有效应对"等问题上达成一致意见。人类社会发展的历史证据[②]表明，当人类遭遇复杂问题时，社会的"认知门槛"会让人类总是"以信仰代替知识和事实"，最终走向崩溃。就像现在我们对"科学"或"政府"的迷信一样(实际上，"科学"与"政府"已经成为我们这个时代的认知门槛)，寄希望于通过科学的发展或者通过"看得见的手"来解决当前所解决不了的问题。但是，这也许是行不通的。[③]

组织淹没了人

新教伦理与资本主义精神的胜利，把人类社会变成一个组织化的社会。实

[①] 约瑟夫·E.斯蒂格利茨、阿玛蒂亚·森等：《对我们生活的误解：为什么GDP增长不等于社会进步》，新华出版社，2010年，序，第2—3页。

[②] 丽贝卡·科斯塔在《即将崩溃的文明：我们的绝境与出路》一书中，详细研究了古玛雅、古高棉文明的崩溃。

[③] 西美尔：《金钱、性别与现代生活风格》，上海学林出版社，2000年，第11、12页。

际上,资本主义精神与社会伦理的胜利并不是真正意义上的一种解放,而"只是用一种新型的控制取代先前的控制。这意味着要废止一种非常松弛、在当时已几乎不见实施、近乎流于形式的控制,而倡导一种对于私人生活和公共生活各个领域的一切行为都加以管理的控制方式,这种控制方式是极其难以忍受的、但却又得严格地加以执行"[①]。

在现代(资本主义化了的)经济生活中,所有的人都生活在各种组织内,生活在职业的、社交的、宗教的、政治的和其他各种类型的"共同体"内。每个人都不再是完整的人,而是有专业的、有信仰的、有身份的、有地位差别的人。事实上,资本主义的社会伦理中,"最具代表性的东西,而且在某种意义上说,它是资产阶级文化的根本基础。它是一种对职业活动内容的义务,每个人都应感到、而且确实也感到了这种义务。……当今资本主义经济可谓是一个人生在其中的广漠的宇宙,它对这个人来说,至少对作为个人的他来说,是一种他必须生活于其中的不可更改的秩序。他只要涉足于那一系列的市场关系,资本主义经济就会迫使他服从于资本主义的活动准则。假如一个制造商长期违犯这些准则,他就必然要从经济舞台上被赶下去,正如一个工人若不能或不愿适应这些准则就必然被抛到街头成为失业者一样"[②]。换句话说,它创造了一种新的纪律、新的行为规范。有了这种纪律,"资本主义就不再需要任何宗教力量的支持了"[③]。而在这样的社会中,不论是谁,如果他离开了组织,就几乎无法在这个世界上生存。"组织"凌驾于个人之上,甚至在一定程度上取消了个人,越来越取得绝对的统治地位。表面上,人们得到的自由、独立越来越多,实际上,个人的独立性、自主性、行动自由已经越来越屈从于组织,独立的个人已经名存实亡。

今天,世界上每个人都在抱怨,再也没有与自然融为一体的视野,未解的难题堆积如山,政府在许多问题上无能为力、无所作为,大众成了既无洞见也无预见的一群乌合之众,共同利益成了"公地悲剧"。世界正在经历着一场巨大的危机:全球经济、全球资源、全球生态和全球政治危机。

现代经济学中,人是经济人,企业则是组织化了的经济人。他们共同的特点是有一样的行为目标——追求金钱或利润。但是,事实显然不是这样,无论是企业还是个人,都具有多维的行为目标。

在真实世界中,我们每一个人,更本质地说,都是精神的个体,而不是所谓的"经济动物"。人不同于动物的一个重要特点是,人的行为带有稳定的倾向

---

① 马克斯·韦伯:《新教伦理与资本主义精神》,三联书店,1987 年,第 24 页。
② 同上书,第 38 页。
③ 同上书,第 52 页。

性,这是由每个人的价值观决定的(即使有些价值观已经遭到了扭曲)。价值观是一种内心尺度,是人之为人的核心因素。它支配着人的行为、态度、信念等,也为人的行为提供充足的理由。美国社会心理学家罗基奇(Rokeach)长期致力于对信仰、态度、价值观的研究。在他理解的个人价值体系中,人的行为目标包括:"生活舒适(生活富裕)、令人兴奋的生活(刺激的,积极的生活)、成就感(持续的贡献)、和平的世界(无战争和对抗)、美好的世界(大自然和艺术的美)、平等(手足情谊)、家庭安全(照顾所爱的人)、自由(独立,自由的选择)、幸福(满足感)、内心和谐(无内心斗争)、成熟的爱(灵与肉的亲密关系)、国家安全(防御外来进攻)、快乐(愉快,休闲的生活)、获得拯救(被拯救的,无尽的生命)、自尊(自我尊重)、社会认可(尊重,赞赏)、真正的友谊(亲密的伙伴关系)、智慧(对生命的成熟理解)。"[①]正是这些多重目标决定了人们对各种事物和活动的态度和选择(如学习、劳动、享受等)的主次之分以及轻重排序。

甚至是劳动,也从来不只是为了确保生存、生活,而是具有自我实现的含义,是一种社会约定。市场当然也是重要的,但它仅仅是一个联结手段,一种改善生活质量的途径而已。所以,人,只有在"经济学"中,才堕落成了逐利的经济动物。

回归新的企业伦理

英国当代管理学家查尔斯·汉迪写了一本流行著作,叫作《空雨衣——变革时代的商务哲学》。这本书值得一读,它教人反省现代生活,反省现代流行观念。他说道:"在我们这个成熟的社会中所发生的事情比我原来预料的还要彻底、困惑和令人痛苦。这困惑部分来自于我们对效率和经济增长的追求是进步的必要元素。在追求这些目标的过程中,我们可能会禁不住地忘记这一点:正是我们——每个男人和女人——才应是衡量一切的标准,而不是用其他一些东西来衡量我们。人们很容易在效率中迷失自己,把效率本身看作是终点,而不是把它看作是通向其他终点的手段。……除了做别人的大机器上的一个齿轮外,生命一定还有更多的东西。"[②]确实,悖谬在我们这个时代已司空见惯!几乎到处都能见到没有人的"空雨衣"。

同样,真实的企业也具有多维目标,而不是一个单一的"利润"目标。企业涉及很多人群之间的各种经济关系。这些人群被称作"利益相关者",其中包括顾客、雇员、股东、供货商、竞争对手、政府以及团体。关于公司目标的经验研

[①] 戴维·J.弗里切:《商业伦理学》,机械工业出版社,1999年,第63页。
[②] 查尔斯·汉迪:《空雨衣——变革时代的商务哲学》,华夏出版社,2000年,第1—2页。

究已经证实:公司的股东们会支持道德的行为,即使这种行为可能降低短期利润。

1983年,在施密特和波斯纳进行的一次调查中,被调查者提到高效能、公司的好名誉和高涨的士气是三个最重要的组织目标,紧随其后的是良好的组织领导、高效率和高生产率,而利润最大化的位置移到了最后。商业伦理学家们近期收集的数据与这个模式十分相近,只是在评价11个目标的相对重要性时,利润最大化差不多被排在中间。① 当然,类似的研究有很多,结论都是相似的。

当今时代的企业管理者必须考虑到企业所有的这些利益相关者,而不仅仅只是企业的股东们。历史上,这些利益相关者大多集中在单个国家内;随着世界经济开放程度的加深,现在他们更可能分散于不同的国家之中。顾客、供货商、竞争对手、雇员甚至是股东,都常常遍布世界各地。

惠普公司在1939年创立,是一家深受雇员欢迎的公司。惠普公司的目标或价值观被称作"惠普方式",比尔·休利特(Bill Hewlett)对其描述如下:总体上讲是来自这样一种观念、一些政策和行为:"人们想做好工作,想做创造性的工作,如果给他们提供合适的环境他们会做到的。但这只是其中的一部分。与此密切相连的是惠普的传统,即关心和尊重每一个人,并且承认个人的成就。"②

制定于1957年惠普公司的《公司目标》对惠普方式作了一些总结。这份《公司目标》分成利润、顾客、利益领域、增长、我们的人员、管理和公民身份几部分。它作为一种指导性公司政策,被用来指导那些由于公司过大和地理上距离太远等而不能与最高管理层保持日常接触的经理们的工作。

美国强生公司于1887年在纽约的新布伦瑞克(New Brunswick)成立,现已成为世界最大的保健品生产商之一,其主要业务范围包括消费品、专业产品和药品。强生是一个高度放权的公司,有强有力的公司文化。约翰逊(Robert Wood Johnson)于1944—1945年在一份名为《行业信条》的文件中提出了他的一些观念,包括公平对待雇员、权力下放和产品质量等方面,体现了他对公司目标的理解。

"回到伦理中去"已经成为我们这个时代必须考虑的紧迫问题。我们肯定,没有新的社会伦理,就没有新的世界秩序。

---

① 戴维·J.弗里切:《商业伦理学》,机械工业出版社,1999年,第65页。
② 同上书,第125页。

我们的信条

我们相信我们首先要对医生、护士和病人,对母亲、父亲及其他所有使用我们产品及服务的人负责。

为了满足他们的需要我们做的一切都必须是高质量的。

我们必须不断努力降低成本以保持合理价格。

我们必须迅速无误地提供顾客的订货。

我们必须给供货商和分销商获得公平利益的机会。

我们要对全世界与我们一起工作的雇员负责,不分男女,不分国籍将每个人都当作人来看待。

我们必须尊重他们的尊严,承认他们的业绩,给他们工作保障感。

给他们公平充足的报酬,给他们清洁、安全、有秩序的工作条件,必须想方设法帮助他们完成家庭责任,让他们能自由提出建议和投诉,给他们平等的就业机会、发展机会和在合格的条件下被提升的机会。

我们必须提供合格的管理,管理者的行为必须公正、道德。

我们对我们生活和工作的社区以及整个世界负有责任。

我们必须做个好公民——支持好的事情和慈善事业,并且依法纳税。

我们必须鼓励社会进步和促进更好的医疗、教育。

我们必须爱护自己有幸可以支配的财产,保护环境和自然资源。

最后我们要对股东负责。

企业必须获得一定的利润。

我们必须试验新概念;不断进行研究;

发展创新的计划,并支付出错的代价;

购买新设备,提供新厂房并开发新产品。

我们必须未雨绸缪,设立备用金。

如果我们按这些原则经营,股东们会获得较好的收益。

Johnson & Johnson

美国强生公司信条[①]

[①] 〔美〕戴维·J. 弗里切:《商业伦理学》,机械工业出版社,1999年,第127页。

形而上的同质性、普遍性

从根本上说,真实世界中任何的物、人、事都具有唯一性、独特性。这里涉及人类思想史上的"一般与个别"的关系问题,这是一个困扰人类智力已达两千年之久的问题,很早以前,古希腊人就在思索一般与个别的关系了。

不同的起点:一般与个别

中国历史上,最早提出一般与个别关系问题的思想家大概是中国的公孙龙(约公元前320—前250年)。在《白马论》中,他提出了"白马非马"的逻辑问题:"马者,所以命形也;白者,所以命色也。命色者非命形也,故曰白马非马。"这清晰地显示出他已经注意到了具体与抽象、个别与一般、特殊与普遍、个性与共性的关系问题。

西方人较早的是柏拉图,他认为共相是以理型(form)的方式存在。而亚里士多德的《范畴篇》认为共相是由人类感官所建构出来的概念,存在于人类的经验与感官中,因此,共相不是实存的。

简单地说,所谓"一般",就是从个别和具体中抽象出来的共性的、同质的特征。这是一个有用的认识方法,但是它以牺牲了具体和活生生的实物为代价。从这里开始,人类知识被分成了两大类:形而上学和形而下学。

我们看到,在现代自然科学中,同质性假设是一个普遍的前提。在一定程度上,这是合适的,没有问题的。例如,物理学的研究对象是没有感觉和思维的物质世界,从原子、电子到基本粒子。另外,在生物学领域中,也有限制地使用了同质性假设。同质性假设的最纯粹的形式出现在数学中,当然它还有其他假设如独立性、连续性。

希尔伯特说:"我们对于大自然和物质的最初的朴素的印象是连续性的印象。不论是一块金属或者一定体积的液体,我们都把它看成是可以无限地分割的;不论是如何小的一部分,在我们看来都具有和整体同样的性质。"[1]

但是,正如英国数学家爱丁顿所说:"在未知的岸上,我们发现了一种奇怪的足迹,我们想出种种深奥的学理来推究足迹的来源,我们终于又成功地再造了印下此种足迹的生物,啊呀!原来就是我们自己"。[2] 在现实世界中,确实没

---

[1] 丹齐克:《数:科学的语言》,上海教育出版社,2000年,第101页。
[2] 同上书,第191页。

有什么完全的同质性,这些完全同质的概念是人的虚拟、创造的产物。在真实世界里,莱布尼茨说:"世界上找不到两片相同的树叶。"这近乎一条绝对真理,它应该成为全部的非形而上学知识的唯一的出发点和基础。如果是这样,社会科学的研究和分析就必须依据个体的态度、期望、行为和关联关系来构建。

将差异性、独特性坚持到底

关于人的本性问题,我国的先哲们也曾有过激烈的争论:孟子说,人之初,性本善("人之性善也,犹水之就下也");荀子说,人之初,性本恶("今人之性,生而有好利焉");墨子则根本不承认人有固定不变的永恒的本性,提出"近朱者赤,近墨者黑"。应该承认,墨子的观点是最为可取的,即"人性"并非人一生下来就自然而然具有的本性。

其实,正确的结论也许是:从来没有抽象的人,只有多面性的、活生生的人。我们坚信:每一个人都与众不同!世界上只有一个苏格拉底、孔子、休谟、钱钟书,世界上也找不出两个完全相同的你——无论是外表还是内在。即使是一对双胞胎,你们也不会有相同的精神世界。"如果人们穿过非个人(种类、典型、一般)的表面来观察世界,就会看到彼此紧邻的人们之间的关系体的复杂性、多样性、甚至不一致和相互矛盾。人类世界的实际本质就是个体之间的互动,这就是世界的成因——关于文化和社会的人类世界得以存在的原因——和其证明。……用 E. M. 弗斯特(E. M. Forster 1950:26)的话说:'个人的联系才是其真正的生活。'"[①]

历史上,很多形而上学的思想家都把人性看作单一不变的本性。它单一、前定,而且不变。其实,这是一种对人的抽象化观点,也就是用形式逻辑的"非此即彼"原则,用认识物的方式去认识人,按照物种规定去理解人性,这就是为什么历史上对人性总是陷于抽象化,难以跳出"抽象人性论观点"的主要根源。也许正如 17 世纪的法国思想家布莱兹·帕斯卡尔所说:"平庸的人是看不到人和人之间的差别的。"[②]

但是,抽象的人在任何时候都不可能成为行动的主体。你不可能请一个抽象的人一起吃饭,不可能和他一起生活、工作和学习,社会不可能依靠他生产、消费、维持治安和建设国家,等等。

人与动物不同,人要成为人必须经历两次生命。第一次生成属于个体化的

---

① 奈杰尔·波拉特、乔安娜·奥弗林:《社会文化人类学的关键概念》,华夏出版社,2005 年,第 217 页。

② 布莱兹·帕斯卡尔:《思想录》,商务印书馆,1985 年,第 7 页。

肉体生命,它来自父母的生命;第二次生成是由人类生命活动积淀而成的超个体性的类化本性,它蕴含于历史文化传统之中。人从父母获得肉体生命,这只是具备了做人的基础,然后必须通过教育、学习,从社会文化系统吸纳人类已经形成的人性本质,还要把这种本性融化于肉体生命,然后才能生成个体自我的自主生命。人是由两种基因构成的,物种(自然)基因和文化(人性)基因,这是形成人性的两个遗传系统。在现实生活中,每个人所能获得的文化是各不相同的,这样,体现在个体身上的人性便有了差别。

在马基雅维利的思想体系里,没有所谓一般的人性。人性既不是抽象意义上的一种理论设定,也不是专供极少数人达到人格完善的内在驱动力。人性(如善、恶等)都是具体的。从现实的角度看问题,人性只是一种与自我有关的本能,或者说是每个人意识到自身存在为自身存在的一种力量。

马基雅维利经常谈到人性的多样性。就人性与人的意识关系而言,两者之间虽然不存在谁控制谁、谁决定谁的关系,但人性与人的意识发生关系后会产生种种变化,会导致不同的社会后果。在他看来,当人性在没有法的规范和意识指引的情况下,无所谓善和恶、对和错。所谓善恶只是现实社会通过法的形式对人性的一种认定。

马基雅维利关于人的多样性的思想具有普遍意义。不仅如此,这里更重要的一个结论是:世界上的事物都具有唯一性、独特性,个人、社会、国家、企业都是如此。根本没有一般意义上的、抽象的企业、国家、政府这回事,任何企业、国家、政府都是具体的。如果这个结论成立,那么那些建立在同质性基础上的抽象的人的理论、国家理论、企业理论、消费者理论、生产者理论都迟早会被取消。实际上,它们更多地属于形而上学的思维游戏。

在社会科学的各个领域,只有经济学对人的定义是最为简单化的。这就是抽象人性论的典型——"经济人"假设。现代经济学中的人只有一个特性——人的"经济性"。另外,经济学是一种所谓的"理性"理论,"理性"的含义是逻辑一致,始终如一。也就是说,在"理性"的世界里,是没有矛盾、没有冲突的,只有统一的逻辑,非此即彼,绝不会出现既红又黑,既好又坏的情况。人作为统一的本质,两种相异的本性是绝对不可能结合于一体的。

现代经济学关于"人"的抽象是否是一个真实的、有效的抽象?"有效的抽象"是指根据这一抽象,能够做出准确的推理,得到正确的结论。答案是如果经济学的抽象是真实的,这个世界将不再多彩,将不只是无趣,而且将变得失去生机!

真实世界中的人,永远不会像现代经济学中的那样机械和死板。人也不会只在经济活动中是理性的,在其他活动中是非理性的。在这个意义上,现代经济学甚至不如《东周列国志》、不如《三国演义》、不如《水浒传》,甚至不如一个成语——人各有志,人的认识和描述!

中美后现代发展研究院王治河说:"看一看现代'同一性思维','齐一化'概念,'同质思维'在我们现实生活中的猖獗,例如现代非持续的经济模式的横行,消费主义、拜金主义在华夏大地的肆行无忌,掠夺性的全球化的'压路机',以一元吞并多元,对多元文化、本土文化、边缘文化的疯狂碾压,我们没有理由不对后现代的抵抗心存钦佩。"①

波拉特和奥弗林指出:"正是数不清的个体行为和它们所做的事给社会科学提供了'原料'。……我们一定不能认为日常集体现象具有自身内在的原动力、遵循自身的法则并具有自身的特质和影响;避免将个体看作是非人的、非个体的、宿命论的环境和趋势的玩具;避免将不同个体的渴望、意图、习惯、忠诚、惰性和竞争——包括错误执行的计划——看作是相互冲突和限制的,……哈耶克(Hayek,1946)说:理解社会现象的不二法门就是理解构成这现象的个体的行为,直接指向他人的行为和被以往的行动经验指导的行为。"②

所以,只有那些不顾事实的人不知道,"社会的形成应该被理解成特定情形下的特定个体的决定、态度、性情、想当然的期望、关系和行为的结果,以及这一切的无意识的后果和反映;宣称集体和强制观念自身具有内部动力学并遵循自身的规律是一种误解"③。

经济学和物理学的研究对象有本质区别。不同于传统物理或数学模型总是假设尽可能简单的主体,经济学的研究对象是人,具有意识、情感、预期、自主决策和价值判断,即具有异质性。同时,社会科学、经济学的研究对象又是具有复杂行为特征和复杂相互作用的,他们之间的相互作用决定性地影响了组织、社会群体和社会活动的发展,即社会科学、经济学的研究对象不具有物理学、数学中的独立性,不能当作自然科学的对象,做类似于物理学的所谓纯科学的研究。将社会科学的研究对象看作是完全同质的对象——如同物理学家研究原子、电子一样——不能不说是十分荒唐的举动。即使"同质假设"可以提供工具上的便利性,易于为数学所驾驭,也仍然不能为它们简单化、数学化的做法提供充分的理由。

现实生活中,同质事物只是少数情况,也是复杂世界中最简单的情形。这里问题出现了,同质性是现代科学的重要基础,经济学把它当作普遍情形,当作

---

① 王治河:"后现代交锋丛书"的汉译前言。
② 奈杰尔·波拉特、乔安娜·奥弗林:《社会文化人类学的关键概念》,华夏出版社,2005年,第219—220页。
③ 同上书,第218页。

真实存在的情形,并以此为起点,建立起了各门科学的理论大厦。例如,经济学中的要素——土地、资本、劳动等,都是一些同质的要素,甚至可以相互替代。土地没有位置、用途的差别,资本没有技术、质量的差别,劳动没有知识、能力的差别,等等。

但是,同质的、无差异的、抽象的人、企业、消费者、生产者和政府却是现代经济学中的典型特征。表面上,它们可以套用到每一个"人、国家、企业、消费者、生产者"的头上,实际上又不是对一个具体的人、国家、企业、消费者、生产者的真实描述。

这里当然提出了一个更深层次的问题,那就是,如果我们取消了抽象的人、国家、企业、消费者、生产者,也就是取消了形而上学的经济学,经济学还剩下什么?经济学又该如何做?

这确实是一个非常重大又难以用几句话说清楚的问题。我们只能回到形而上学思想史中寻找答案。这个问题值得用另一本书做详细探讨,这里只给出简单的线索。

罗蒂曾经对那些热衷于构建理论体系的思想家做出了这样的评论:"他们的活动很可能是一些私人化的活动,也就是说,那些活动只具有满足个人虚荣心的价值,而并不具有社会实践价值。……任何一门学科的主要存在理由在于其解决实践问题的能力。与这个能力越是疏远,这样的学科越会丧失其存在理由,越是具有'文字游戏'的色彩。"[①]

逻辑中心主义的统治

逻辑(或逻各斯)中心主义是对形而上学的一个别称,顾名思义,逻辑中心主义就是一种以逻辑为中心的结构。自柏拉图以来,西方思想始终遵循了逻各斯中心论的思想路线,坚持所谓真实世界与现象世界的对立的立场,这便是传统认知理论的基础。到莱布尼兹时代,他把逻辑学想象成一种普遍的科学,这种科学包括构成其他所有科学的基础的一些原则。

逻辑中心主义的谱系

19世纪,出现了逻辑实证主义运动。它们谋求创立一门新的科学哲学,而

---

① 张国清:"希望的哲学和哲学的希望",载理查德·罗蒂:《后形而上学希望》,上海译文出版社,2009年,第3—4页。

把数学和逻辑学取得的进步同 19 世纪实证的经验主义传统结合起来。科拉科夫斯基在《理性的异化:实证主义思想史》中提出了实证主义的标志特征。"他的 4 条判据是:(1) 现象主义规则;(2) 唯名论规则;(3) 否定价值判断和规范陈述具有认识价值的规则;(4) 科学方法本质上统一的规则(或信念)。"①

19 世纪实证主义科学哲学最重要的代表是恩斯特·马赫(1838—1916),一位名望很高的物理学家、数学家和科学史学家。他为形而上学做出了重要贡献。主要著作除了物理学方面,还有大家熟悉的《感觉的分析》《知识与错误》《通俗科学讲座》等。他主张,科学概念归根结底是特定的感觉。"按照马赫的观点,所有科学定律和原则都要以经验为依据,而且除了经验以外其他任何方法都不能证明它们。康德哲学的精神范畴是根本不存在的。相反,正如休谟很早以前主张的,那些看起来可能是天生的知性观念的东西实际上不过是因过去的经验而牢记在脑子里的习惯。"②

20 世纪上半叶,科学哲学的一大特征是逻辑占据着这一领域,事实上,科学哲学的许多先驱本身就是逻辑学家。它们的主要代表有戈特罗布·弗雷格(1848—1925)、伯兰特·罗素(1872—1970)、路德维希·维特根斯坦(1889—1951)和鲁道夫·卡尔纳普(1891—1970)。英国著名数学家、哲学家和逻辑学家罗素和怀特海,二人共同完成了《数学原理》(1913)一书。就这部书的宗旨而言,它试图向人们说明:全部数学可以以一个逻辑公理系统严格推导出来,也就是说,可以从逻辑概念出发用明显的定义得出数学概念;由逻辑命题开始用纯逻辑的演绎推得数学定理。因而,全部数学都可以从基本的逻辑概念和逻辑规则而推导出来。这样,就可以把数学看成是逻辑学的延伸或分支。但是,不久二人就在思想上分道扬镳了。因为罗素太过于张扬,而怀特海要比罗素严谨得多。罗素在他的《数理哲学导论》一书中进一步阐述了他的主张:"通过分析来达到越来越大的抽象性和逻辑简单性,要研究我们能否找到更为一般的思想原则,以这些思想和原则出发能使现在作为出发点的东西得以被定义和演绎出来。"而在《数学原理》问世不久,罗素就迫不及待地宣称:"从逻辑中展开纯数学的工作,已由怀特海和我在《数学原理》中详细地做了出来。"然而,事实并非如此。罗素并没有成功地把数学化归为逻辑,而是化归为集合论。后来哥德尔证明了罗素的狂妄。

---

① 戴维·罗杰·奥尔德罗伊德:《知识的拱门:科学哲学和科学方法论历史导论》,商务印书馆,2008 年,第 283 页。
② 同上书,第 296 页。

现代经济学中的逻辑中心主义

在经济学领域,自新古典经济学开始,始终涌动着逻辑中心主义的暗流。大约从李嘉图开始,经济学家们始终如一地固守着"逻辑中心主义"不放。这应该不是经济学自身的特色。实际上,"形式逻辑成了统一科学的主要流派。它为启蒙思想家提供了计算世界的公式。……同样的等式也支配着资产阶级的正义和商品交换"①。当然,也正是这一倾向,使得他们进一步固守"理性人"的假设。就像马克·布劳格所说:"一切科学家在'进步的'对手面前有时会顽强地抓住'退化的'研究纲领不放。而经济学家们尤其容易抱有这种倾向。"②

如果要寻找经济学逻辑中心主义的始作俑者,非大卫·李嘉图莫属。李嘉图早期是交易所的证券经纪人,后受亚当·斯密《国富论》一书的影响,激发了他对经济学研究的兴趣,其研究的领域主要包括货币和价格,对税收问题也有一定的研究。李嘉图的主要经济学代表作是 1817 年完成的《政治经济学及赋税原理》。通过演绎建立经济学体系。李嘉图的抽象演绎方法引导了通向现代经济学逻辑分析的道路。

经济学中的逻辑中心主义与哲学、其他科学中的逻辑中心主义一样,它们有着共同的人性根源——形而上学。正如黑格尔所相信的:"逻辑须要作为纯粹理性的体系,作为纯粹思维的王国来把握。这个王国就是真理,正如真理本身是毫无蔽障,自在自为的那样。"③实际上,在更早的时候,作为形而上学的创始人,亚里士多德将范畴看作存在的存在方式,试图从范畴入手来解决存在问题,并且通过以实体(ousia)为中心的十个范畴确立"存在之网"或世界的逻辑结构。逻辑中心主义者的共同目标,就是为世界确立一个完善的逻辑结构。

当代新实用主义的杰出代表理查德·罗蒂全面地解构了传统的认识论,坚持以我们的信念与愿望作为真理的标准,将人的想象力视为历史发展的真正动力。罗蒂能够终结逻辑中心主义吗?

罗蒂提出:"我们的语言和我们的文化,跟兰花及类人猿一样,都只是一个偶然,只是千万个找到定位的小突变(以及其他无数个没有定位的突变)的一个结果。"④罗蒂对传统哲学的基本信念进行了彻底的清算,矛头直接指向传统的认识论以及支撑着它的一系列范畴,如真理、本质、理性等,藉此扫清通向未

---

① 马克斯·霍克海默、西奥多·阿道尔诺:《启蒙辩证法》,上海人民出版社,2003 年,第 5 页。
② 马克·布劳格:《经济学方法论》,商务印书馆,1992 年,第 257 页。当然,布劳格在这里是要批评别人(老制度经济学),而不是批评新古典经济学。
③ 黑格尔:《逻辑学》上卷,商务印书馆,1982 年,第 31 页。
④ 罗蒂:《后哲学文化》,上海译文出版社,2004 年,第 28 页。

来哲学的道路。它摆脱了发源于古希腊、在启蒙时代得以确立并一直延续至今的理性主义统治,发展出了后形而上学、后神学、后理性主义、后现代主义等诸如此类冠以"后"的理论。在罗蒂那里,真理并不事先存在于某处,而是人在其所处的情境中为解决问题而制造出来的。"我们的信念和愿望形成了我们的真理的标准。"[1]

其实,如果说上述的批判也是基于一种推理,那么我们还有一种不需要推理的解释:那些急于成为"现代经济学家"的人们,甚至没有心思去顾虑某个假设是否合理,也不想追问他的理论要解决什么社会经济问题,他最想解决,也迫切需要解决的问题是怎样成为一个"经济学家"。而坚持逻辑主义路线是实现这一目标的最好捷径。正是当前时代的评价制度制造,这样的人、制造了这样的学问。

原子论的个人主义方法

原子论是一种具有悠久历史、当今也依然流行的世界观和方法论,它的影响是深刻而全面的,在大多数领域都能看到它的影子。它与许多其他观念结合,产生出了许多变种。

早期原子论与原子论的方法论

人类历史上,原子论思想的提出起源于对世界本源的追问。古希腊哲人德谟克利特认为万物的本原是原子和虚空。原子是一种最后的不可分割的物质微粒,它的基本属性是"充实性",每个原子都是毫无空隙的。

虽然与原子论的世界观有联系,但是,原子论的方法论则形成较晚。它基本上是在近代以后形成的。它相信"整体"只是"许多个体加起来的总和",相信用分割、解剖的方法可以得到其最基本的形态。原子论的方法为"科学"研究提供的便利是:第一,在原子的层面上,差别消失了,人们可以把不同的事物当作同质的东西来对待;第二,原子论支持还原论,即个体原子的加总就是整体的事物,个体与整体的差别从研究者眼中消失了。

特别是受近代自然科学成就的影响,经济学家非常看重自然科学的研究方法。在传统的方法论体系中,原子论的方法影响巨大。原子论的方法论的基本信念是认为整体只不过是许多个体加起来的总和。

---

[1] 罗蒂:《后哲学文化》,上海译文出版社,2004年,译者序,第2页。

把原子论嫁接到社会科学中,就产生了方法论的个人主义(methodological individualism),又称个人主义方法论。这种研究方法将社会看作许多个人的简单相加。当然,这种说法还是有些过于笼统,实际上,在方法论个人主义家族中,有两个不能不加以区分的阵营:抽象化立场的方法论个人主义和具体化立场的方法论个人主义。前者从抽象的个人概念出发做逻辑推理,后者则依据生动的个人的经验事实考察真实世界。

原子论的经济学

在经济学领域,特别是从新古典经济学开始,参照了当时最流行的方法——还原主义的机械论方法,找到了经济学方法论的基础——利己的个人主义方法。通过"分离"方法排除一切影响因素,把个人、企业从社会中抽象出来,得到所谓的"经济人"。经过这样的处理,经济学中所分析的人就成了一个不与外界发生关系的物体,是一个严格遵守各种规律的机器人。这种个人被看成是孤立于他人,也不属于社会的"原子"。与牛顿力学在静止中分析受力物体的运动一样,经济学把一个不变的经济过程中所能观察到的经济现象分离出来,用静态方法建立模型,建立起一般均衡理论。阿罗和德布鲁甚至"严格地证明"了这种均衡的存在。当然,不用严格地证明,时间之矢的存在完全否定了均衡存在的可能性!

在经济学理论体系中,每个人、每家厂商唯一地追求最大的利益,交易过程中,供需双方都千方百计地寻求对自己最有利的价格和数量。这样,低效率的厂商就无法生存,所有生产要素都会被最有效地利用,从而使经济达到最优境界。经过李嘉图、马歇尔和萨缪尔森等人的不断充实完善,这套理论在20世纪的经济学领域里一直占据着主导地位。

经济学家相信,分析这个"孤岛上的鲁宾逊",就可方便地寻求社会经济的规律。这样一来,经济研究的核心就放在了孤立的个人的欲望及满足这种欲望的条件上。抓住了个人的心理欲望,也就"解释"了经济过程的本质。

但是,从个体到整体的上升却是危险的,在还原论的前提下是错误的。整体不同于个体、不是个体的简单叠加。这已经被现代系统科学、非线性科学证明为真,甚至可以被视同公理。即使是在自然科学中,相同的原子也是以不同的结构结合,生成了完全不同的物质。社会科学中,相同的人参与了不同的组织,执行着不同的社会职能,也表现出不同于个体的行为特征。

从外观上看,社会经济活动确实是由每个个体(个人和企业)实施和完成的,因此,似乎我们分析和说明了个体经济行为,也就可以解释社会经济活动了。经济学家们就是这样看问题的。他们把社会经济活动还原为个体活动,然后致力于对经济个体(消费者、生产者)的分析和说明,这就是整个微观经济学所做的事情。这恰恰是它的错误所在。

1968年,生态学家加勒特·哈丁发表了一篇堪称经典的论文。哈丁在文章开头以一个普通的草场为例:试想一下,有这么一块草场,对所有牧民免费开放。显然,每一个牧民都会尽力扩大自己的畜牧规模……自觉或不自觉地,明确或含蓄地,他们都会问:"如果我再增多一头牲畜,效益如何?"由于牧民全部享有额外增加的牲畜的收入,因此,他正面的效益(收入)是增加的。然而,如果每个人都这么做,必将导致过度放牧效应,但这个结果会由大家共同来承担。因此,对于单个牧民而言,负面影响只是若干分之一。

由此,每位理性的牧民都能得出结论,个人能采取的唯一明智的行动就是不断扩大牧群的规模。但是,这是每个人都能想到的,大家都有这样的共识。因此,悲剧就此酿成……每一个牧民都被锁定在系统中,迫使他们无节制地增加牲畜数量。然而,资源毕竟是有限的。每个人拼命努力追求自己的最大利益,最终的命运就是集体毁灭。

个体理性不等于集体理性。相关的文献已经很多,不再赘述。

经济学不仅把社会经济活动还原为个体活动,而且把个体行动抽象化为线性的、机械运动,即人们的经济活动由理性计算所决定,这个计算的标准是企业利润和个人收益。其他所有的因素都不影响人类的经济行为。由此修建了一条线性理论的单车道,全部的经济活动就可以借助现成的线性方程进行推论和演绎。人性的丰富特征不见了,经济活动的复杂性不见了,人的全部经济活动完全机械地遵循利益、利润的原则,受到它的指导和控制。把复杂的经济行为简化为一个线性方程,然后求出帕累托最优解,从此就可以一劳永逸地消除了问题,这就是现代经济学的一厢情愿。

还原论的经济学有两个致命的缺陷:

第一,社会经济系统并不是一个简单的物体,经济研究不能总是正确无误地"分离"出有关因素。即使能做到这一点,古典经济学在分析了"经济人"并以此来寻求整个社会的经济规律时,却采用了牛顿力学中的方法,即线性叠加,出现"合成推理的谬误"。

第二,所谓"静态"法,就是假定除了被研究的因素可以变动外,一切其他因素都固定不变。这种方法对于那些实验室的科学是可以做到的。可是,在经济科学里被研究的对象是活生生的人,他们个别地和集体地参与行动,他们并不会进入经济学家的大脑实验室。经济学家能够做的,还是闭门造车。

现代经济学的新生命,必须通过重建经济学的哲学基础和方法论基础而获得。

第十章
经济学的转向与重建

- 理解不确定性
- 基于复杂系统理论、非线性科学的经济学方法论
- 希望之光:经济学家族中的少数派
- 转向之涓涓细流:经济学反主流的潮流

20世纪30年代,新古典经济学不断遭遇实际经济的迎头痛击,这催生了凯恩斯主义经济学。70年代,凯恩斯主义经济学的失败,又产生了新制度学派等。这前赴后继的各门各派都在尽力修补新古典理论,试图重新赋予建立在旧世界观基础上的经济学以新的生命。

20世纪末,自我陶醉、迷恋于逻辑世界的现代经济学不仅遭到了人们的强烈非议,而且被生动、复杂的经济活动实践所抛弃。当然,作为人类社会最基本的实践活动,人们对经济现象的探索不会停止。然而,经济学的旺盛生命,只能在经济学观念和思维方式的转向中,在经济学回归真实世界、回归真实的人的过程中获得。

理解不确定性

无论人们喜欢与否,不确定性都是一个无处不在的现象。对不确定性的初步认识是很久以前的事,但是对它的详细研究却要晚得多,而且,迄今仍然不能说是很充分,很多现代科学还在无视不确定性的存在,还在玩弄确定性的思维游戏。

不确定性研究的起源与发展

可以确定的是对不确定现象的关注起源于对赌博问题的研究,而且是在有关偶然事件的"概率"的概念下展开的。15—16世纪,意大利数学家帕乔利、塔塔利亚和卡尔丹的著作中都曾讨论过两人赌博的赌金分配等概率问题。1657年,荷兰数学家惠更斯(C. Huygens,1629—1695)发表了《论赌博中的计算》,这是最早的概率论著作。这些数学家的著述中所出现的第一批概率论概念与定理,标志着概率论的诞生。而概率论作为一门独立的数学分支,真正的奠基人是雅格布·伯努利(Jacob Bernoulli,1654—1705)。他在遗著《猜度术》中首次提出了后来以"伯努利定理"著称的极限定理,在概率论发展史上占有重要地位。之后,法国数学家棣莫弗、拉普拉斯、高斯和泊松等对概率论做出了进一步的奠基性工作。1948年莱维出版了著作《随机过程与布朗运动》。

但是,必须指出的是,数学中的概率论研究的特点是它仅仅关注偶然事件本身,而且作为一门数学知识,它集中在其测度与计算上。而对于偶然事件的意义及影响则完全没有考虑,换言之,它还完全没有意识到不确定性的更重要的实践意义。正是由于这种情况,它对现代科学进步的意义是有限的,这正是数学家思维的局限性之所在。关于不确定性在现实生活中的地位、作用及影响的研究,基本上是 20 世纪后期才出现的事情。

亨利·彭加勒(Henri Poincaré)在 1903 年出版的《科学与方法》(*Science and Method*)中这样写道:"即使自然规律完全为我们所掌握,但无论如何我们却只能近似地知道初始位置。如果我们能以同样的近似程度预言后续状态,这也正是我们所要求的,那么,我们应该说现象被预言了,它受定律的支配。但事实并不总是这样;初始条件中的细小差别可能会导致最终结果的极大差别。前者微小的误差会酿成后者的巨大错误。准确地预言不再可能,所发生的一切都成了偶然的事件。"

M. 盖尔曼告诉我们:"偶然事件其影响极为深远。整个宇宙的性质就受到临近宇宙膨胀开始时刻的偶然事件的影响。地球上生命的性质就与大约发生在 40 亿年前的偶然事件有关。一旦结局特定化以后,这样一个事件的长期影响就可能具有一种规律性的特征,但决不在最基本的层次上。一条地理学、生物学或人类生理学的定律可能由一个或几个放大的量子事件引出,每一个放大的量子事件可能有不同的结局。这些放大经过各种机制才能发生,其中包括混沌(chaos)现象,在某些情形下,混沌现象会出现输出对输入有无限大的敏感性。充分理解偶然事件的意义,对深入理解量子力学的意义是十分必要的,它将告诉我们在描述大自然时,机遇起了一种基本的作用。"[1]

人类之所以保有对确定性的偏好,只不过是"由于结果的不可理解,使我们感到害怕,于是我们把一些在虚假因果原理上建立的人工秩序,强加在我们周围世界,甚至强加在一些随机事实和偶然现象上。我们就这样,用一种虚幻的预见能力,甚至是神秘能力来安慰自己。我们幻想我们可以操纵我们周围的世界,借助的是我们发明的想象力"[2]。

不确定性是一个很宽泛的术语。它通常涵盖很多意思。分清不同类型和来源的不确定性是很重要的,因为它们需要不同的处理方法。

从不确定性的产生来看:

不确定性产生的可能原因包括不完全信息,信息不一致性,影响因素的变化性,研究方法上的缺陷,研究技术、工具(设备)上的不完善甚至是语言表述上的不准确、不清晰,等等。

另外,就像外部世界的不确定一样,我们有时候甚至不能确定自己喜欢什么,即我们的偏好是模糊的;或者我们不知道如何界定我们的偏好,因此使我们面临决策上的困难。此外,我们对不确定的程度也经常无法判断和度量。

---

[1] M. 盖尔曼:《夸克与美洲豹:简单性和复杂性的奇遇》,湖南科技出版社,2002 年,第 134 页。
[2] 同上书,第 279 页。

概率通常是测度不确定性的工具。虽然近些年概率论得到了广泛的重视和快速的发展,但是,这并没有使问题变得容易多少,因为关于概率本质是什么的问题尚存在巨大的争论(频率学派和主观主义学派贝叶斯观点)。而且显然,概率只是某些类型的不确定性的适宜表述方式,但对另一些种类却不适用。

如上所述,不确定性有如此多的种类,甚至缺乏准确的描述语言。这恰恰也是发生许多混淆的原因,是不足为怪的。但是有一点是共同的,那就是20世纪中期以后,不确定性越来越得到许多学科的普遍关注,在现代物理、天文、生物及工程,甚至是哲学、社会学领域也成为很重要的概念。

经济学对不确定性的关注

早在1752年出版的休谟《政治论丛》中收录了他的一系列经济论文,如"论商业"、"论货币"、"论利息"、"论贸易平衡"等。在他的"论商业"一文中,休谟就看到了不确定性的存在并分析了它的影响。他说:"一个人在考虑如何处理某一具体问题,或者在政治、贸易、经济以及任何人生大计等方面制订计划方案时,决不可能使他的根据总是那么尽善尽美,也不可能对种种可能的后果作过分深远周详的考虑,使他的推理不能成立,或者出现一种为他始料所不及的局面,这一类事情是不可避免地会发生的。"[①]一般说来,很多人不把休谟当作经济学家,虽然这是极其错误的。

在经济学中,熊彼特、奈特、凯恩斯以及赫伯特·西蒙是比较严肃地分析过不确定性的经济学家。但是,他们对经济生活中的不确定性有着各自不同的理解和解读。

熊彼特初论风险问题

在上面四位经济学家中,熊彼特是最早分析风险,而且把风险与利润联系起来的。《经济发展理论》一书最先以德文出版于1912年,是熊彼特早期成名之作。熊彼特率先提出了"创新理论",当时曾轰动西方经济学界,并且一直享有盛名。

在《经济发展理论》一书中,熊彼特说,早期的庞巴维克提到过风险与利润的关系,指出"有两种情况会一再干扰产品价值与生产资料价值之间的平衡。第一个称为摩擦。由于无数的原因,经济有机体不是十分迅速地运转的。错误、灾祸、惰性等等,以众所周知的方式,继续不断地成为损失的源泉,但也成为

[①] 休谟:《休谟经济论文集》,商务印书馆,1984年,第3—4页。

利润的源泉"①,但是,熊彼特并不同意庞巴维克关于风险与利润关系的说明。

熊彼特给出了他对风险和利润关系的解释。"关于两个非常重要的因素,第一个是风险因素。可以区分两种风险:生产的技术失败的风险……以及商业失败的风险。只要这些风险是可以预见的,它们就对经济计划直接起作用。……这些拉平经济风险的方法,在原则上没有一种是能创造利润的。"②

熊彼特接着说道:"然而如果风险不是预先见到的,或者无论如何是在经济计划中没有考虑到的,情况自然不同。这样,它就一方面成为暂时损失的源泉,另一方面又成为暂时利得的源泉。"③而且,他特别强调:"企业家从来不是风险的承担者,……在任何情况下,承担风险并不构成企业家职能的一个要素。哪怕在名声方面他可能要冒风险,但他从来不承担失败的直接经济责任。"④当然,我们认为,熊彼特的这个绝对化的结论是不可能成立的。在一个完善的经济体系内,没有人可以把风险完全转嫁给别人。而熊彼特更大的错误在于把企业家利润理解为暂时现象,即"在一个新企业中,收入超过生产成本的暂时的剩余"⑤。因此,这个剩余只能在不断的创新中得到。"一旦企业家的作用已经完成,它就会立即从企业家的手中溜走。它附着于新事物的创造,附着于未来的价值体系的实现。它既是发展的产儿,也是发展的牺牲品。"⑥换言之,一种失去了创新活动的经济体,就会堕入新古典经济学的均衡之中。也就是说,熊彼特认为,从这里开始,新古典经济学还是成立的。

但是,对风险的分析显然不是熊彼特的理论要做的主要事情。他的志向在于解释更为根本的问题——关于利润、经济发展的原因的问题。我们肯定,熊彼特的解释是最为有力的,那就是:创新(引进五种新的组合)→企业家利润→经济周期性循环发展。熊彼特是正确的!

奈特重述不确定性

弗兰克·奈特是一个有些特立独行的人,他早就对流行的经济学抱有不满,认为它根本没有说明自由企业制度的"核心人物"——企业家才能及其报酬的决定因素。1921年,他发表了《风险、不确定性和利润》一书(他的博士论文)。奈特的研究应该是受到了熊彼特的启发,虽然在他的论文中只有少数几处提到过熊彼特。

---

① 熊彼特:《经济发展理论》,商务印书馆,1990年,第37—38页。
② 同上书,第39页。
③ 同上书,第40页。
④ 同上书,第152页。
⑤ 同上书,第153页。
⑥ 同上书,第171页。

奈特认为，那些"以功利主义假设为基础的经济学理论中，就'功利'一词的确切含义来说，所有的理论都是抽象的、形式主义的和无内容的。在一般意义上，它研究的是特定形式的经济原理，不考虑要经济的是什么或者如何经济。更具体一些说，价格经济学研究的是这样一种社会制度，在这种制度中，每个人都把其他人和社会当作满足自己需要的工具和条件，这就是所谓'克鲁索经济'"①，所以，"经济学仅在有限的意义上是科学"。"从更深层次上说，值得怀疑的是，我们能够在什么程度上讨论理性的政治政策或政治上的理性。……讲究实效的功利主义哲学把科学方法而不是科学精神带入了社会关系，这是非常错误的。"②应该说，奈特的这些观点是正确的，也是十分重要的。但这不意味着它们会得到主流经济学家的重视。

奈特指出，经济系统中不确定性的根本原因在于经济过程本身的前瞻性特点。"因为经济环境在不断发生变化，因此，所有的经济数据都带有其所处时段的特性。于是从这些数据得出的结论往往站不住脚。实际的世界比抽象的世界更加重要，过去的样本没有多大相关性。今天75%的概率命题不知道会变成多少。这样一个一切不取决于以前事件的概率分布的系统是极易产生意外和不连贯的变化的。"③

奈特指出：古典经济学的一个主要错误是把历史的变化过程当作向均衡的调整过程，而真实的历史变化是具有自我加强的趋势的，或者说是积累性的，所以只会越来越偏离均衡。"均衡的概念来自力学，其在经济学中的应用隐含着这样一个假设，即经济系统的所有因果关系都能够用一个联立方程组来表示，这类方程必须是动态的，否则没有意义。它们必须包括向均衡的调整过程，而不只是描述均衡状态的条件，它们必须类似于物体的运动方程。这就要求，每一关系所表达的因果关系实际上是连续的和同时发生的。这一假设显然与事实不符，并会使经济学的概念更加混乱不堪。"

通过对风险、不确定性和利润关系的考察，奈特的结论是："在我们的理解中，不确定性绝对不能等同于人们通常所说的风险。……在本书中，我们将用'风险'指可度量的不确定性，用'不确定性'指不可度量的风险。……利润理论之所以成立，正是因为这类真正的不确定性，而不是风险。"④奈特的这个结论虽然独特和富有想象力，而且得到了许多人的喝彩，但是却肯定不正确。不确定性是事物的普遍特性，每个人的行为都暴露在不同程度的不确定性之中，

---

① 弗兰克·奈特：《风险、不确定性和利润》，中国人民大学出版社，2005年，第5页。
② 同上书，第16、19页。
③ 彼得·伯恩斯坦：《与天为敌》，清华大学出版社，1999年，第219页。
④ 弗兰克·奈特：《风险、不确定性和利润》，中国人民大学出版社，2005年，第13页。

用它解释"利润"是不恰当的。

凯恩斯关注了风险问题

凯恩斯从来都不是一个主流经济学家,他反对用一个客观的时间机器将过去、现在和将来混为一体的一种假想经济体系。某种意义上,凯恩斯的《就业、利息和货币通论》是又一部关于不确定性研究的著作,其中包括家庭消费和储蓄数额的不确定性,家庭储蓄中用于将来消费的比例的不确定性,更重要的是资本投入其未来收益的不确定性。

凯恩斯说:"突出的事实是:我们对未来收益进行估计时所依据的知识是极端靠不住的。我们通常对决定投资项目在几年后的收益的各种因素了解很少,并且往往根本缺乏了解。……事实上,那些企图认真进行这种估计的人,其数量往往少到如此程度,以致他们的行为对市场不起作用。……企业家所进行的是一场技能和运气兼而有之的游戏;终局之后,参与者无从得知投资的平均所得为多少。如果人类的本性不受投机的诱惑,也不从建造工厂、铁路、矿井和农庄中取得乐趣(除了取得利润意外),那么,仅凭冷酷的计算,可能不会有大量投资。"[①]然后,凯恩斯花费了相当的力气说明了投资预期的不可靠性质。

另外,在《通论》当中,凯恩斯也说到了人类的"动物本能"——"一种自发的从事行动、而不是无所事事的冲动"[②]。这在后来被阿科洛夫、罗伯特·希勒进一步扩展,并且沿着这条道路,通过对人类行为非理性的研究而获得了诺贝尔奖。

西蒙也有独到的见解

1969年,赫伯特·西蒙在他的《人工科学:复杂性面面观》一书的第二章中,设专门标题"不确定性和预期"分析了不确定性。他指出:"既然许多行动的结果一直延伸到将来,正确的预测对于客观上合理的选择便是至关紧要的。我们所必须了解的有关未来的东西,有的与自然环境有关(如将会影响明年收成的气候);有些与超出经济范围的社会政治环境有关(如伊朗革命);有些与其他经济活动者(顾客、竞争者、供应者)的行为有关,而反转来,他们的行为又受我们的行为的影响。对于简单的情形,源于外部事件的不确定性可通过估计这些事件的发生概率(如保险公司所做的)来应付。但是,由于计算复杂和需要信息,这样做通常要花不小的代价。另一可供选择的措施或补充措施是利用反馈,根据未估计到的或预测错了的事件进行修正。即使对事件的预见不是完美无缺的,即使对事件的响应也不够精确,适应系统面对相当程度的震荡仍能

---

① 凯恩斯:《就业、利息与货币通论》,商务印书馆,1999年,第153—154页。
② 同上书,第165页。

保持稳定。在每次震荡使系统移位以后,系统的反馈控制机制又不断使系统复位。虽然,并不是因为存在着不确定性就使人们无法进行明智的选择,但是,不确定性的存在促使人们采用稳健的适应程序,而不采用只在对精确了解的环境作用进行细致调整后才能很好地发挥作用的策略。"①

值得一提的是,西蒙关于不确定性的研究,没有停留于理论描述,而是尝试将其与计算机技术结合,用于企业管理实践。

当然,大家都知道,在对不确定性的分析中,上面提到的四个人熊彼特、奈特、凯恩斯和西蒙,都不是主流经济学家族中的成员。大致上说,迄今为止,不确定性问题还没有进入主流经济学家的视野,反映在教科书上,例如,在最有代表性的曼昆的《经济学原理》教科书中,根本就没有不确定性的一席之地。经济学的顽固性和落后性可见一斑。只是在一些实践性比较强的领域,如金融学领域,得益于不确定的资本市场的推动,金融不确定性研究才较为引人注目。最近几年,陆陆续续有一些经济学其他主题的不确定性研究文献问世,不确定性研究正在迅速升温。

此外,更为糟糕的事情是,在现代社会,有不少经济学家都错误地把管理风险庸俗化、"经济学化"了,这就是"有一种常见的误解,认为风险完全是一个积极的概念,即它只和为了获取利润而承担危险有关"②。大致地说,虽然历经数百年的探索,我们对风险的认识仍然停留在初级阶段。而在风险管理上,则依然存在两个错误认识:一是从历史数据中推断未来风险;二是没有考虑到对风险的感受因人而异。

我们一直以来的看法是:经济学再也不能无视不确定性的存在了,把不确定性引入经济学已经事不宜迟,而且它将从根本上改写经济学,因为事实上,确定性的市场、技术、供求、均衡只是特例,而不是相反。

基于复杂系统理论、非线性科学的经济学方法论

路德维希·冯·贝塔朗菲说:"现在终于有了'系统哲学'。用托马斯·库恩在他的光辉著作《科学革命的结构》中的话来说,'系统'概念构成新的'范式';或者用我的话说,'新的自然哲学'。这种新'范式'或'自然哲学'同机械

---

① 赫伯特·西蒙:《人工科学:复杂性面面观》,上海科技教育出版社,2004年,第34页。
② 罗恩·顿波、安德鲁·弗里曼:《风险规则》,中国人民大学出版社,2000年,第16页。

世界观的盲目自然法则和白痴所述莎士比亚式的故事的世界过程相反,它是一种'把世界当作一个巨大组织'的有机世界观。"①

当今世界持续快速地变化发展,而且日益复杂。系统思维将有助于我们发现问题的根本原因,看到多种可能性,从而更好地管理、适应复杂性挑战,把握新的机会。

但是,必须承认,当前社会上主流的思维模式仍然是与系统论所揭示的理论相悖的。正如阿尔温·托夫勒所指出的:"机械范式依然是物理学的'参考点',而且一般说来依然是科学的核心模型。事实上,它的不间断的影响是如此之巨大,以致许多社会科学,特别是经济学依然在它的迷惑之下。"②

在经济学中,"经济学理论家通常都假设说,一个人的行为从来都不影响其他人的行为,这种假设的方法只是为了让他们的数理分析变得更简单,而不是为了寻求精确性和真实性"③。

系统论的出现,使人类的思维方式发生了深刻的变化。系统论,连同信息论、控制论等其他学科一起,为研究现代复杂问题提供了有效的思维方式,促进了各门学科的发展。

整体论指导下的系统分析

近四百年来,各门学科都遵循了还原论的方法,主张把整体分解为部分去研究。在这种方法的指导下,近代科学创造了一整套可操作的方法,并取得了相对的成功。

"在当代西方文明中得到最高发展的技巧之一就是拆零,即把问题分解成尽可能小的一些部分。我们非常擅长此技,以致我们竟时常忘记把这些细部重新装到一起。这种技巧也许是在科学中最受过精心磨练的技巧。在科学中,我们不仅习惯于把问题划分成许多细部,我们还常常用一种有用的技法把这些细部的每一个从其周围环境中孤立出来。这种技法就是我们常说的 ceteris paribus,即'假设其他情况都相同'。这样一来,我们的问题与宇宙其余部分之间的复杂的相互作用,就可以不去过问了。"④

---

① 贝塔朗菲:"绪论",载欧文·拉洛兹:《系统哲学引论,一种当代思想的新范式》,商务印书馆,1998年,第10页。
② 阿尔温·托夫勒:"科学与变化",载普里戈金、斯唐热:《从混沌到有序》,上海译文出版社,2005年,第5页。
③ 马克·布坎南:《隐藏的逻辑》,天津教育出版社,2009年,第20页。
④ 阿尔温·托夫勒:"科学与变化",载普里戈金、斯唐热:《从混沌到有序》,上海译文出版社,2005年,第7页。

客观上讲,对于封闭系统以及比较简单的系统如物理系统,尤其是在受控的实验室和许多类型的制造工厂里,还原论的处理方法并不是完全不可行的。但是,一旦超出了封闭简单的范围,进入到开放系统、复杂系统领域时,这种还原论的局限性就暴露出来了,把对部分的认识累加起来,本质上不适用于描述整体的涌现性。而社会实践以及社会科学所遭遇、所处理的都是复杂性问题,也都需要有整体上的认识和处理方法。在现代科学的整体化和高度综合化发展的趋势下,在人类面临许多规模巨大、关系复杂、参数众多的复杂问题面前,线性的、还原论的方法就显得无能为力了。

系统科学并不完全否认、完全排斥还原论的方法,系统科学正是通过揭露和克服还原论的片面性和局限性而发展起来的。正如贝塔朗菲所指出的:"研究孤立的部分和过程是必要的,但是还必须解决一个有决定意义的问题:把孤立的部分和过程统一起来的、由部分间动态相互作用引起的、使部分在整体内的行为不同于孤立研究时的行为的组织和秩序问题。"①但是,与还原论不同的是,它强调为了把握整体而还原和分析,在整体性观点指导下进行还原和分析。没有整体性的观点,我们对事物的认识就是零碎的,只见树木,不见森林。

还原论所描述的是存在的科学,是静止的科学,也是封闭状态的科学。而世界是演化的,一切系统都是变动不居的。世界上的许多奥秘都需要用生成、演化的方法才能做出科学的说明。新的秩序的产生、新的思想的诞生、新的技术的出现、新的制度的制定、新的物种或新的物质的形成,等等,都意味着演化与涌现是最真实不过的事情。系统论把世界看成是生成的,从生成的观点看,整体性可以是"多源于少"、"复杂生于简单"。涌现论就是生成论。在不断变化的状态中,不可能存在一些保持恒定的因素。

不确定性原则上的确定性方法

学经济学的人都知道马克·布劳格,他以《经济学方法论》一书而知名。但是,他的方法论是还原论的方法论、机械论的方法论。在为他的分析做一个全面总结的时候,他这样说:"不管怎么说,任何现代经济学理论,除非其能对它力图解释的现象做出一系列预言,并且这种预言至少是潜在地可用经验资料确证的,否则,它便没有立足之地,便不可能是第一流的和合理的。这也就是我所说的主流经济学家是证伪主义者的意思。"②

然后,他又补充说:"在这本书中,我始终认为经济学的中心目的是预言,

---

① 贝塔朗菲:《一般系统论:基础、发展和应用》,清华大学出版社,1987年,第29页。
② 马克·布劳格:《经济学方法论》,北京大学出版社,1990年,第11页。

而不只是解释,我还暗示过去内容丰富的所有经济学说,只有正统的、没有时间性的均衡理论——简单地说也就是新古典科学研究框架——已经表明,它自己愿意根据它的预言来评价。正统经济学的确能够自夸它已经增强了经济学家进行预言的能力。但与此同时,必须强调即使到现在这种能力但是怎样的有限。"[①]当然,在这里他足够清楚地表达了自己的思想,那就是经济学要能够预测,这个结论是他的基本态度,它显然是近代科学观的一个经济学版本。虽然早在19世纪中叶,人们就已经认识到,寻求自然的决定性法则在逻辑上和实践上都是困难的,而在社会活动实践中尤其困难。

在确定条件下的理性决策,原则上是很容易理解和说明的,比如经济学教科书中描述的消费者的效用最大化,以及厂商的利润最大化。毫无疑问,经济学向我们描述的是一个确定性、决定论的世界。但是,本质而言,人们在现实生活中的决策是在不确定性的条件下做出的。在不确定性条件下的决策原则是什么?这是一个更为一般性的问题。

孔德在1838年创立社会学时,就提出社会学与自然科学并无本质区别,应当借鉴自然科学的研究方法,如观察、实验等来研究社会现象。当然,这种认识是肤浅的。涂尔干认为社会学研究的对象是社会事实,提出了社会学研究的统计思想,为现代社会统计学的发展奠定了基础,后经斯托福、拉扎斯菲尔德等人的发展,社会统计学日益成熟,成为社会学的核心组成部分之一。可以说,早期社会学的实证思想一直影响至今,这一方面使得社会学的发展与统计学的发展联系日益密切;另一方面在某种程度上,也对统计学的发展起了很大的推动作用。

现代统计学,自20世纪初开始,经过约一百年的发展,已经从最初的对单变量的描述统计,发展到对具有复杂层次和时空关系的众多变量进行解释和进一步的抽象与概括,但是迄今不能说是十分成功的。具体到社会学和经济学,常用的统计方法有方差分析、回归分析、因子分析、路径分析、典型相关分析、事件史分析、定类数据分析、纵贯数据分析、广义线性模型和结构方程模型等(Raftery,2001)。其中广义线性模型、多水平线性模型和结构方程模型属于当前最新的定量模型。

在现代计量和统计经济学中,把变量分为内生、外生两种。这种划分并没有什么客观标准,仅仅是为了"分析"上的方便。同样,在不确定性问题上,经济不确定性可划分为外生不确定性和内生不确定性。(必须注意:这种划分本身就有很大的局限性,内外二分已经割裂了系统的整体性,也否定了系统的开

---

① 马克·布劳格:《经济学方法论》,北京大学出版社,1990年,第327—328页。

放性。)所谓的外生不确定性是指生成于某个经济系统自身范围之外的不确定性。如政策不确定性就是在现代经济中存在着的一种对经济运行具有明显影响的特殊形式的外生不确定性。内生不确定性则是指生成于某个经济系统自身范围之内,影响经济系统运行结果的不确定性。

当我们运用确定性方法去研究和探索不确定的世界时,有一点是必须明确的:"严格的决定性论必须推翻;取而代之的是如下一个世界观:它和我们对世界的经验是一致的,它里面的未来是开放的,那个未来具有真正的演化和创新,能产生我们在大自然中看到的各种美丽图案,从粘菌的蠕动到错综复杂的全球天气系统,乃至宇宙本身由以产生的过程。"[1]

定性基础上的定量分析

自从牛顿成功地用数学方法描述物体运动以来,定量方法就越来越受到重视,获得了巨大的发展。而定性方法被当作缺乏定量方法之前的权宜方法。

实际上,定性分析是定量分析的基础,对任何事物的研究,首先要对事物特性有一个正确认识,然后才能正确地选择定量方法把它们表示出来。定性认识不正确,则无论定量分析多么精确漂亮,都无济于事,甚至会把人引向歧途。我们看到,即使是那个极力推崇数学方法的罗素,也非常强调两种方法的使用次序,明确指出"定性的考虑必须在定量考虑之前"[2]。

尤其是社会科学,与自然科学的一个巨大不同在于许多事物的性质并非显而易见,这时的定性分析尤为重要。它具有探索社会现象、对意义进行阐释,以及发掘总体和深层社会文化结构的作用。

当前,越来越多的社会科学研究者意识到,自己与被研究者之间是一种"主体间性"[3]的关系。研究者的自我意识不仅可以影射到被研究者的世界,而且可以创造一个社会世界。各种类型的研究不仅仅是一种意义上的表现,而且

---

[1] 彼得·柯文尼、罗杰·海菲尔德:《时间之箭》,湖南科技出版社,1995年,第264页。
[2] M.克莱因:《数学:确定性的丧失》,湖南科技出版社,2007年,第91页。
[3] 在主体间性概念的创始者胡塞尔那里,主体间性还不具有本体论的意义。而在现代哲学的发展中,特别是从海德格尔开始,主体间性具有了哲学本体论的意义。主体间性的根据在于生存本身。生存不是在主客二分的基础上主体构造、征服客体,而是主体间的共在,是自我主体与对象主体间的交往、对话。一方面,在现实存在中,主体与客体间的关系不是直接的,而是间接的,它要以主体间的关系为中介,包括文化、语言、社会关系的中介。因此,主体间性比主体性更根本。由此,人文学科就有了特殊的研究领域,即关注主体与主体的关系,把对象世界,特别是精神现象不是看作客体,而是看作主体,并确认自我主体与对象主体间的共生性、平等性和交流关系。另一方面,哲学范畴的存在,不是主体性的,也不是客体性的,而是主体间的共在。传统哲学的存在范畴或是客体性的或是主体性的,都不能摆脱主客对立的二元论。

是一种意义上的创造。研究不再只是对一个固定不变的"客观事实"的了解,而且是一个研究双方彼此互动、相互构成、共同理解的过程。这种研究不仅要求研究者在认知层面上"了解"对方,而且需要研究者通过自己亲身体验去"理解"对方,并通过"语言"这一具有人类共同性的中介,将研究结果"解释"出来。只有当研究者进入对方所关切的问题域时,"意义"才能向研究者展现。

认知的任何方式都依赖于人们有关知识如何形成的理论。那么,哪些类型的"科学"观念和假设支持量化分析?历史地看,这些关于"科学"的信念即系统的观察、可重复的实验、对概念的操作化定义、逻辑推导出的假设以及验证了的证据,常常被看作科学的方法,形成了关于量化方法的假设。它们是在常规的自然科学中占主导地位的探究范式。

20世纪中叶流行的关于科学方法和知识的实证主义概念强调了研究的客观性、普遍性、可重复性以及不同假设和理论的可证伪性。接受了实证主义范式的社会研究者,把自己的目标定位在发现外部可知世界的因果解释,并做出预测。实证主义方法假定了这些事实的存在:观察收集事实是无偏见的和被动的,事实与价值是分离的,外部世界的存在是与科学观察者及其方法相分离的,以及关于这个世界的普遍知识是不断积累的。实证主义让研究者去寻求有用的工具、技术程序、可复制的研究设计及可验证的量化知识。

但是,我们永远不应该小看甚至忽视在我们解释观测数据时存在的一个严重障碍,这就是(为了识别)事物分类中存在着的模糊性。即使所要观测的是自然对象,在定义概念、确定范围时的模糊性甚至是任意性都是不能忽视的,它常常使得自然界的事物不可预测。而在讨论社会现象时,模糊性常常使得人们的交流术语没有唯一的解释。正是由于这个原因,才诞生了一门全新的科学——现代模糊语言研究的发展。

只有狭隘的认知范式坚持着实证主义的正确性;他们拒绝其他可能的认知方式,比如通过意义解释或直觉所产生的认知。这样,分析和解释研究对象意义的质性研究就激发了关于质性研究科学价值的争论。20世纪60年代量化研究者把定性研究看作印象式的(impressionistic)、非系统性的(unsystematic)和有偏见的(biased)。对可重复性和可验证性的优先考虑使人们忽视了那些并不符合实证主义研究设计的研究问题。就算量化的支持者认可质性研究,也只是把它作为一个使得量化工具更为优化的初级练习。比如,一些量化研究者用访谈或观察来帮助他们设计更精确的调查或更有效的实验。

20世纪中叶,当实证主义获得了发展的动力时,理论与研究的分野也在同时加剧。越来越多的量化研究者开始关注对具体信息的获取。那些把理论和研究连接起来的量化研究者从逻辑上验证由现有理论演绎而来的假设。虽然他们使得现有理论更为精确化了,但却很少产生新的理论建构。

定量分析为定性分析服务,使定性分析准确。那种不能反映研究对象真实特性的定量分析以及那种为了定量分析而数量化的分析绝不是科学的描述,必须抛弃。①

在标志着宏观经济学诞生的《就业、利息和货币通论》一书中,凯恩斯分析了总供给、总需求、总收入、总投资、总就业等一系列总量。凯恩斯把数学方法应用到宏观总量的决定和变动上去,突破了之前数学方法只限于个量分析的局面。凯恩斯经济学的主要贡献,在于构建了宏观经济学体系。但是,现代经济学中数量的分析显然存在很突出的问题。

第一个问题是,数量分析中所涉及的各种"量"——收入、货币数量、就业等——存在严重的含义、分类和边界模糊的问题。

第二个问题是,表面上,宏观经济弹性分析、投资乘数分析已部分地显示了非线性中的"对初始条件的敏感依赖性",但是,现代主流经济学的总量分析法并不是把经济系统看作一个有机的整体,不是看作内部各子系统相互作用的结果。毫无疑问,现代主流经济学基本是一种线性逻辑。

第三个问题,也是更为严重的问题是,它对"抽象"的滥用,这突出地表现为对数学的滥用,这几乎是"对数学家智慧的侮辱"(C. R. 劳语)。

任何人都知道,数学以抽象的数和形为研究对象,这些数和形只保留了量的关系和空间形式而舍弃了其他。没有人会认为,非同质的东西可以用于数学运算,哪怕是简单的加和。M. 克莱因指出:"可举出许多例子来说明简单地应用算术可能会导出荒谬的结果。如果你将等体积的两份水混合。一份温度为40度,另一份为50度,你并不能得到温度为90度的两份体积的水。一个频率为100赫兹和另一个200赫兹的单音叠加,得到的并不是频率300赫兹的单音,事实上合成音的频率还是100赫兹。电路中两个大小分别为R1和R2的电阻并联,它们的等效电阻是R1R2/(R1 + R2)。正如勒贝格(Henri Lebesgue)所调侃的,你把一头狮子和一只兔子关在同一个笼子里,最后笼子里绝不会还有两只动物。"②但是,在经济学中,随处可见轻率的同质性假设。

经济学家们并不在意,"'量'的方面的数学的无穷性,比起'质'的方面的无涯无尽性来说,是极为粗浅的。无论怎样复杂的方程式都不可能是实际现象的无限复杂性的等价反映,它们充其量不过是相对精确或相对逼真地描述了现

---

① 作为扩展阅读,参见诺曼·K. 邓津、伊冯娜·S. 林肯主编:《定性研究:方法论基础》,重庆大学出版社,2007年。

② M. 克莱因:《数学:确定性的丧失》,湖南科技出版社,1999年,第86—87页。

象,而不是现象本身的全部写照"①。

比如任何一种有形产品,它至少有几个重要维度——数量、质量、用途、技术水平(含量)。其中,数量只是产品的一个维度。如果可以撇开这些维度,100台电脑=100台电脑,但是如果增加了质量、用途、技术等任何一个方面的维度,这个等式立刻不再成立。也只是到了这个时候,问题终于暴露了,真实世界中有多少"同质"的产品?或者,经济学分析中,不只是微观经济学中的消费者、厂商、效用等概念,还有宏观经济学中的"GDP",是否满足这个"同质"的概念?

上述问题在资本、劳动、技术等一些基础概念中更为严重,而且长期存在。而经济学家们视而不见,"任何一个数学理论对实际问题的应用,都需要对理论和应用之间的关系做某种补充假设。数学推导出的结论,也许是这些假设的严格逻辑推论,但是并不能保证结论本身与现实保持一致"②(着重号为引者所加)。

进一步说,脱离了(或不满足)数学推理所要求的条件,再严格的数学推理也是不足信的,甚至是错误的。正如法国数学家、数学物理学家、科学哲学家亨利·彭加勒(Jules Henri Poincaré)所说:"许多几何学家认为,我们能够把数学还原为形式逻辑的法则。人们为此做出了空前的努力;为了完成它,例如有些人毫不犹豫地把我们的概念发生的历史顺序颠倒过来,企图用无限说明有限。对于所有公正地探讨这个问题的人来说,我相信我已经成功地证明这是虚妄的幻想。"③

对这样的问题,现代经济学似乎并无清醒的意识,至少我们没有看到哪一部教科书或著作谈到过这个问题。因此,那些现代宏观经济学家继续他们的"用数字说话",而且不认为有什么不妥。

克鲁格曼曾经不无讽刺地把最近二十多年的宏观经济学称为"黑暗时代",许多朴素真理被人们所忘却。④斯蒂格利茨也大声感叹,不仅仅是经济,经济学理论也正在"自由落体"。⑤

另外不难看到,确实已经有少数经济学家指出了宏观经济学变革的必要性。如科兰德(Colander)、佩奇(Page)等认为,以往经济学界过度关注动态随机一般均衡(DSGE)模型,主张在研究经济体这样复杂的系统时,必须关注行为主体之间的相互影响,应该用基于行为人的模型(agent-based models,ABMs)

---

① 丑纪范:《长期数值天气预报》,气象出版社,1986年,第311—322页。
② 约翰·塔巴克:《概率论和统计学:不明确的科学》,商务印书馆,2009年,第59页。
③ 彭加勒:《科学与方法》,辽宁教育出版社,2001年,第2页。
④ Paul Krugman:"How Did Economists Get It So Wrong",*The New York Times*,2009-11-02.
⑤ 斯蒂格利茨:"不仅仅是经济,经济学理论也正在'自由落体'",《商务周刊》,2010年4月。

取代 DSGE 模型。①当然,反对意见也是有的,争论仍然在继续。而必须承认的是,试图在一些细枝末节上对现代经济学进行修修补补是无济于事的。

希望之光:经济学家族中的少数派

值得庆幸的是,经济学领域也不乏"清醒而又坦白"的贤人。确实有少数经济学者在深刻反思自己的职业和学问。说它们是"少数"当然只是在对比上说的,其实他们在绝对数量上并不少。

特立独行的弗兰克·奈特

弗兰克·奈特跟随阿林·杨学习经济学,1914 年获得经济学博士学位,1921 年出版《风险、不确定性和利润》,成为美国最重要的经济学家之一。之后奈特在爱荷华大学任教九年,1928 年被任命为芝加哥大学教授,接替约翰·莫里斯·克拉克的教席。1957 年,奈特获得了弗朗西斯·沃尔克经济学奖章②。但他却不是经济学教授,而是社会科学和哲学教授。

奈特好像是一个有些愤世嫉俗的人,但他至少是一个特立独行的人。"奈特对于为他的理论寻找实证证据毫无兴趣。他对于人性中的理性和一致性抱有很大的疑虑,这使他无法相信测量人类的行为会有任何价值。被他嘲讽的最尖刻的是那些把自然科学的概念和理论用于人文学科、观点肤浅且站不住脚的人的观点,他把这种观点称为'经济学的优先取得权'。"③早在 20 世纪 40 年代,奈特认为经济学既不能加深我们对人类生存环境的理解,更不能为社会秩序提供任何新的理论基础。奈特指出:"自从我关注经济学以来,令我特别感兴趣的是经济学理论的含义、必要的假设条件,以及理论条件与现实条件之间的不一致性。"

在《风险、不确定性和利润》第一版中,奈特表示:"我写作此书的动机主要有两个:其一,鉴于目前存在的实用主义和平庸的倾向,尤其考虑到我们国家的

---

① Congressional Testimony on Building a Science of Economics for the Real World, Committee on Science and Technology, U. S. House of Representatives, 2010-07-20.

② 弗朗西斯·沃尔克奖章(The Francis A. Walker Medal)由美国经济协会于 1947 年设立,它以美国早期经济学家弗朗西斯·沃尔克(Francis Amasa Walker)名字命名,每五年颁发一次,用于表彰毕生致力于经济学研究且取得重大成就的经济学家,或者在沃尔克奖章评比期间对经济学发展做出杰出贡献且尚在世的美国经济学家。但随着诺贝尔经济学奖创立,沃尔克奖 1981 年停止颁发。

③ 彼得·伯恩斯坦:《与天为敌》,清华大学出版社,1999 年,第 211 页。

思想特征,我殷切希望人们能用严肃认真的态度研究社会问题,真正关心人类的福祉。其二,我认为,当代'实用主义'只是暂时的,甚至从某种程度上说,是在装腔作势。人们已经开始对随意和肤浅的思想表现出强烈的不满,人们真切希望更加清楚地理解经济理论中为人们普遍接受的术语和信条的真正含义。"[1]那么,奈特这里所谓的"严肃认真的态度"是指什么?显然就是不能玩弄逻辑游戏。奈特所提出的要经济学家"真正关心人类的福祉"的意思又是什么呢?那就是不要贪图经济学家自己的虚名。

但是,奈特坚持认为,经济学不是一门描述性的科学,它运用一些高度一般化的概念去解释经济是如何运作的,它展现的是一种普遍性,绝不能与任何具有文化相对性的概念相联系。然而,与一般经济学家一致的是,最大化仍然是奈特心目中的一般规律。

布坎南则说过,在奈特看来,"没有任何东西是神圣不可侵犯的,不管是宗教教条,还是社会秩序的法律和制度,不管是通行的道德规范,还是对宗教或世俗文本的传统阐释。任何东西、所有东西都需要进行一番批评性审视,审视的标准可能会受到外部影响,但归根到底,是独立于外部影响的。奈特对上帝的、人和历史的态度体现了某种勇气和自信,他故意让那些鼓吹正统学说的自鸣得意的人士坐立不安"[2]。

当然,《风险、不确定性和利润》的主要意图是考察它们之间的关系。奈特区分了两类风险:可度量的风险和不可度量的风险。他把前者称为风险,后者称为"真正的不确定性",并且认为,"这种真正的不确定性,通过阻碍完全竞争在市场的完美运行,赋予整个经济组织特有的'企业'形式,也给予了企业家以工资报酬"[3]。在某种意义上,我们可以把奈特的利润理论看成是对熊彼特的发展,因为实际上奈特确实是沿着熊彼特的思路来思考利润问题的。但是奈特的这一发展并不恰当。熊彼特把利润归于企业家的"创新",我们认为这是正确的;而奈特则把利润归于企业家对"不确定性"的承担,这是缺乏说服力的,而且,由于奈特抽掉了熊彼特理论中企业家的核心职能——创新,将企业家转化为类似于赌徒一样的人物,这不仅是对企业家的不公,而且是一种理论上的倒退。

虽然我们也同意奈特强调过的"一项事业本身可能就是赌博"[4],但是,我们却不能同意任何"企业家"是赌徒的结论。事实上,奈特没有看到,所有的

---

[1] 弗兰克·奈特:《风险、不确定性和利润》,中国人民大学出版社,2005年,前言。
[2] 阿兰·艾伯斯坦:《哈耶克传》,中国社会科学出版社,2003年,第202页。
[3] 弗兰克·奈特:《风险、不确定性和利润》,中国人民大学出版社,2005年,第169页。
[4] 同上书,第204页。

人,甚至所有的事都不能逃离不确定性的威胁,都不同程度地承担了不确定性的后果,但是,不是所有人都成了企业家。我们坚持熊彼特的观点,企业家是创新者,虽然创新肯定是要面临不确定性的。

冲破铁笼的哈耶克

哈耶克(Friedrich August, Hayek, 1899—1992),奥地利裔英国经济学家,生于奥地利维也纳,先后获维也纳大学法学和政治科学博士学位,并先后任维也纳大学讲师、奥地利经济周期研究所所长、英国伦敦经济学院教授、德国弗莱堡大学教授等,1974年获得诺贝尔经济学奖。

哈耶克是20世纪最重要的自由主义思想家(没有之一)。20世纪40年代,他曾警告说,在西方民主政治中,集体主义的出现将会使人类走向通往奴役之路,并因此闻名遐迩。他相信,人类只有彻底质疑"理性认识能力",相信人类自发地去调整个人私欲驱动的行为而形成"秩序",这种自发的秩序才可以产生"伟大社会"。

关于经济秩序与知识的洞见

在这里,我们将看到,哈耶克既不同意主流经济学的理论,也反对集中的计划经济。而且,他比斯蒂格勒(被誉为"信息经济学"的创始人)、比马克卢普(以研究知识生产闻名)更早地研究了知识与信息的重要作用。

由于错误的理论前提,使主流经济学家不能了解知识和信息在经济社会中的作用。"在均衡分析的一般表述中,通常表现出这样的观点,似乎均衡如何发生的这些问题已被解决。但是,……完全市场的假设,就意味着,即使我们并没有认为全体社会成员绝对地无所不知,至少也要把他们看成是自然而然地知道有关自己的决策的一切事情的。"[①]

早在1945年,哈耶克在《美国经济评论》上发表了"知识在社会中的利用"一文,详细讨论了知识与信息在现代经济社会中的作用。首先,哈耶克对当时已经越来越严重的经济学形式化倾向表示了强烈不满。他说:"长期以来,我总是感到,我们在纯粹分析中所使用的均衡概念本身及方法,只有在局限于单个人的行为分析时才有明确的意义。当我们将其应用于解释许多不同个体之间相互作用时,我们实际上正在步入一个不同的领域,并悄然引进一个具有完全不同特征的新因素。我敢肯定,有很多人不耐烦地看待且不相信这个总的趋势;在所有的现代均衡分析中,这个趋势是固有的,它能把经济学转化成为纯粹

---

① 哈耶克:《个人主义与经济秩序》,北京经济学院出版社,1989年,第43—44页。

逻辑学的一个分支。它们是一系列不需证明的论题,像数学和几何学一样,只受到内在一致性的检验。"①

哈耶克告诉人们,在真实的世界中,知识和信息不仅扮演着极为重要的角色,而且它们是分散在社会各个角落、分散在各个实际从事经济活动的人那里。"我们所必须利用的关于各种具体情况的知识,从未以集中的或完整的形式存在,而只是以不全面而且时常矛盾的形式为各自独立的个人所掌握。……社会的经济问题就不只是如何分配所'赋予'的资源,而是如何确保充分利用每个社会成员所知道的资源,因为其相对重要性只有这些个人才知道。简而言之,它是一个如何利用并非整体地赋予任何人的知识的问题。"②哈耶克接着指出,计划经济之所以不可行,是因为"利用起先分散在全体人民中的知识的最好途径,至少是经济政策——或设计一个高效的经济体制——的主要问题之一"。

在这部书里,哈耶克写下了最经典、最有力的一段关于知识的描述:"但是稍加思索就会知道,当然还存在许多非常重要但未组织起来的知识,即有关特定时间和地点的知识,它们在一般意义上甚至不可能称为科学的知识。但正是在这方面,每个人实际上都对所有其他人来说具有某种优势,因为每个人都掌握可以利用的独一无二的信息,而基于这种信息的决策只有由每个个人作出,或由他积极参与作出,这种信息才能被利用。我们只要想一下,我们无论从事任何职业,在完成了理论上的培训后还必须学那么多的东西,学习各种特别工作占了我们工作生涯的多么大的一部分,在各行各业中,对人们的了解、对当地环境的了解、对特殊情况的了解是多么宝贵的财富。知道并使用未充分利用的机器或懂得能被更好地利用的某人的技能,或了解供应中断时能提取的储备,对社会来讲与了解更好的可选择的技术同样有用。一个靠不定期货船的空程或半空程运货谋生的人,或者其全部知识几乎就在于知道一种即时机会的地产掮客,或从不同地方商品价格的差价获利的套利人,他们都是以不为他人所知的对一瞬即逝的情况的专门了解,在社会中起重大作用的。"③哈耶克还指出,由于忘记了这一点,主流经济学家,甚至熊彼特都犯了一些低级错误。

哈耶克说道:"从根本上说,在一个关于相关事实的知识掌握在分散的许多人手中的体系中,价格能协调不同个人的单独行为,就像主观价值观念帮助个人协调其计划的各部分那样。……但是事实上,没有一个人能掌握全部信息,因为它们全分散在所有有关的人手里。如果我们想了解价格的真正作用,

---

① 哈耶克:《个人主义与经济秩序》,北京经济学院出版社,1989年,第33—34页。
② 同上书,第74、75页。
③ 同上书,第76、77页。

就必须把价格体系看作一种交流信息的机制。"①当然,在这里,哈耶克的思想在于要说明"计划经济"以及当时已见端倪的国家干预潮流的不可行性。

另外,哈耶克还看到,"如果当前贬低特定时间和地点的知识的重要性是一种时尚,那只是因为变化本身的重要性更被贬低了。……经济学家们越来越容易忘记组成整个经济体系的经常不断的小变化,其原因之一也许是他们越来越耽于统计总数,这种统计总数比具体细节的运动表现出更大的稳定性。然而,这种统计总数的相对稳定性并不能像统计学家时常想做的那样以'大数定律'即随机变化的相互补偿来解释"②。

作为一种发现过程的竞争

1968年3月,哈耶克在芝加哥费城学社的一次会议上,做了题为"作为一种发现过程的竞争"的演说,重新诠释了"竞争"的性质。他说:"经济学家提出把竞争形成的秩序称为一种均衡状态——这是一种太不幸的说法,因为这种均衡状态的前提是,所有的事实都已被发现,从而竞争也停止了。……我更喜欢的是'秩序'的概念,而不是均衡的概念,它的优点是,我们能够有意义地谈论在不同程度上接近于一种秩序,而这种秩序也可以在整个变化过程中得到维持。既然从来就没有存在过经济均衡,因此有理由说,我们的理论所描述的秩序,接近于一种理想类型的程度是相当高的。"③

哈耶克认为,竞争的合理性、重要性在于"竞争是发现某些事实的方法"。正是通过竞争,我们发现稀缺的东西,发现产品的价格,也发现企业家才能。但是竞争的结果并不是像主流经济理论所说的,使经济走向"均衡",相反,"竞争之所以有价值,完全是因为它的结果不可预测,并且就全部结果而言,它不同于任何人有意想要达到或能够达到的目标"④。竞争作为一种发现的方法,由其本质所定,它的结果是不可预测的。他希望人们"应当始终记住的一点,一切经济调整的必要性,都是由不可预见的变化造成的;采用价格机制的全部理由,就是使每个人都能知道,由于某种不应由他们承担责任的原因,对他们正在做或能够做的事情的需求正在增加或减少"⑤。

哈耶克还指出:政府干预在多数情况下都会产生不利的结果。"有些社会的致命错误就在于,它为了集体的意志而运用政府支配个人的努力,却不去限

---

① 哈耶克:《个人主义与经济秩序》,北京经济学院出版社,1989年,第81—82页。
② 同上书,第77—78、78—79页。
③ 弗里德里希·冯·哈耶克:《哈耶克文选》,冯克利译,凤凰出版传媒集团,江苏人民出版社,2007年,第112页。
④ 同上书,第108页。
⑤ 同上书,第115页。

制政府的权力,只让他为个人提供保护,以使其免受社会压力。(但是)要想保护私人的首创性和企业精神,就只能利用私有产权和全部自由主义的法律制度。"① 应该说,哈耶克的这些思想迄今仍有实践意义。

醒世之言:挡在通往奴役之路

哈耶克在1944年出版了他的划时代作品《通往奴役之路》,这部著作不仅很快惊动了经济学界,而且引发了一场迄今为止的持久辩论。但是,它带给哈耶克的并不都是好运。

- **忧虑和希望** 在书的开篇,哈耶克直言:现在,有必要说出这句逆耳的真言,即我们有重蹈德国覆辙的危险。"尚未为人认识的最大悲剧是,在德国,在很大程度上正是那些有着良好愿望的人,也就是在这个国家被尊奉为楷模的人,如果不是他们创造了的话,至少也准备了这条道路,准备了现在正为他们所憎恨的那些势力。而我们要避免相同命运的机遇,有赖于我们能否正视危险而且准备修正哪怕最为我们所珍视的希望和抱负,一旦他们被证明是危险的根源的话。"② 在这里,哈耶克并没有危言耸听,也不想通过哗众取宠来达到一鸣惊人的效果,虽然他确实招来了众人的注意。"重要之点在于,如果我们要挑出一些其见解能影响各种发展的人,那么在这个国家中,他们在相当程度上都是社会主义者。如果强调'我们现在都是社会主义者'已不再时髦的话,这仅仅是因为事实再明显不过了。几乎没有人怀疑我们必须要继续向社会主义前进,大多数人试图做的也不过是按照某一阶级或集团的利益改变这个运动的方向而已。"③ 哈耶克看到,在当时的欧美,持有这种看法的并不是少数人,而是近乎每个人都这样希望,所以,他特别担心,我们的社会完全有可能沿着这个方向前进。"我们这一代人的共同信念将把我们引向何处,并不是某一党派的问题,而是我们每一个人的问题,是一个有着最重大意义的问题。在我们竭尽全力自觉地根据一些崇高的理想缔造我们的未来时,我们却在实际上不知不觉地创造出与我们一直为之奋斗的东西截然相反的结果,人们还想象得出比这更大的悲剧吗?"④ 当然,今天我们看到,世界历史没有像哈耶克所担心的那样,但是,谁又能够说,这里面有没有这位伟人的影响呢?

- **不知不觉中背离了的道路** 20世纪中叶,欧洲人曾经以为自己生活在前人已经奠定的主导观念——自由主义观念下,以为他们正在根据自己的观念

---

① 弗里德里希·冯·哈耶克:《哈耶克文选》,冯克利译,凤凰出版传媒集团,江苏人民出版社,2007年,第117页。
② 弗里德里希·奥·哈耶克:《通往奴役之路》,中国社会科学出版社,1997年,第12页。
③ 同上书,第13页。
④ 同上书,第13—14页。

塑造他们的生活。但是,哈耶克看到,当时流行的那些观念是混乱的和容易相互混淆的。那些怀有最善良的愿望的人,很自然地受到混乱、肤浅观念的误导,正在帮助他们的国家走上纳粹德国所走过的道路。"我们现在正为之而战的价值,在这里已受到威胁,……这里的人民仍很少觉察的关键问题,……我们逐渐放弃了经济事务中的自由,而离开这种自由,就绝不会存在以往的那种个人的和政治的自由。"①

哈耶克所坚持的个人主义的基本特征,就是把个人当作人来尊重;就是在他自己的范围内承认他的看法和趣味是至高无上的。个人主义的支配使个人活力解放,其最大结果就是经济和科学的惊人发展,并在过去150年中改变了世界的面貌。但是,哈耶克指出,正是由于这种情况,"到20世纪初西方的劳动者所达到的物质舒适、安定和个人独立的程度,在100年以前似乎是很少可能的。这一成就在未来可能会出现的最有意义和最深远的影响,是一种对控制他们自己命运力量的新感觉,是那种对于改善自己命运的无限可能性的信心,这些都是已经取得成就在人们中间创造的。随着成功也就发展出雄心——而人们是具有一切权利怀有勃勃雄心的。曾经激励人心的承诺似乎不再足够了,进步的速度太迟缓了;过去曾使这一进展成为可能的那些原则,现在则被视为阻止更快进展的障碍,迫切需要消除掉,而不把它视为保持和发展已经取得成就的条件了"。②

- **乌托邦之路,奴役之路** 哈耶克非常欣赏 F. 荷尔德林的一句话:"总是使一个国家变成人间地狱的东西,恰恰是人们试图将其变成天堂。"那些法国现代理性主义的进步人士、作家们毫不怀疑:"他们的种种思想只有通过强有力的独裁政府才能付诸实行。对他们来说,社会主义意味着,它只不过是通过等级制度的路线审慎地改革社会,并强加一种强制性的'精神力量',以此'终结革命'的一种尝试。"③

"大多数曾经认真地考虑过其任务实践方面的计划者并不怀疑:一个受指导的经济必须或多或少地遵循独裁性的路线。如果要对那种互有关联的活动的复杂体系加以有意识的指导的话,就必须由一批专家来进行,而最后的责任和权力则必须置于一个总指挥之手,他的行动必须不受民主程序的束缚,这是中央计划的基本观念的很明显的结果,不会不博得十分普遍的同意。我们的计划者给我们的抚慰是,这种独裁主义的管理'仅仅'适用于经济事务。"④这当然

---

① 弗里德里希·奥·哈耶克:《通往奴役之路》,中国社会科学出版社,1997年,第20页。
② 同上书,第23—24页。
③ 同上书,第29页。
④ 同上书,第87页。

是由于存在一种错误的观念所造成的,即认为有一些纯粹的经济目的,与生活的其他目的是毫无关系的。但是,对财富生产的控制,就是对人类生活本身的控制。

对于避免乌托邦道路,哈耶克是满怀希望的,这也是他的目的所在。他说:"我也并不认为这些发展是不可避免的。如果的话,写这本书就没有意义了。"①

另一些需要提及的人

另一些需要提及的人有一个很长的名单,但是,这一工作也许可以留待以后或者他人去做。在这里,请允许我对上文略作补充,不求完整。

也许,科斯是略值一提的。科斯在他的《论经济学和经济学家》一书中,表达了他对把主流经济学的不满,讽刺它们为"黑板经济学"。他说:"现代经济学理论的另一个特征,是分析的日趋抽象化,似乎无需对真实经济体系进行详细了解,甚至在完全没有关于真实经济体系知识的情况下,也可以发展理论,这使经济体系其他方面(指制度、产权等)更易忽略。……经济学家所研究的是一个存在于他们心目中的而不是现实中的经济体系,企业和市场似乎有名无实,我曾把这种现象称为'黑板经济学'。主流经济学理论中的企业曾经常被描述为'黑箱',现在仍然如此。"②

张五常也是一位颇有思想深度的学者,虽然有些人很不喜欢他讲话的坦白风格。在其《经济解释》中的"经济学被弄得一团糟"一文中,他这样说道:"在自然科学上,用得最多数学的是物理学,其他的不多用。我们不容易明白为什么作为社会科学的经济,今天用数学的频率不亚于物理。多用方程式不一定是败笔,但我认为灾难性的发展,是经济学者把物理学的'均衡'理念搬到经济学那边去。物理学的均衡是指物体的静止状态,或者是物体进入了有规律的动态,一律是可以观察到的现象。然而,经济学的均衡只是一个概念,无从观察,不是真有其事。……灾难还是出现了:经济学者以为他们的'均衡'是真有其事,可以见到,于是拿很多的无从观察的行为术语大做文章。"

丹尼尔·B.克莱因也说过:"与研究'纯科学'的自然科学家不同,社会科学研究者面对的,是由各个有着这样那样欲望和缺陷的'活生生的'人组成的社会,他不可能像自然科学家那样通过科学实验的方法得到某些确定的结果并进行一些精确的因果分析,因此其'科学性'从来都受到旁人的质疑,更由于研

---

① 弗里德里希·奥·哈耶克:《通往奴役之路》,中国社会科学出版社,1997年,引言,第13页。
② 科斯:《论经济学和经济学家》,上海三联书店,2010年,第6页。

究者自身能力和研究视角的局限,其结论往往并不具有'最终性'和'普适性',……即使是被人们称作社会科学'明珠'的经济学同样不能逃脱这一'宿命'。"①

因此,经济学家必须正视自身的无知和愚钝,明白我们对几乎所有重要的人类经济现象其实还所知不多。经济学家必须放弃经济学帝国主义的傲慢,重视其他学科特别是自然科学所揭示的许多重要事实。每一次金融危机和经济危机都要求人们去重新审查自己的理论、自己的世界观和方法论,经济学者尤其如此。

一个特别值得关注和思考的现象是:为什么在经济学、社会科学领域,真理常常只掌握在了少数人手里? 当然,答案是不难想到的。可以肯定,奈特一语道破了天机。在他的《自由与变革》一书中,他说:"科学的基本原则——真实和客观,本质上是一个道德原则,它反对任何形式的自利。客观的先决条件是正直、能力和谦虚"。② 经济学必须脚踏实地,坚守住自己的道德阵地,回归真实世界。所以,我们必须以建设性的批判精神,去检讨过去两百多年来经济学的发展。我们确实需要反思和重建经济学的哲学和方法论基础。

转向之涓涓细流:经济学反主流的潮流

无疑,现代主流经济学具有严重的内在缺陷,长期占据支配地位的新古典经济学,只是提供了一个与真实世界、真实的人都没有联系的"想象世界",不仅对人们的思想造成了严重的扭曲,而且完全无助于解决实践问题。事实上,长期以来,经济学界内外一直存在着对现代经济学的反思。

回归真实人、真实世界的经济学

经过启蒙运动到现在三百多年实践和思想的浸润,无论是现有的社会模式还是现有的各种理论,都已经完全把人变成了被动的原子,变成了机械的工具,变成了被异化了的东西所操纵的忙忙碌碌的木偶。正如欧文·拉兹洛所看到的:"越来越多的人们由于看不到人生的意义,被迫进行精神治疗。他们抱怨一种内在的精神空虚,具有一种完全和终极的无意义感。人不能像动物一样,

---

① 艾佳慧:"知识的能与不能"(译者序),载丹尼尔·B. 克莱因:《经济学家贡献了什么》,法律出版社,2006年,前言,第3页。

② Frank H. Knight, *Freedom and Reform* New York: Harper & Brothers, 1947, p.244.

受其本能的支配,人也不可能从执行遗传程序的行为模式中感到满足。"[1]

人是理性动物,人又是道德动物、情感动物,人也还是社会性动物。生活在社会环境中,人的思想、行为都受到社会偏好、社会网络、社会身份和社会规范的影响。人不是只会机械地计算成本和收益的自动机器。相反,人是会受各种因素影响、有感情的行为主体,他们的决策会受到情境、时尚、地方观念、习俗和规范的影响。人的头脑与电脑不同,它是心理的,而不是逻辑的;是可变化的,而非固定的。人会用同样的方式处理同样的问题,这无疑是包含了非理性的理性做法;也会用不同样的方式处理同样的问题。人们利用符合自己处境和文化的心智模型来解释周围的现象并做出决策。大多数人会关心周围的人在做什么,在意自己是否融入群体,有时几乎是下意识地模仿他人的行为。

人的社会性使得对人的决策和行为的分析更为复杂,也要求这种分析更贴近现实。由于很多经济政策都假定人们只关注自我,独立做出决策,因此这些政策往往只注重外在的物质激励——如价格。然而,人的社会性意味着人的行为也受到社会期望、社会认可、合作模式、对同一群体成员的关切以及社会规范的影响。

真实世界是一个非线性、不确定的世界,虽然在一定意义上也能看到有限的确定性。这种非线性和不确定性,让我们的世界精彩无比,也让人们的生活险象环生、充满艰辛。确定性的追求是人的形而上学性的体现,是人类自身创造出来的理性崇拜的直接果实,它是一种具有麻痹功能的迷药。实际上,人类就是那个确定地走在不确定的钢丝上的高级动物。

新的经济学需要用跨学科的视角看待人的行为,跨学科地寻找经济、社会发展的新政策工具。特别需要指出的是,"跨学科"并不是指一个人应该力图知道所有事情的所有细节,那是一项不可能完成的任务。跨学科更主要地是强调一种方法,强调用学习的态度去看待包括系统科学、复杂性科学、神经科学、认知科学、心理学、行为经济学、社会学、政治学和人类学等的发展。这些领域里的研究成果不仅是各自领域中的行为解释理论,而且同样有助于解释人们在许多方面所做的决策,包括储蓄、投资、消费等经济活动。这些研究成果也有助于我们了解集体行为如何不同于个体行为。

经济学需要一种回归,对真实世界的回归、对真实人的回归:从虚构的理性世界到真实的非线性、复杂世界。

---

[1] 欧文·拉兹洛:《系统哲学引论,一种当代思想的新范式》,商务印书馆,1998年,第18页。

第十章 经济学的转向与重建

转向的先行者

另外,我们也高兴地看到,20世纪末,个别经济学家已经意识到了不确定性是现实经济的最主要的特征,开始把复杂性、不确定性和非线性方法引入经济学中。他们的贡献正在为经济学、社会学、政治学、管理学等现代科学的转向开辟道路。

圣塔菲研究所的精英们

美国圣塔菲研究所(Santa Fe Institute,SFI)是一个非营利性研究机构,成立于1984年,主要研究方向是复杂系统科学。由诺贝尔物理学奖获得者盖尔曼(Murray GellMann)、安德逊(Philip Anderson)和诺贝尔经济学奖获得者阿罗(Kenneth Arrow)等人倡议和支持,在美国新墨西哥州首府圣塔菲市成立的圣塔菲研究所是一个把复杂性作为研究中心议题的跨学科研究所。

在圣塔菲研究所,大家达成了一个基本的共识,那就是他们都坚信一个将广泛惠及自然和人类科学的新的理论——复杂性理论。"他们相信,近二十年来的知识热潮在神经网络、生态平衡、人工智能和混沌理论这样一些领域所取得的成果已助使他们掌握了建立这个复杂性理论框架的数学工具。他们相信,对这些新思想的运用使他们得以从过去无人知晓的角度和深度来认识这个自发、自组的动力世界。这一认识将对经济和商业行为,甚至政治行为产生潜在的巨大影响。他们相信,他们正在凌厉地冲破自牛顿时代以来一直统治着科学的线性的、还原论的思维方式。他们的突破已经能够使他们面对当今世界的最重大的问题。"他们相信,他们正在开创的是,套用其另一创始人乔治·考温(George Cowan)的一句话,"21世纪的科学"。[1]

埃德加·E.彼得斯讲述"复杂性、风险与金融市场"的故事

埃德加·E.彼得斯不是什么大人物,他只是一家公司的投资分析人员。但是,贴近实践的工作来不得半点虚构,不允许他太多地耽于幻想的推理。在他之前,已经有许多学者针对有效市场假说的不足,提出了各种改进的方法。只是,20世纪90年代之前的多数新的市场假说,都继续因循了线性思维的老路,他们的分析框架、理论目标始终离不开"均衡"。

1994年,埃德加·E.彼得斯出版了《分形市场分析》一书,把"分形"引入资本市场描述,分形市场假说应该算是最成功的一种。之后,他又通过《资本

---

[1] 米歇尔·沃尔德罗普:《复杂:诞生于秩序与混沌边缘的科学》,三联书店,1997年,第6页。

市场的混沌与秩序》(1996)、《复杂性、风险与金融市场》(1999)等著作,对复杂性、风险性和不确定性之间的关系进行了系统的比较和阐释。

彼得·伯恩斯坦就是要"与天为敌"

彼得·伯恩斯坦(Peter L. Bernstein),美国著名金融史学家,彼得·伯恩斯坦公司的创始人及总裁,是《投资组合管理期刊》的创办者,为全球范围内的机构投资者提供咨询服务。他是一位学者味道很浓的投资管理者,更是一位投资领域里的学者,他的代表作《与天为敌》《投资新革命》《华尔街经济学人》都惊爆了人们的眼球。

在轰动世界金融界《与天为敌》一书中,他以自己扎实、渊博的学识,全面梳理了从古希腊、古罗马时代一直到现在的哲学家、数学家、科学家、思想家、商人、业余学者等是如何努力理解和试图管理风险的。他警告人们:"现代风险管理的数学驱动工具孕育了非人格化的、自我毁灭技术的种子。诺贝尔奖获得者肯尼斯·阿罗曾警告说:'我们对社会中和自然界中事物发展模式的了解,像一团模糊不清的云。随着人们对确定性的信仰而来的是大量的后患。'在冲破过去束缚的过程中,我们可能已经变成了一种新的信仰的奴隶,一种与旧的信仰一样不宽容的、限制性的、独断的教条。我们生活中充满了数据,但是有时我们忘记了数据只是一种工具,它们没有灵魂,但它们可能真的会变为我们盲目崇拜的偶像。"[1]

他已经看到,生活中的理性迷信是普遍存在的,并且从残酷的投资历史事实中认识到,这比自然界、经济生活中的风险更加危害巨大。"我们所有的人都认为自己是理性的人,即使是在危急时刻,也能够冷静地运用概率原则进行决策。我们习惯于相信自己在技能、智慧、远见、简洁和领导才能方面优于一般人,谁会承认自己是不称职的司机、不堪一击的辩手、愚蠢的投资者或在服饰方面缺少品位呢?但是,这种想法有多现实呢?不是所有的人都会高于一般人的水平。而且,通常我们最重要的决定都是在复杂、混乱、不易辨清或是受到约束的情况下做出的。我们没有太多时间去考虑概率问题。生活通常处于肯尼斯·阿罗的模糊状态下。"[2]所以,一部《与天为敌》,实际上是在教人们化敌为友,与风险共舞。

理查德·H. 戴述说"混沌经济学"

许多人已经看到,已有的那些旨在解释世界状况的理论研究是缺乏说服力的。理查德·H. 戴主编的《混沌经济学》收集了该研究领域的14篇文章,分别

---

[1] 彼得·伯恩斯坦:《与天为敌:风险探索传奇》,清华大学出版社,1999年,第16页。
[2] 同上书,第256页。

从经济学与混沌的关系、混沌与宏观经济的关系、混沌的统计学方法以及混沌学在其他领域中的应用等方面向读者揭开混沌世界激动人心的一角。

理查德·H.戴说道:"现在我们知道,实际上体现在包括非均衡与均衡商业周期、市场调节机制、最优的与适应性的资本积累和增长模型等的自然非线性特征的任何动态经济过程中,作为一种理论上的可能性,混沌、非周期能够充分地展现。"①

与主流教科书观点不同,理查德·H.戴坚持:"我的观点是,经济系统由数以万计的个体和组织的相互作用所决定,而每一个个体和组织又涉及数以千计的商品和数以万计的生产过程,在我看来,用几个变量就能令人满意地描述这种复杂性的想法似乎是一种空想。"②

20世纪70年代,《混沌经济学》的作者之一盖伊·劳思参加了在坦桑尼亚的达累斯萨拉姆召开的一次会议,讨论经济学教学问题。"我提出了以下命题,即在经济变量间假设一种确定性关系的任何理论,要么是同义反复,要么是错误的。……我的解释是,教科书上的那些模型,尽管经严谨的教授和仔细的检验,但仍是可以变更而未确定的,并缺乏说服力。因为它们遗漏了必要的成分(行为的、历史的、法律的),缺乏这些,模型是无效的。……那些(在思想上)对经济学做了深入探索和卓越攀登的伟人们,期待着把经济数量化,以使经济学在方法上和权威性上进入物理学和化学之列。不幸的是,这一过程的困难是无法克服的。"③

劳思正确指出:"经济学与天气预报有许多相同之处。"④这是非常有力的一句话。可惜,现在的主流经济学家还没有醒悟,也不打算放弃他们的线性假定。

陈平让"演化经济动力学"说话

北京大学陈平是中国经济学界少数较早地关注到经济复杂性的学者之一,他对经济复杂性与社会演化的非线性问题进行了持续、深入的研究,他的《文明分岔、经济混沌和演化经济动力学》(2004)一书是国内少有的一部超越了现代经济学的探索复杂性经济世界的经典之作。

---

① 理查德·H.戴:《混沌经济学》,上海译文出版社,1996年,第2页。
② 同上。
③ 盖伊·劳思:"经济学与混沌",载理查德·H.戴:《混沌经济学》,上海译文出版社,1996年,第3—5页。
④ 同上书,第17页。

改革者们在行动

马克思曾经说过,思想一旦被人所掌握,它就会变为一种物质力量。21世纪到来之际,目睹了理论与实践的严重背离,人们终于认识到:"自20世纪30年代以来,今天的经济学比历史上任何时候都处在巨大的变革压力之下。对于它的指控是极其严重的:大学里讲授的经济学既没有解释当代经济现实,也没有对民主社会中经济问题的批判性争论提供框架。"[1]从而发出了经济学改革的呼声。长达一个多世纪的新古典经济学的统治和霸权,遭遇了经济学改革运动的挑战。

2001年8月,曾经发生了一件有趣的事情,来自22个国家的75名学生、研究者和教授在美国堪萨斯城密苏里大学发表了呼吁对经济学进行根本性变革的"堪萨斯城宣言",请求世界各地的经济学家克服有关人类行为的僵化观念,在研究中认真考虑文化、历史和方法论问题,开展跨学科对话。

美国经济学家罗伯特·索罗回应说:"经济学是一门应用科学。学生们认为,在他们的教学中,经济学的经验成分是不存在的。如果事实确实如此,那么他们的教授就没有做好他们的教学工作。如果一名教授传授经济学时,仿佛经济学是一门抽象的公理化学科,或者经济学是由一种单一的复杂分析技巧的重复应用所组成,那么学生们的抗议是正确的。"[2]

2003年,在美国名校哈佛则爆发了经济学学生的罢课事件。[3] 在"哈佛罢课学生致曼昆的抗议书"中,学生陈述了这样的理由:"希望能获得有关经济学理论的基础知识,帮助我们进一步在经济学、政治学、环境科学、公共政策等诸多学科和知识领域中作出深入思考。然而,我们发现这门课程,对于我们认为已经问题重重且对不平等束手无策的经济,持一种特殊而且有限的看法。……对一门声称要为将来进一步研究经济学打下基础的课程来说,采取一种无偏见的观察经济学的视角,尤为重要。……经济学导论……仅仅提供了严重偏激的观点,而不是为其他课程的拓宽提供坚实的基础。……经济学十讲中不公正的本质不仅是美国经济不平等的象征,甚至应当为这一严重社会后果负责。"

2008年11月,在英国,十位经济学家联合上书:"经济学家的受训面太窄,

---

[1] 爱德华·富布鲁克:《经济学的危机》,高等教育出版社,2014年,前言。
[2] 詹姆斯·加尔布雷斯:"一篇关于法国和全世界经济学状况的论文",载爱德华·富布鲁克:《经济学的危机》,高等教育出版社,2004年,第49页。
[3] 贾根良:"哈佛大学经济学教育改革活动",载爱德华·富布鲁克:《经济学的危机》,高等教育出版社,2004年,第232—234页。

只关注数学技术和建构不依赖经验的形式模型,这是我们这一职业失败的主要原因。在许多主流经济学学术期刊和院系中存在的为数学而数学的研究追求进一步加剧了这一缺陷……这一不大关注现实世界的对数学技术的偏好,让许多经济学家偏离了至关重要的整体性观察的轨道。这导致经济学家们无法对经济学分支领域的过度专业化及进一步探讨损害大局观念形成的原因之动力进行反思。"[1]

21世纪是一个充满希望的世纪,科学与实践是会继续进步的。

毫无疑问,21世纪的经济学应该得到彻底的改写。那种发轫于一般均衡构想、建立在确定性观念基础上的推理体系所描述的状况只是一个特例,它不会长期地占据理论的舞台。新的经济学理论中,要求全面吸收来自自然科学、其他社会科学和经济学的最新成果。不对称信息、有限理性、不确定性理论、演化的经济学和与之相适应的经济学分析方法——本书前述尽力了以阐明的"系统科学"和"复杂性科学"的方法——将在新的理论体系中最终获得其应有的地位。这是一个抛弃了经济学家自负的经济学,是一个承认人类的认识能力有限的经济学,是一个重新回到尊重实践道路的经济学。

21世纪的经济学是实践导向的。如果说,当前摆在人们面前的经济学理论体系曾经是自负的经济学家理性的产物,它在复杂的现实面前不仅漏洞百出,而且实际上只是那些执业之人的花拳绣腿,中看不中用。那么,21世纪的经济学将会承认,在真实的经济世界面前,经济学家永远是那个充满好奇又总是懵懵懂懂的小学生。谦虚地向实践学习应该是经济学家最真诚的态度。

我们已经看到,经济学变革与转向的曙光已经很耀眼了。

---

[1] 朱富强:"70名学生从曼昆的经济学课堂集体退课 哈佛学生的'觉醒'",http://ido.3mt.com.cn/Article/201201/show2407723c31p1.html。

参 考 文 献

Ariel Rubinstein：*Economics and Language Five Essays*，Cambridge University Press，2000。
A. N. 怀特海：《科学与近代世界》，商务印书馆，1989年。
A．F. 查尔默斯：《科学究竟是什么：对科学的性质和地位及其方法的评价》，商务印书馆，1982年。
阿尔弗雷德·S. 艾克纳主编：《经济学为什么还不是一门科学》，北京大学出版社，1990年。
阿兰·艾伯斯坦：《哈耶克传》，中国社会科学出版社，2003年。
安东尼·阿里奥托：《西方科学史》，商务印书馆，2011年。
爱德华·富布鲁克：《经济学的危机》，高等教育出版社，2004年。
埃德文·阿瑟·伯特：《近代物理学的形而上学基础》，北京大学出版社，2003年。
埃德加·莫兰：《复杂性思想导论》，华东师范大学出版社，2008年。
奥瑞·布莱福曼、罗姆·布莱福曼：《摇摆——难以抗拒的非理性诱惑》，中信出版社，2011年。
彼得·柯文尼、罗杰·海菲尔德：《时间之箭》，湖南科技出版社，1995年。
彼得·伯恩斯坦：《与天为敌：风险探索传奇》，清华大学出版社，1999年。
彼得·布劳、马歇尔·梅耶：《现代社会中的科层制》，学林出版社，2001年。
保罗·费耶阿本德：《自由社会中的科学》，上海译文出版社，2005年。
保罗·R. 格罗斯、诺曼·莱维特：《高级迷信——关于学术左派及其关于科学的争论》，北京大学出版社，2008年。
贝塔朗菲：《一般系统论：基础、发展和应用》，清华大学出版社，1987年。
布莱恩·卡普兰：《理性选民的神话》，上海人民出版社，2010年。
布莱兹·帕斯卡尔：《思想录》，商务印书馆，1985年。
C. R. 劳：《统计与真理》，科学出版社，2004年。
曹天元：《上帝掷骰子吗？——量子物理史话》，辽宁教育出版社，2011年。
查尔斯·汉迪：《空雨衣——变革时代的商务哲学》，华夏出版社，2000年。
丑纪范：《长期数值天气预报》，气象出版社，1986年。

大卫·休谟:《休谟经济论文集》,商务印书馆,1984年。
大卫·休谟:《人类理智研究》,商务印书馆,1999年。
大卫·休谟:《人性论》,商务印书馆,1996年。
丹尼斯·米都斯等:《增长的极限:罗马俱乐部关于人类困境的研究报告》,四川人民出版社,1983年。
戴维·J.弗里切:《商业伦理学》,机械工业出版社,1999年。
戴维·罗杰·奥尔德罗伊德:《知识的拱门:科学哲学和科学方法论历史导论》,商务印书馆,2008年。
丹皮尔:《科学史》,商务印书馆,1975年。
丹尼尔·B.克莱因:《经济学家贡献了什么》,法律出版社,2006年。
E.N.洛伦兹:《混沌的本质》,气象出版社,1997年。
E.O.威尔逊:《论人的天性》,贵州人民出版社,1987年。
伊恩·哈金:《库恩与科学战》,北京大学出版社,2005年。
弗兰克·奈特:《风险、不确定性和利润》,中国人民大学出版社,2005年,
弗里德里希·冯·哈耶克:《哈耶克文选》,江苏人民出版社,2007年。
弗里德里希·奥·哈耶克:《个人主义与经济秩序》,北京经济学院出版社,1989年。
弗里德里希·奥·哈耶克:《通往奴役之路》,中国社会科学出版社,1997年。
弗里德里希·奥·哈耶克:《科学的反革命:理性滥用之研究》,译林出版社,2003年。
冯·贝塔朗菲:《一般系统论:基础、发展和应用》,清华大学出版社,1987年。
弗里德里希·尼采:《尼采文集,权力意志卷》,青海人民出版社,1995年。
弗里德里希·尼采:《人性的,太人性的》,中国人民大学出版社,2005年。
弗·卡普拉:《转折点:科学、社会、兴起中的新文化》,中国人民大学出版社,1998年。
费耶阿本德:《反对方法——无政府主义知识论纲要》,上海译文出版社,1992年。
格雷克:《混沌:开创新科学》,高等教育出版社,2004年。
格雷克:《混沌学传奇》,上海翻译出版公司,1991年。
H.S.塞耶编:《牛顿自然哲学著作选》,上海人民出版社,1974年。
海森伯:《物理学家的自然观》,商务印书馆,1990年。
赫伯特·西蒙:《现代决策理论的基石》,北京经济学院出版社,1989年。
赫伯特·西蒙:《人工科学:复杂性面面观》,上海科技教育出版社,2004年。
霍尔巴赫:《自然的体系》上卷,商务印书馆,1999年第2版。
霍奇逊:《演化与制度:论演化经济学和经济学的演化》,中国人民大学出版社,2007年。
杰弗里·M.霍奇逊:《经济学是如何忘记历史的》,中国人民大学出版社,2007年。
康德:《任何一种能够作为科学出现的未来形而上学导论》,商务印书馆,1882年。
科斯:《论经济学和经济学家》,上海三联书店,2010年。
考夫曼:《存在主义》,商务印书馆,1987年。
克劳斯·迈因策尔:《复杂性思维:物质、精神和人类的设计动力学》,上海辞书出版社,2014年。
丽贝卡·科斯塔:《即将崩溃的文明:我们的绝境与出路》,中信出版社,2013年。

李维:《数学沉思录:古今数学思想的发展与演变》,人民邮电出版社,2010年。
雷切尔·卡逊:《寂静的春天》,吉林人民出版社,1997年。
洛克:《人类理解论》,商务印书馆,1998年。
罗恩·顿波、安德鲁·弗里曼:《风险规则》,中国人民大学出版社,2000年。
罗伯特·希勒:《非理性的繁荣》,中国人民大学出版社,2001年。
理查德·H.戴:《混沌经济学》,上海译文出版社,1996年。
理查德·罗蒂:《实用主义哲学》,上海译文出版社,2009年。
理查德·罗蒂:《后哲学文化》,上海译文出版社,2004年。
理查德·罗蒂:《后形而上学希望》,上海译文出版社,2009年。
理查德·罗蒂:《哲学的自然之镜》,商务印书馆,2004年。
列维特:《被困的普罗米修斯》,南京大学出版社,2003年。
罗素:《人类的知识:其范围与限度》,商务印书馆,1983年。
罗纳德·科斯:《论经济学和经济学家》,上海格致出版社、上海人民出版社,2010年。
L.斯莫林:《物理学的困惑》,湖南科学技术出版社,2008年。
马克斯·韦伯:《新教伦理与资本主义精神》,三联书店,1987年。
马克·布劳格:《经济学方法论》,商务印书馆,1992年。
马克·布劳格:《经济学方法论》,北京大学出版社,1990年。
马科斯·波恩:《我的一生和我的观点》,商务印书馆,1979年。
马歇尔·麦克卢汉:《理解媒介:论人的延伸》,商务印书馆,2000年。
马克·布坎南:《隐藏的逻辑》,天津教育出版社,2009年。
马克斯·霍克海默、西奥多·阿道尔诺:《启蒙辩证法》,上海人民出版社,2003年。
马克思、恩格斯:《马克思恩格斯选集》第1卷,中共中央编译局,1994年。
马歇尔:《经济学原理》,商务印书馆,1964年。
M.盖尔曼:《夸克与美洲豹:简单性和复杂性的奇遇》,湖南科技出版社,2002年。
M.克莱因:《数学与知识的探求》,复旦大学出版社,2005年。
M.克莱因:《数学:确定性的丧失》,湖南科技出版社,2004年。
M.克莱因:《西方文化中的数学》,复旦大学出版社,2004年。
迈克尔·佩雷曼:《经济学的中介》,经济科学出版社,2000年。
麦克卢汉:《理解媒介:论人的延伸》,商务印书馆,2000年。
米尔顿·弗里德曼:《弗里德曼文萃》,首都经贸大学出版社,2001年。
米塞斯:《人的行为》,远东出版事业股份有限公司,1991年。
米歇尔·沃尔德罗普:《复杂:诞生于秩序与混沌边缘的科学》,三联书店,1997年。
摩里斯·N.李克特:《科学是一种文化过程》,三联书店,1989年。
N.格里高利·曼昆:《经济学原理》,北京大学出版社,2009年第5版。
奈杰尔·波拉特、乔安娜·奥弗林:《社会文化人类学的关键概念》,华夏出版社,2005年。
欧文·拉兹洛:《系统哲学引论,一种当代思想的新范式》,商务印书馆,1998年。
庞元正、李建华编:《系统论、控制论、信息论经典文献选编》,中共中央党校出版社,

1989年。

彭加勒:《科学与方法》,辽宁教育出版社,2001年。

普里戈金、斯唐热:《从混沌到有序:人与自然的新对话》,上海译文出版社,1987年。

钱钟书:《钱钟书散文》,浙江文艺出版社,1997年。

让·波德里亚:《消费社会》,南京大学出版社,2001年。

色诺芬:《回忆苏格拉底》,商务印书馆,1986年。

舍斯托夫:《旷野呼告》,华夏出版社,1998年。

史树中:《数学与经济》,湖南教育出版社,1990年。

斯蒂芬·霍金:《时间简史》,湖南科技出版社,1996年。

斯蒂芬·霍金、勒纳德·穆洛迪诺:《大设计》,湖南科技出版社,2011年。

S.温伯格:《终极理论之梦》,湖南科技出版社,2003年。

西美尔:《金钱、性别与现代生活风格》,上海学林出版社,2000年。

威廉·巴雷特:《非理性的人——存在主义哲学研究》,上海译文出版社,1992年。

亚当·斯密:《国民财富性质与原因的研究》,商务印书馆,1983年。

亚里士多德:《形而上学》,商务印书馆,1995年。

约翰·塔巴克:《概率论和统计学:不明确的科学》,商务印书馆,2009年。

约翰·M.凯恩斯:《就业、利息与货币通论》,商务印书馆,1999年。

约翰·齐曼:《真科学,它是什么,它指什么》,上海科技教育出版社,2002年。

约瑟夫·E.斯蒂格利茨、阿玛蒂亚·森等:《对我们生活的误解:为什么GDP增长不等于社会进步》,新华出版社,2010年。

约瑟夫·熊彼特:《经济分析史》,商务印书馆,1992年。

约瑟夫·熊彼特:《经济发展理论》,商务印书馆,1990年。

约翰·H.霍兰:《隐秩序——适应性造就复杂性》,上海科技教育出版社,2000年。

于尔根·哈贝马斯:《后形而上学思想》,译林出版社,2001年。

詹姆斯·格雷克:《混沌开创新学科》,上海译文出版社,1990年。

詹姆斯·乔治·弗雷泽:《金枝》,大众文艺出版社,1998年。

詹姆斯·蒙蒂尔:《行为金融:洞察非理性心理和市场》,中国人民大学出版社,2007年。

朱亚宗:《伟大的探索者——爱因斯坦》,人民出版社,1985年。

庄子:《庄子》。